박영배교수 회고록

한 영어학자의

자전적 학문 여정과 회상

박영배 지음

신아사

차례

책 머리에

누구에게나 어린 시절 막연하게나마 이루어질 수 없는 꿈과 희망을 가슴에 품은 채 살아온 기억이 있을 것이다. 나 또한 그런 시절이 있었다. 내가 어린 시절을 보낸 50년대는 한국전쟁이 남긴 상흔傷痕이 여전히 우리 사회 도처에 남아 있었고 가난을 채 벗어나지 못한 잿빛 하늘 같은 우울한 시기였다. 새벽마다 학교 운동장에 나가서 스피커에서 흘러 나오는 소리에 맞추어 새마을 체조를 한 기억밖에는 떠오르는 것이 없다. 나의 초등학교 시절은 그렇게 하염없이 흘러갔다. 중고교 시절에는 사일구와 오일육 혁명으로 인해 급격한 변화와 변혁의 회오리가 사회 전반에 걸쳐 몰아닥친 시기가 한동안 계속되었다. 그런 와중에도 60년대 초 당시 고교에 재학 중이던 나는 막연한 꿈과 미래에 대한 불안을 가슴에 안고 대학에 진학하기 위해 안간힘을 쓰기에 바빴다. 당시 내 또래의 젊은이들은 나름대로 미래에 펼쳐질 꿈과 희망을 좇아 열심히 노력하였다.

이 책은 나의 학문적인 여정이 본격적으로 시작되기 훨씬 이전인 50-60년대 중고교와 대학시절에 관한 이야기를 다시금 회상하면서 대학에 입학한 뒤에 40년 가까운 세월에 이르기까지 걸어온 학문적인 여정과 정년 퇴임한 이후 10년에 걸쳐 활동한 다양한 이야기를 그동안 모아놓은 여러 자료와 나의 사라져가는 기억을 되살려가며 써

내려간 자전적 회고록이다. 이 글을 쓰면서 때로는 년도가 기억나지 않을 때도 있었고, 제자나, 나와 친분을 나누었거나, 또는 여러 학회에서 함께 일한 이들의 이름이 문득 생각나지 않을 때도 있었기에, 당시의 기억을 더듬기 위해 무척 애를 쓰기도 하였다. 때로는 연구실을 옮기는 도중에 중요한 자료를 분실하여 여기에 꼭 포함시켜야 할 이야기가 빠져 버린 것도 있었을지 모른다. 그러나 나는 오랫동안 걸어온 나의 학문적인 여정을 담담히 서술하면서 이 여정에서 내가 만나 교분을 나눈 국내외의 많은 학자에 관해 기억나는 대로 가감 없이 쓰려고 하였다.

이 회고록의 구성은 이렇다. <제1장>에서는 중고교에서 대학원 진학까지의 이야기, <제2장>에서는 대학 졸업 후에 한동안 영어 선생으로 있었던 예원과 예고에서의 생활에 관해, <제3장>에서는 학문적인 여정의 서막을 열게 된 지방대학의 전임이 된 이야기에서 서울에 있는 대학으로 오게 된 이야기, <제4장>에서는 서울대 여러 교수와의 인연, <제5장>에서는 해외 학회 참가와 해외 학자들과의 교류, <제6장>에서는 국내외 학회 활동 및 해외 대학에서의 연구활동, <제7장>에서는 국내 교류교수 시절에 관한 이야기, <제8장>에서는 지식산업사와의 인연과 화갑 및 정년 기념논문집 출판 및 나의 저서와 번역서에 관한 이야기, <제9장>에서는 정년 퇴임 이후의 학술활동, <제10장>에서는 한국의 영어학 연구와 교육에 관한 논문 소개, <제11장>에서는 내가 그동안 소장해 온 전공 분야와 관련된 소중한 장서에 관한 이야기, 그리고 마지막으로 <제12장>에서는 학문하는 것과 학자가 걸어가야 할 자세에 관한 소견所見 및 한국 영어학의 미래에 관한 이야기로 이루어져 있다.

이 회고록에는 40년 가까운 세월에 걸쳐 전공 학문의 길을 걸어오면서 국내 또는 해외에서 만나 인연을 맺은 사람들과 함께 찍은 사진과 편지를 넣었다. 특히, 나의 학문에 밑거름이 되어 준 유럽과 일본의 많은 영어 학자들을 여기에 서술한 기록과 함께 사진을 통해 그들의 면면을 확인해 보는 것도 유익한 일이 되지 않을까하는 졸견拙見에서 넣었으니 이 책의 내용과 관련해서 유익한 참고가 되었으면 좋겠다.

한편, 이 회고록에는 외국 학자들과 주고 받은 서신이나 카드의 일부를 복사하여 소개하였다. 문여기인文如其人 즉, '글이 곧 사람이다'라는 말이 있듯이 이들이 내게 보낸 서신이나 카드에 정성껏 써내려간 내용은 나와 주고 받은 학문적인 대화는 물론 개인적인 친분을 나타내는 징표徵表인 동시에 오랫동안 교분을 나눈 친밀함을 드러내는 행위이기도 하다. 나는 이들이 정성을 다하여 보낸 서신이나 카드의 필체와 내용에서 학문하는 학자가 본받아야 하는 부분이 많이 있다고 생각하여 이 회고록에 삽입하였다. 특히 일본 영어학의 태두인 요시오 테라사와(寺澤芳雄 도쿄대 명예교수)를 1994년 스코틀랜드의 에딘버러 학회에서 처음 만난 이래 20년 가까운 세월에 걸쳐 나와 돈독한 교분을 맺어오면서 내게 보내준 서신과 카드에 그가 손수 쓴 깔끔하고 흠잡을 데가 없는 친필 서체와 카드는 문득 학자의 기품氣稟을 느끼게 해주는 것이어서 받을 때마다 늘 긴장하면서도 감탄을 금하지 못했던 기억을 지니고 있다.

정년 퇴임 후에는 학교를 떠나 일상적인 연구와 강의에서 비교적 자유로운 몸이 되었으나, 학술활동은 계속해 왔다. 그러나 아직도 못다 한 일들이 많이 남아 있었다. 제9장은 퇴임 후의 학술활동을 기록한 것이다. 앞으로 건강이 허락하는 한, '영문법사'나 '영어학사'에 관한 책을 집필하려는 것이 나의 학문 인생의 마지막 저술로 생각하고 있다.

이 소박한 책을 펴내면서 학자와 학문을 아끼는 마음으로 출판사의 손익계산과는 거리가 먼 회고록의 출판을 흔쾌히 허락해 준 신아사의 정현걸 사장에게 진심으로 감사한다. 또한, 원고 내용에 대해 꼼꼼하게 읽고 수시로 고친 내용에 대해 수정과 조언을 가감없이 해주고 교체해야할 부분도 주저하지 않고 선뜻 허락해준 편집자 여러분에게 감사한 마음을 전하고 싶다. 아무쪼록 이 책이 한국의 영어학, 특히 역사영어학의 여러 다양한 분야를 진지하게 연구하려는 이들에게 연구의 지평을 넓혀주는 것은 물론, 하나의 자극제의 역할을 하며 국내외에서 이 분야의 훌륭한 (역사)영어학자가 나올 것을 기대하는 마음 간절하다.

2021년 翠松書室에서
朴 榮 培

제1장

방황의 그물망에서: 고교에서 대학원까지

1. 어디 쯤에서 쉼표를 찍어야 할지: 학창시절의 추억

나는 해방 전 해에 서울에서 태어났으나 6살 되던 해 한국전쟁이 시작되고 부산 피난처에서 돌아올 무렵 내가 살던 장충동의 본가本家가 잿더미가 되면서 50년대 초반에서 60년대 중반까지 꿈 많았던 10대의 학창 시절을 항구 도시인 인천에서 보냈다. 내가 다닌 송도松都 고교는 1906년 개성에서 송도고등보통학교(松都高普)로 시작하였고, 한국전쟁으로 인해 인천으로 내려와 둥지를 틀면서 100년이 넘는 오랜 세월에 걸쳐 우리 사회 각 분야에 많은 인재를 배출하였다. 나는 유서깊은 송림초교를 졸업하고 가정 형편상 송도松都 중고교로 진학하여 이곳에서 6년 동안 장학생으로 공부하면서 장차 학생들을 가르치는 선생이 되어야겠다는 막연한 생각을 하면서 지냈다.

중학교 3학년 무렵에는 사일구(4.19) 혁명이 일어났고, 고교 1학년에 올라 와서 얼마 되지 않아 오일육(5.16) 군사혁명이 일어나는 바람에, 나의 중고교 시절은 그야말로 변혁變革과 격동激動의 몸부림이 연속되는 시기였다. 십 대의 어린 나이였던 나 또래의 친구들은 이처럼 폭풍노도暴風怒濤와 같았던 격변의 세월을 헤쳐 나오면서도 당시 우리들에게 습관처럼 되어버린 쇳덩어리처럼 우리들의 일상과 온몸을 짓누르는 입시 지옥에 대한 강박 관념에 사로잡혀 쳇바퀴 돌 듯한 일상생활의 굴레를 헤어나지 못하였다.

이 당시 우리들에게 가장 인기를 끈 것은 뭐니 뭐니 해도 서커스와 영화구경이었다. 텔레비전과 전화가 귀하던 시절, 연극도 '홍도야 우지마라' 류의 신파조 연극이 이따금 들어와 대중문화에 대한 갈증을 풀어주던 시절이었는데, 오늘날처럼 십 대들이 볼거리와 갈 곳이 많아서 고민하던 것과는 달리, 방과 후에 갈 곳이라고는 고작 영화관과 도서관밖에는 없던 시절, 서커스단이 골목 어귀에 들어온 날이면, 그날은 온통 하루 종일 흥분과 기대 그리고 설레임으로 서커스 구경을 하느라고 밤 늦게까지 또래의 친구들과 서커스단 근처에서 서성이곤 했다. 당시 최고의 인기를 누린 동춘서커스는 우리나라 서커스의 역사라고 해도 과언이 아닐 정도로 대단하였다.

또 한 가지, 그 당시 우리들의 가장 큰 볼거리는 무엇보다도 영화 구경이었다. '할리우드 키드의 생애'라는 영화를 본 사람은 60년대 당시의 상황을 아련히 기억 속에 떠올릴 수 있을 것이리라. 우리들 가운데에는 초라한 동시 상영보다는 화려한 개봉영화가 더 좋다는 모토를 내걸고 하루라도 영화를 보지 않으면 눈에 가시가 돋는다며 부지런히 영화관을 드나들던 소위 '헐키'라고 부르는 애들이 제법 많았다. 당시에는 우리들이 마음 놓고 볼 수 있는 영화는 <벤허>처럼 학교에서 단체로 가는 영화 이외에는 거의 없었고, 자칫 큰 맘 먹고 영화관에 갔다가 교외지도 선생님한테 들키는 날이면, 그 다음 날에는 영락없이 훈육실로 불려가서 혼줄이 나기가 일쑤었다. 그런데, 혈기왕성하고 힘과 패기가 넘쳐 흐르던 우리들에게는 훈육 선생님한테 들키지 않게 영화를 훔쳐보는 갖가지 묘안(?)이 백출해서 소위 청소년 입장 불가 판정을 받은 영화를 교묘한 변장술을 써서 감상하면서 훔쳐보기를 통한 시각문화를 마음껏 즐기곤 하였다.

예나 지금이나 십 대十代에게는 무엇보다도 이성異姓에 대한 하염없는 동경과 뜬구름 같은 염원이 있는 법이었던가.

슬픔이 있는
너의 모습이 좋아라
눈물 흐르는
너의 향기가 아파라
잠시 바람에도 흐느끼는 향기
내 마음 그 어디를 찾아 흐르나

학교에서 얼마 안 되는 가까운 거리에 M여고가 있었는데, 등하교시에는 같은 골목에서 M여고생들을 매일 만나곤 했다. 어떤 경우에는 자주 만나게 되는 여학생도 생겨나서 아직 한번도 말을 걸어본 적이 없는 여고생들이 우리들의 화제의 대상이 되기도 했으며, 급기야는 하교시 골목에서 기다렸다가 그 여고생에게 보랏빛 연서(연서戀書 love letter)를 황급히 전해주는 일까지 발생하기도 했다. 이루어질 수 없는 사랑이었기에 이처럼 우리는 더욱 애를 태우고 뜬금없이 가슴을 앓으며, 그리고 때로는 밤을 꼬박 새워가면서 아련히 전해오는 아픔을 안은 채 그렇게 하염없이 세월을 보냈다.

보고 싶은 마음을
오래 참으면
별이 된다고
작은 창으로 바라보는 하늘이
유난히 맑다.
살면서 맺는 숱한 인연의 매듭들.

60년대는 대학별 본고사를 치러 대학의 합격/불합격을 결정해야 하는 시기였기 때문에 요즘의 상황과는 판이하게 달랐다. 대학별로 치르는 시험은 대부분이 주관식으로 어렵게 출제되었으며, 한 번 고배를 마시면 요즘의 복수 지원이니, 전/후기 지원이니 하는 사치스러운 말은 생각할 겨를도 없이 또 다시 각고刻苦의 정진을 거듭해야만 하는 상황이었다.

온갖 문화의 혜택이 턱없이 부족하던 이 시기에 십 대의 우리들은 고민과 방황을 거듭하면서 대학 문턱을 넘기 위한 피나는 노력을 기울였다. 새벽 별을 보고 집을 나서서 밤하늘에 무수히 빛나는 별을 헤아리면서 도서관에서 집으로 무거운 발길을 옮기곤 하는 일이 매일 반복되었다. 나는 고교 시절, 당시에는 유일한 영자 신문이었던

The Student Times를 우연한 기회에 학교 친구들에게 보급을 시작하면서 용돈을 버는 한편으로, 교과서에서는 얻을 수 없는 살아있는 영어도 공부하면서 영어에 대한 다양한 실력을 쌓아 나갔다. 당시 전국에서 유일한 종합 월간지겸 학습 참고서 역할을 한 '학원'이란 잡지도 열심히 읽고 상식과 영어를 함께 익히는 일 또한 나에게는 커다란 기쁨이었던 것을 아직도 기억하고 있다.

나는 학교의 문예부에서 일했던 관계로, 고교 1학년 여름에는 한국문학 전집을 열심히 읽고, 2학년 겨울방학 때에는 세계문학 전집을 읽으며 톨스토이의 '전쟁과 평화'를 처음이자 마지막으로 읽던 때가 그 시기였다. 춘원(이광수)의 소설을 읽으며 그의 문학의 세계로 빠져들어 장차 작가가 되었으면 하는 막연한 생각을 해 본 적도 바로 이 시기였다.

고교 시절에는 성경반에도 참여하여 영어성경을 열심히 공부하기도 하고, 당시 인천에 있는 사회복지센터에서 선교 활동을 하던 미국 선교단체의 모임에도 정기적으로 나가서 미국 선교사들과 함께 지내면서 영어회화반을 3년 동안이나 진행하기도 하였다. 그 때 선교단체에 선교사로 와서 활동한 Mrs Ball은 나에게 영어뿐만 아니라 성경에 관해 많은 이야기를 해주기도 하였다. 나이가 지극한 Ball 할머니의 재미있는 성경 이야기는 기독교에 관해 많은 것을 알게 해 준 계기가 되었다. 이러한 일련의 활동이 훗날 나의 인생과 신앙생활에 많은 도움이 되었음은 말할 필요도 없다.

지금은 고인이 된 로빈 윌리엄스 주연의 '죽은 시인의 사회'를 보고 많은 고등학생이 주인공으로 분한 키팅 선생님의 참교육과 찬란한 사도師道에 아낌없는 박수를 보낸 일을 기억하고 있다. 또한, 그 영화 이후 한층 더 진한 감동으로 우리들 곁에 찾아와 진한 울림과 감동을 남긴 영화인 '홀랜드 오퍼스(A Symphony of Life)'는 대학 졸업 이후 지금까지 내가 교단에서 학생들에게 자주 보여주던 영화로 늘 기억하고 있다.

아련한 향수와 추억의 오솔길에서 만날 수 있는 이처럼 벅찬 감동을 우리에게 안겨준 스승이 60년대를 살아온 철없는 우리들에게는 다행히도 여러 분이 계셔서 인생의 나침판과도 같이 항상 우리를 바른 길로 인도하셨다. 고교 졸업후 육십 년이 가까워 오는 지금, 나 자신 교단에 서서 진정으로 학생들을 사랑하는 교사로서의 진면목을 보여준 그 옛날 우리들을 지도해 주신 선생님의 가르침을 제대로 따라가고 있는지 한편으로는 걱정이 앞선다. 높게 그리고 멀리 보는 창조적인 삶을 원했던 선생님들의 기대와는 달리, 나의 청소년 시절은 인생에서 가장 방황하고 고민하는 시기요, 누군가를 뜬금없이 연모하고 무언가를 뜬구름처럼 좇아다니는 방랑의 시기이기도 하였다. 나의 학창 시절도 여기서 예외는 아니었다. 그러나, 나는 그처럼 방황과 고민, 좌절의 순간을 맛보면서도 인생의 뚜렷한 목표를 세우고, 나름대로 세운 높은 이상을 구현하기 위해 열심히 그리고 꾸준히 쉬지 않고 노력해 왔다.

2. 대학 입학과 군 입대, 그리고 복학

여기서 잠시 대학 입학에 관련된 나의 좌절과 분투 그리고 도전에 관한 이야기를 하려고 한다. 나는 고교 3년이 되자 오로지 대학입시를 위한 공부에 전념하면서 마지막 학창 시절을 바쁘게 보냈다. 그러던 차에 경기도 장학생 선발시험에 응시하여 도道 전체에서 한 명을 뽑는 장학생으로 선발되는 기쁨도 누렸다(경인일보 1963.5.19.일자). 당시 나의 목표는 서울대학교에 입학하는 것이었는데, 이것은 내가 재학한 고교의 희망이기도 하였다. 나는 고교에 올라와서 서울대학교에 입학하는 것을 나의 꿈이자 최종 목표로 정하기는 하였으나, 대학에 입학을 한다고 하더라도 대학을 끝까지 졸업할 수가 있을 것인지에 대해서는 매우 회의적이었다. 나의 집안 형편이 대학에 진학할 만큼 재정상의 여유가 없기 때문이었다. 그럼에도 나는 서울대학교에 입학하게 되면 다른 대학에 비해 비교적 등록금이 싼 대학이란 점을 생각해서 어떻게 해서든지 등록금을 마련할 수 있지 않을까 하는 막연한 생각을 하면서 일단 대학에 도전은 해보기로 작정하고 오로지 입시에만 전념하며 하루 하루를 보냈다.

1964년 2월 나는 고교를 졸업하고 서울대 입학시험을 치렀으나 뜻밖에도 낙방의 고배를 마셨다. 졸업식에도 참석하지 못하고 입시를 치른 나에게 이것은 하나의 충격으로 다가왔다. 그동안 갈고 닦은 나의 노력이 한 순간에 물거품이 되는 것 같았다. 그러나 나는 깊은 고민에 빠져 다른 생각을 할 겨를도 없이, 같은 해 3월 초에 길영의吉瑛義 선생(전前 인천 제물포고 교장)이 사저私邸에 차린 학원에 등록을 하고 첫 실패를 거울삼아 다시 도전하기로 결심하였다. 이 학원에서는 길 교장이 당시 제물포고의 현직 교사들은 물론, 여러 해 전에 이 학교를 떠난 교사들도 학원으로 초빙하였다. 주지하다싶이 길 교장은 당시 전국에서 서울대 입학율이 가장 높기로 명성을 떨친 제물포고 교장으로 서울고등학교의 김원규 교장과는 히로시마廣島 고등사범학교 동기동창으로 길 교장은 역사과를, 김 교장은 영문과를 나왔다. 이 분들은 평양고등보통학교도 동기동창이라고 했다. 우수한 선생들이 모이고 우수한 학생들이 모인 제물포고를 전국 제일의 학교로 만든 분, 그 분이 다름 아닌 길 교장이었다.

나는 길 교장의 사저에서 우리를 가르친 선생님들의 열성과 노력에 많은 감동을 받았으며 훌륭한 교사들의 가르침과 아낌없는 조언은 내가 다시금 재기再起를 다짐하는데 큰 힘이 되어 주었다. 나는 이 학원에서 길 교장 선생을 몇 번 만나 나의 대학 진학과 관련된 여러 가지 이야기를 나누었는데, 매우 자상하고 마음이 따뜻한 분이라는 인상을 받았다. 여기서 맺은 길 교장과 나와의 인연은 그곳에서 그치지 않고 그 후 내가 교단에 서서 학생들을 가르치는 동안에도 계속되었다. 여기에 관한 몇 가지 에피소드는 제2장에서 좀 더 상세하게 언급하기로 한다. 나는 그곳에서 1년 동안 공부에 매진하면서 길 교장의 격려와 조언에 힘입어 열심히 노력한 결과, 이듬해인 1965년 2월 서울대 사범대학에 무난히 입학할 수 있었다. 요즘과 달리, 60년대에는 라디오를 통해서도 서울대학교 합격자를 발표하였는데, 나는 대학교 정문에 붙여놓은 합격자 명단을 보기 전에 라디오를 통해 미리 합격 여부를 알 수 있었다. 그만큼 합격에 대한 열망이 간절했기 때문이었다.

대학의 신학기가 시작되고 새로운 환경을 맞이하게 되면서 나는 적지 않은 기대를 가지고 사범대학에서의 첫 학기를 보냈다. 그러나 대학은 내가 생각했던 것보다도 훨씬 어수선했다. 1965년 당시의 국내 정치 상황은 매우 혼탁하고 살벌했던 시기였을 뿐만 아니라 대학도 상아탑에만 안주하여 공부에만 전념할 수 있는 분위기가 아니었기 때문이다. 대학의 강의는 내가 기대했던 것과는 거리가 멀었다. 나라 밖에서는 베트남 전쟁이 한창 계속되고 있었다. 미국은 베트남에서 공산 북부베트남과 교전 중이었는데, 한국은 이미 비둘기 부대를 베트남에 파견하였으나, 미국의 요청에 따라 전투부대 파견으로 베트남전에 참전하게 되었다. 나와 함께 입학한 학과의 동기인 이광복은 입학하던 해인 1965년 가을 베트남에 파견될 맹호부대로 입대하여 소정의 훈련을 마치고 베트남에 파견되기도 하였다 그는 복학하여 졸업한 뒤 인천 제물포고에 근무하였고 후에 부평 서중학교 교장으로 정년퇴임하였다. 나는 복학 후 4학기를 그 친구와 함께 다니며 다소 외로움을 덜 수 있었다. 2학년 가을이 되면서 나는 나머지 4학기를 계속할 것인지 아니면 3학년 봄에 군에 입대할 것인지를 놓고 많은 고민을 하면서 시간을 보냈다. 졸업 후 군 복무를 마치고 교단에 선다면 어떻게 될 것인가에 대해서도 구체적인 방안이 서지 않았다. 그러나 오랜 고민 끝에 2학년을 끝낸 이듬해인 1967년 봄, 나는 군에 자진해서 입대하기로 결심하고 서울 병력을 실은 논산행 열차에 몸을 실었다. 나는 무모하기 짝이 없는 자원입대를 결심하였지만 훈련소에 도착해보니 나와 같은 생각을 가지고 대학 재학 중에 자원하여 입대한 친구들이 상상외로 많은 것을 알고 놀랐다. 그런데 훈련소에서 나를 포함하여 자원입대한 병력을 받아줄 것인지 무척 궁금하였다. 논산훈련소에 들어가기 전에 잠시 머물었던 수용연대는 나처럼 서울에서 내려온 젊은이들로 몹시 붐볐다. 나는 이곳에서 잠시 천국과 지옥을 오락가락한 적이 있었다. 그곳에 도착한 지 얼마 되지 않아 지휘관으로 보이는 장교가 우리 앞에 나타나서 자원입대한 서울 병력은 예정에 없던 것이므로 다시 서울로 돌아가야 한다는 얘기를 꺼냈다. 나는 그 순간 앞이 캄캄하였다. 지금 대학으로 다시 돌아갈 준비가 전혀 되어있지 않았기 때문이다. 나뿐만 아니라 다른 친구들도 마찬가지였다. 그곳에 모인 20대 초반의 젊은 우리는 지휘관에게 우리의 뜻을 전하고 상부에 보고하여 훈련을 받을 수 있게 해 달라고 간청하였다. 우리는 훈련소로부터의 대답을 초조하게 기다리면서 잠 못 이루는 밤을 보냈다. 다음 날 우리 앞에 다시 나타난 장교는 우리가 논산훈련소에 입소할 수 있게 되었다고 알려주었다. 이런 결정이 어떻게 그 짧은 시간에 내려졌는지 알 수 없었으나, 나는 이렇게 해서 논산훈련소에 입소해서 전후반기 교육(10주)을 무사히 마치고 군에서 제대할 때까지 3년간의 군 생활을 시작하게 되었다.

내가 군에서 복무하고 있던 1968년 1월 21일, 이른바 청와대 습격

사건이 일어나서 온 나라가 발칵 뒤집혔다. 특수훈련을 받은 북한의 무장게릴라들이 청와대 기습을 시도한 사건이었다. 나는 이 시기에 일등병으로 근무하고 있었는데, 이 사건으로 인해 군에서의 훈련과 기강은 한동안 한층 더 강화되었다. 1970년 봄 무사히 군 복무를 마친 나는 사범대학 3학년에 복학을 하면서 학교생활을 시작하였다. 1-2학년과 달리, 3-4학년은 학교 공부는 물론 졸업 후의 직장도 걱정해야 하는 시기였다. 내가 재학하던 당시의 사범대학은 서울대학교의 다른 단과대학과는 달리, 무시험전형에 의해 졸업과 동시에 성적에 따라 서울을 비롯한 전국의 공립 중학교 또는 고등학교의 초임교사로 교육부에서 발령을 내도록 되어 있었다. 국립 사범대학 졸업자 우선 채용 제도는 1973년부터는 사립 사범대학과 교직과정 이수자에게 순위고사를 도입하여 채용하는 것으로 바뀌게 되었고, 1991년부터는 공개경쟁으로 전환하여 교사를 임용하는 제도로 바뀌었다.

서울대 사범대학의 특성상 3학년이 되면 사범대 부속 초등학교로, 4학년 때에는 사범대 부속 중학교로 교육실습을 의무적으로 나가게 되어 있었다. 나는 3학년 봄 부속 초등학교에 교육실습을 나갔는데, 실습생 가운데 내가 대표수업을 하게 되어 영어로 수업을 했던 기억이 난다. 4학년 때에는 당시 을지로에 있던 부속 중학교로 실습을 나갔는데, 당시 교감 선생은 교생들에게 매우 엄격한 분으로 학교의 교칙과 각종 지시에 따라 학교의 모든 활동을 빈틈없이 처리해 나갈 것을 강조하였다. 대학에서 자유롭게 생활한 교생들에게는 이처럼 학교의 정해진 스케줄에 따라 진행되는 교육실습은 매우 힘들

뿐만 아니라 긴장을 늦출 수 없는 기간이기도 하였다. 우리는 이 교칙에 적응하느라 실습이 끝나는 날까지 힘들고 고된 4주간을 보냈다. 그러나 실습이 끝난 후에는 학생지도에 큰 보람을 느꼈고 선생님들로부터 매우 좋은 평가를 받을 수가 있었다. 교육실습을 통해 나는 학생들에게 모범적이고 훌륭한 교사가 되는 길이 이처럼 힘들고 험난하다는 것을 그 때 비로소 깨달았다. 이 때의 짧은 경험이 내가 그 후 40년 가까이 중고교와 대학강단에서 학생들을 가르치는데 적지 않은 도움이 된 것은 말할 필요도 없다.

3. 졸업 전 활동과 대학원 진학

나는 대학에 입학한 후 줄곧 강의가 없는 시간을 이용하여 틈틈이 중고교 학생들을 가르치면서 등록금과 생활비를 마련하느라고 바쁘게 보냈다. 서울 시내의 중학교와 고등학교 학생들을 대상으로 가르쳤는데, 그룹과외를 주로 하여 학생들을 지도하였다. 나는 고교 3년으로 올라가면서 문과반이 아닌 이과반에서 공부한 탓에 대학에 들어와서도 학생들에게 영어뿐만 아니라 함수와 미적분 등, 수학도 지도하였다. 나는 대학 시절 학교 내의 농촌봉사반, 성경반, 교내 신문사 등, 여러 동아리에서 활동하면서 여러 학과에서 온 다양한 친구들을 많이 사귀었다. 농촌봉사활동을 하던 어느 해 여름, 강원도 평창군 방림면 계촌리라는 곳으로 활동을 하러 나간 적이 있었는데,

60년대 중반을 조금 넘긴 시기의 계촌(1-4리)은 주위가 깊은 계곡과 산으로 둘러싸인 아늑한 곳이었다. 그 곳에서 봉사활동을 끝내고 숙소로 돌아오는 길에 우리는 뜻밖에 노루를 만났는데, 우리에게 친근하게 다가온 노루와 함께 사진을 찍기도 하였다. 오래 전의 일이었음에도 아직도 기억에 생생하게 남아 있다. 나는 사범대학의 영자신문사 기자로도 활동하였는데 이 시기에 셰익스피어의 비극 가운데 하나인 리어왕(King Lear)을 주제로 쓴 나의 영문이 학교 내 논문심사에서 가작으로 뽑히기도 하였다. 기자 시절, 특수학교 탐방에 관한 기사를 쓰기 위해 당시 마포에 있던 한국 구화口話 학교를 취재한 적이 있었다. 당시 교장은 최병문 선생이었는데, 최 교장 가족이 모두 학생들을 헌신적으로 지도하고 있었다. 이 학교를 취재하면서 나는 최 교장과 그 가족의 학생들을 향한 한없는 헌신과 아낌없는 사랑에 많은 감동을 받았다. 취재를 끝낸 후에 최 교장은 이곳에서 함께 일하자고 간곡히 권유하였는데, 나는 내 평생을 이들을 위해 바칠 수 있는지 자문自問해 보면서 한동안 마음이 몹시 흔들리기도 하였다.

나는 4학년이 되면서 또 다른 고민을 하게 되었다. 그것은 졸업 후에 예정대로 성적에 따라 배치되는 공립 중학교 또는 공립 고등학교로 갈 것인가 하는 것이었다. 사범대학을 졸업하면 국립대학의 규정상 3년간 공립 중고교에서 교직 생활을 의무적으로 하게 되어 있었고, 교직 이외의 다른 직업을 택할 경우에는 교사 자격증을 박탈당하게 되어 있었다. 4학년 말 오랜 고민을 한 끝에 나는 학부에서의 전공을 살려 공부를 계속해야 하겠다는 생각을 하고 교육대학원에 진학하기로 결심하였다. 그러나 일반 대학원 진학은 여러 가지 문제가 있었다. 졸업 후에 교단에서 가르치는 일과 평일에 진행하는 일반 대학원 수업을 병행해 나가는 것은 나에게는 여러모로 힘들 것 같았다. 둘 중에 하나는 포기하지 않으면 안되었다. 이와는 달리, 교육대학원 수업은 야간 수업으로 진행되었기 때문에 설령 내가 졸업 후 교단에 선다고 하더라도 학교 수업을 희생하지 않고도 가능하였기 때문이었다. 많은 고민을 거듭한 끝에 나는 1972년 2월 사범대학을 졸업한 직후 서울대 사범대학 캠퍼스 안에 있는 교육대학원에 진학(1972년 3월)하면서 곧바로 서울 정동에 위치하고 있던 예원학교와 서울예술고교의 영어선생으로 근무하게 되어 대학원 졸업시까지 한동안 대학원 공부와 학생들을 가르치는 일을 병행할 수 있게 되었다. 서울대학교가 관악산 자락으로 모두 옮겨간 것이 1975년이었으므로 나는 예원과 예고에서의 수업이 끝나면 용두동에 있는 사범대학 내의 교육대학원으로 수업을 받으러 다녔고 대학원 졸업시(1974)에는 동숭동에 있는 서울대 강당에서 내가 교육대학원 졸업생 대표로 당시 대학원의 이찬(지리교육과) 원장으로부터 석사학위 증서를 받았던 기억이 난다. 예원학교와 서울예고의 영어선생으로 가게 된 에피소드는 다음 장에서 상세하게 이야기하려고 한다.

제2장
예원학교와 서울예고 교사 시절

1. 예원학교와 서울예고와의 인연

앞에서도 언급한 대로 내가 사범대학을 졸업한 직후에 예원학교와 서울 예술고교 선생으로 가게 된 데에는 당시 사범대학의 은사이신 심명호 선생의 추천이 있었기 때문이었다. 당시 예원과 예고는 이화여고 건너편 건물에 함께 있었다. 교무주임이셨던 윤문원 선생에게서 사범대학 졸업생 가운데 영어 선생을 추천해 달라는 부탁을 서울대 사범대학 동문이신 심명호 선생이 받으시고 막 졸업하고 교육대학원에 갓 입학한 나를 그 학교에 추천해 주신 것이었다.

그 당시에는 이 학교의 영어 선생으로 부임하기 위해서는 감리교신학대학의 교수로 계셨던 박대인 목사(본명: Edward W. Poitras)를 찾아가서 2시간에 걸친 영어시험과 영어 면접을 치러야 하고 그 시험의 평가결과와 나의 중고교 전체 성적을 종합하여 분석한 결과 여부에 따라 정식으로 영어 교사의 부임이 결정되던 시절이었다. 나는 예원과 예고의 영어 선생을 선발하는 이러한 시험방식이 언제부터 시작되었는지 알 수는 없었으나 굳이 이것에 대해 알아보려고 하지 않았다. 다만, 이 학교의 영어 선생이 되기 위한 하나의 통과의례이고 동시에 우수한 영어 선생을 원하는 이 학교의 방침이라는 것 외에는 별로 관심을 두지 않았다. 내가 박대인 목사를 찾아간 날이 언제였는지 날짜는 정확하게 기억나지 않으나, 1972년 3월의 어느 날이었던 것 같다. 나는 그와 마주 앉아 영어 면접과 몇 가지 필기시험을 보면서 그에게서 인자하면서도 낮고 분명한 음성을 지닌 분이라는 인상과 훌륭한 인품을 지닌 목회자라는 인상을 어렴풋이 느꼈다. 그의 음성은 분명하고 나지막했으나 내가 알아듣기에는 큰 어려움이 없었다. 그와의 짧은 만남은 나의 고교와 대학 시절 미국 선교사와 함께 영어와 성경을 공부하면서 막연하게 선교사가 되려는 생각을 해본 적이 있던 터였기에, 내가 외국 선교사들과 활동을 하면서 품었던 목회자에 대한 상상을 잠시 동안 불러일으키기도 하였다.

박대인 목사의 영어시험 결과와 나의 중고교 전 학년 성적 결과가 나오기까지는 2-3개월이 소요되었으나, 나는 학생들과 함께 바쁘게 지내느라고 시험에 대한 일은 잊어버리고 있었는데, 어느 날 이화학원 이사장실에 가면서 무난히 그 어려운 고비를 넘겼다는 사실을 알게 되었다. 당시 예원과 예고는 이화학원 재단에 속한 학교였으므로 이 학교의 교사가 되면 이사장실에 가서 정식으로 인사를 하게 되어 있었다. 재단의 이사장은 신봉조 박사였는데, 자그마한 키에 인자한 모습을 지닌 분이었다는 기억을 지니고 있다. 나는 예원과 예고에 있으면서 해외에서 연구한 1년을 제외한 4년 동안 학생들에게 영어를 가르치는 한편, 대학원 수업도 빠짐없이 부지런히 해나갔다. 예원학교에 근무한 지 3년이 지났을 무렵인 1974년 가을, 오스트레일리아(호주) 정부 장학생으로 파견되는 영어시험에 우연히 응시하였는데, 뜻밖에도 무난히 합격하여 1975년 2월부터 다음 해 2월까지 1년간 호주 시드니 대학에서 '외국어로서의 영어교육(TEFL)'이라는 대학원 과정을 이수하였다. 여기에 관해서는 4절에서 좀 더 상세하게 이야기하겠다.

나는 예원학교와 예고에서 20대 중반을 갓 넘긴 나의 젊은 시절을 짧고도 보람있게 보냈다. 나는 이곳에서 정신없이 바쁜 날을 보냈으나 한편으로는 내 삶의 행로에 뜻하지 않은 행복을 가져다준 시기이기도 하였다. 음악과 미술, 그리고 무용을 전공하려는 학생들이 모여든 예원학교는 일반 중학교와는 달리, 학과목 시험보다는 실기시험을 통과해야만 진학할 수 있는 학교로 한국 최고의 특수예술학교인 셈이었다. 내가 이 학교에 있을 당시에는 예원학교와 서울예고가 같은 건물에 있었는데, 호주 시드니 대학에서의 연구를 끝내고 다시 정동으로 돌아온 1976년 봄에 서울예고는 종로구 평창동으로 이전하였다. 나는 이전한 평창동 서울예고에서 1977년 3월 초 청주에 있는 청주사범대학 영어교육과 전임으로 자리를 옮기기 전까지 이곳에서 예고에서의 마지막 1년을 보람있게 보냈다. 시드니에서 귀국한 1976년 2월에 사범대학의 은사이신 이맹성 교수의 소개로 인천에 있는 인하대학교의 인문학 강의도 맡게 되면서 예고 수업과 대학 강의를 병행하느라고 눈코뜰새 없이 바쁜 시간을 보냈다. 나는 이 학교에 있는 동안 학생들이 예원과 예고를 졸업하기 전 미국 줄리아드나 이탈리아로 건너가 놀라운 재능을 나타낸 학생들을 많이 보았을 뿐만 아니라 재학 중인 학생들 상당수가 국내 콩쿠르에 입상하는 모습도 보았다. 예고 학생들은 성적뿐만 아니라 실기도 뛰어나서 서울대 음대를 비롯하여 서울의 유수한 대학 진학률도 매우 높은 편이었다. 언젠가 내가 서울대 강의를 나간 적이 있었는데, 서울대 교정에서 나를 알아보고 반갑게 인사한 학생들을 만났는데, 알고 보니 서울예고를 졸업한 이들이었다. 아마도 음대에 입학한 지 얼마 되지 않았는지 내가 예고 교정에서 만난 학생들은 한결같이 명랑하고 쾌활한 성격은 여전한 것 같았다.

2. 예고에서 인생의 반려자를 만나다

내가 대학을 졸업하고 예원과 예고의 영어 선생으로 부임한 것은 1972년 3월의 어느 날 아침이었다. 내 생애 처음으로 직장을 갖게 된 나는 오전 8시에 시작하는 첫 교무회의에 참석하기 위해 아침 일찍 인천에서 서울행 지하철을 탔다. 대학 재학시절 나는 인천에서 서울로 대학을 다녔기 때문에 그 당시 서울에는 내가 거주할 거처가 굳이 필요치 않았다. 그런데 이제부터는 서울에서 직장을 다녀야 할 뿐만 아니라, 저녁에는 대학원 수업도 참석해야만 했으므로 부득이 근무할 학교 근처에 하숙을 정해야 하는 처지가 되었다. 나는 대학 재학 중, 부속 초등학교와 중학교로 교육실습을 나간 경험이 있기는 하였으나 지금은 교육 실습생이 아닌 정식 교사로 근무하게 될 학교의 첫 교무회의에 참석하는 것이었기 때문에 그 때의 상황과는 전혀 비교가 되지 않았다. 나는 중구 정동에 있는 예원학교 교문에 도착해서 교무실로 가는 동안 가슴이 두근거리고 몹시 긴장이 되었다. 정문을 들어서니 오른쪽으로 잘 가꾼 넓은 잔디밭이 보이고 그 너머로 아담한 4층 학교 건물이 보였다. 정문에서 건물까지 가는 통로는 등나무로 엮어놓은 길이 이어져 있어서 마치 예쁜 오솔길을 걷는 기분이었다. 예원과 예고에 대한 나의 첫 인상은 도심 속의 작고 아늑한 교정이라는 느낌을 주기에 충분하였다.

나는 예원에서 담임을 맡지 않는 교사로 첫 한 해를 보냈다. 일반학교와는 달리 예원과 예고에는 각 학년마다 음악과(2반), 미술과(1반) 및 무용과(1반) 등, 4개의 반으로 이루어져 있어서 소규모로 운영되었다. 학생들은 학과목 이외에 음악과 미술 및 무용 실습에 더한 지도를 받았는데, 실습의 경우에는 외부에서 온 전문 강사 혹은 교수들의 레슨이 학생들의 실습에 중요한 몫을 담당하였다.

나는 예원에서 담임을 맡지 않고 지낸 첫 해에는 학교 수업준비과 대학원 공부로 매일 바쁘게 보내기는 했으나 비교적 자유롭게 지냈다. 나는 예원에서 처음 맞이하는 여름방학을 이용하여 간단한 배낭을 메고 서해안의 여러 곳을 여행하며 나 자신을 돌아보고 앞으로 해야할 일을 구상하면서 일주일을 보냈다. 당시에는 도로나 차편

이 불편하였기 때문에 나는 버스를 이용하기도 하였으나 주로 걸어 다니면서 산사山寺에서 하룻밤을 묵기도 하고 해변가에서 시간을 보내기도 하였다. 나는 서해안을 따라 충남 예산에 있는 수덕사로 가던 길에 서울에서 이곳으로 내려와서 농민 아이들을 위한 가루실농민학원을 운영하고 있는 길영의 교장 선생을 찾았다. 길 선생은 내가 서울대 재입학을 위해 각고刻苦의 정진精進을 하는 동안 내게 많은 조언과 도움을 준 적이 있었는데, 나는 대학을 졸업하고 예원과 예고에 근무하면서도 길 교장 선생을 늘 기억하고 있었고 선생이 이곳 예산에서 농민 아이들을 위해 헌신하고 계시다는 소식을 간접적으로 들은 적이 있었다. 길 선생은 내가 서울대에 합격하고 졸업한 후에 예원과 예고에서 근무하고 있다는 소식을 알고 자신이 예산에서 홀로 운영하고 있는 가루실농민학원의 노래를 부탁한 적이 있었다. 이런 이야기를 정우현 교감 선생에게 전하였더니 서울대 음악대학에서 작곡을 전공한 정우현 교감 선생이 이 학원을 위해 손수 작사, 작곡을 해서 길 선생에게 보낸 적이 있었다. 나는 예원에서 맞이한 첫 번째 여름방학을 이용하여 이번 여행 중에 길 교장 선생을 한번 만나려는 생각을 하고 있던 중이었다. 길 선생은 농민 아이들의 미래를 열어주기 위해 넓은 밭에 온갖 작물을 심고 가꾸느라고 지쳐있었고 몰라보게 야윈 모습이었다. 나는 문득 고교 시절에 밤을 새워 읽은 춘원 이광수의 소설 「흙」에서 어리석은 농민들을 계몽하고 농민들과 함께 살아가는 농부가 되기를 희망하는 주인공 허숭이 생각났다. 내가 시드니대학에서 귀국하고 평창동으로 옮긴 서울예고에서 근무하고 있던 1976년 가을 어느 날, 길 선생이 어깨에 큼지막한 자루를 메고 학교 교무실로 성큼성큼 들어오던 모습을 지금도 생생하게 기억하고 있다. 길 선생은 어깨에서 자루를 교무실 바닥에 내려 놓고 그 안에서 당신이 가루실농민학원에서 애써 재배한 감자며 고구마를 꺼내 놓았다. 길 교장 선생다운 거침없는 행동과 모습에 나를 포함하여 교무실에 있던 여러 교사들은 이 광경에 잠시 동안 할 말을 잊었다. 길 교장은 당시 인천의 명문고였던 제물포고교에서 오랫동안 교장으로 있으면서 우수한 인재를 배출하는데 정열을 바친 분이었다. 내가 예원과 예고를 떠나 청주에 있는 대학의 전임으로 가게 되었을 때 그는 나에게 다음과 같은 글을 붓으로 손수 써서 액자로 만들어 보냈다.

> 性燥心粗者一事無成 心和氣平者百福自集
> 一九七七 元旦 吉瑛義
>
> (성질이 조급하고 마음이 거친 자는 한 가지 일도 이루지 못하나 마음이 온화하고 기운이 평화로운 자는 세상의 모든 복이 저절로 모여든다.)
>
> 1977년 설날 아침 길영의

나는 덕숭산 자락에 있는 수덕사를 잠시 들러보고 서해안을 따라 걷다가 어느 날 부안의 변산반도까지 내려가서 채석강에 이르렀다. 이곳은 중국 당나라의 이태백이 배를 타고 술을 마시다가 강물에 뜬 달을 잡으려다가 빠져 죽었다는 채석강과 흡사하여 이러한 명칭이 붙여졌다는 전설이 있다. 바닷물에 침식되어 퇴적한 절벽이 마치 수만 권의 책을 쌓아 놓은 듯 켜켜이 쌓인 채 수 킬로미터를 뻗어 나간 이곳에서 백사장을 따라 북쪽으로 조금 올라가면 붉은 암벽으로 이루어진 적벽강이 있었다. 나는 근처에 있는 곰소를 둘러보고 내소사來蘇寺를 찾아 월명암과 직소폭포를 구경하고 그곳에서 하룻밤을 보냈다. 내소사는 중국 당나라 장수인 소정방蘇定方이 이곳을 들렀다고 해서 지어진 이름이라고 하는데 확실한 출처는 알 수 없었다. 나는 속세와 동떨어진 느낌을 주는 이곳에서 새들의 지저귀는 소리와 밤하늘의 무수한 별을 바라보며 20대 후반에 접어든 나 자신을 한번 돌아보는 시간을 가지기도 하였다. 월명암에는 시인 이은상이 지은 시도 바위에 새겨져 있었는데 기억은 나지 않는다.

예원과 예고에 근무한 지 1년이 지난 1973년 3월, 나는 담임을 맡게 되어 더 한층 바쁜 나날을 보냈다. 담임 업무까지 겹쳐 인천에서 출근하는 일이 어려워지게 되어 하는 수 없이 학교에서 가까운 냉천동에 하숙을 정하고 하루 24시간을 규모있게 활용하지 않으면 안되었다. 어느 날 오후, 정우현 교감 선생의 소개로 20대 중반의 젊은 여성을 만나게 되었고 이것이 계기가 되어 짧은 만남이 이어지면서 같은 해 11월, 서울 장충동에 있는 영빈관(현재 신라호텔)에서 결혼식을 올리게 되었다. 정우현 교감 선생은 후에 서울예고의 교장이 되었으나, 내가 예원과 예고에 있을 때에는 교감으로 있었다. 그는 지금 나의 반려자가 된 아내의 고향인 경남 함양군 안의에서 태어나 해방되던 해인 1945년 진주사범학교를 졸업하고 처음에는 안의초교에서,

후에는 안의중학교에서 교편을 잡았다. 1953년 서울대 음대 작곡과에 입학하였으며 졸업 후에 임원식 선생(전 예고 교장, 지휘자)의 추천으로 서울예고에 부임하여 한 때 이화여고 합창반을 지도하기도 하였다. 1975년 임원식 교장에 이어 서울예고 3대 교장으로 취임하여 정년으로 퇴임할 때까지 예술교육 행정가로서 20년 가까이 예원과 예고를 이끌었다. 내가 호주에서의 연수를 끝내고 1976년 2월 중순에 귀국하였을 때 그는 예원과 서울예고의 교장이 되어 있었으며 서울예고 교사를 평창동으로 옮기는데 온 힘을 쏟기도 하였다. 나중에 알게 된 일이지만, 지금의 내 아내가 된 여성은 정우현 당시 교감 선생의 조카 딸이었고 내가 아내를 사귀는 동안 교감 선생의 형님되시는 장인 어른이 수차례 교무실을 찾아와서 나의 행동거지를 유심히 살펴보고 갔다는 이야기를 전해 들었다. 장인 어른은 당시 내가 다소 마르고 약해 보인 것이 많이 마음에 걸렸다는 얘기를 교감 선생에게 전했다고 한다. 이렇게 해서 나는 예원과 예고에 근무하는 동안 지금의 아내를 만나게 되었는데 이로 인해 대학원 졸업은 예정보다 한 학기 뒤로 미루지 않으면 안되었다. 다음 절에서 대학원 졸업에 얽힌 일화를 간단히 이야기하고 넘어가기로 한다.

3. 대학원 졸업에 얽힌 사연

나는 예원에 근무하던 1973년 11월 뜻하지 않은 결혼을 하게 되면서 대학원 졸업 논문을 제출할 시기를 놓쳐버리게 되었다. 졸업 논문의 주제도 확실하게 정하지 못하였는데, 그것은 학교 업무와 결혼 준비로 시간을 보내다 보니 논문의 주제를 정하는데 어려움이 많았기 때문이었다. 더욱이 주제가 정해지면 주제와 관련된 자료를 찾아 정리하고 분석, 평가할 수 있는 충분한 시간이 있어야 하는데, 도서관을 이용할 시간적인 여유가 충분하지 못하였다. 1974년에 들어서면서 논문 준비를 급하게 시작하여 일단 접속사와 관련된 내용을 연구 주제로 정하고 이를 분석하기 위한 자료를 도서관에서 찾아가며 논문을 쓰기 시작하여 4월 말에 끝내고 일단 대학원에 제출하였다. 어느 날 대학원의 문용 교수가 나를 만나고 싶다고 연락이 와서 찾아가 만났는데, 그는 영어로 쓴 내 논문이 부실하니 다시 작성해 왔으면 좋겠다는 것이었다. 아마도 심사위원 여러분이 내 논문을 돌려보고 내린 잠정적인 결론임이 분명하였다. 나는 시간이 촉박하여 급하게 쓴 논문이라는 것을 알고 있었고 제출 마감일까지 수정해 나갈 생각을 하고 있었기에 학생 수업과 업무가 다소 한가한 틈을 이용하여 틈틈이 논문을 수정하고 보완해서 완성한 논문을 마감일에 무난히 제출할 수 있었다. 그러나 나는 원래 접속사에 관한 논문을 쓸 생각은 없었다. 그 대신 중세 영시의 아버지로 불리는 제프리 초서의 작품인 《켄터베리 이야기》에 등장하는 어휘를 분석하는 것을 논문의 주제로 정하고 싶었으나 논문 작성과 제출 마감일까지는 시간이 촉박하였다. 내가 이것을 논문의 주제로 정하려는 생각은 대학원 수업 시간에 전상범 교수가 《켄터베리 이야기》를 대학원에서 강의한 것이 계기가 되었기 때문이었다. 초서 작품에 쓰인 어휘가 오늘날 현대영어에서 어떻게 의미변화가 일어났는지 분석하고 그 기원을 밝혀보려는 것이 내가 생각한 논문의 주제였는데, 이런 나의 생각은 훗날 내가 대학 강단에서 초서를 강의하면서 원래 대학원의 석사논문으로 쓰려고 했던 것을 하나의 교수 연구논문으로 완성하게 되는 계기를 만들어 주었다. 대학원 졸업은 1974년 8월, 동승동에 있는 서울대 강당에서 거행되었고 나는 졸업생 대표로 앞에 나가서 당시 교육대학원장인 이찬 교수(지리교육과)로부터 학위증서를 수여 받았다. 8월에 대학원을 졸업하는 졸업생들은 전기 졸업생에 비해 그 수가 많지 않았기 때문에 조촐하면서도 의미가 있는 졸업식이 되었다. 서울대는 다음 해인 1975년 관악으로 이사를 가게 된다. 대학원 시절 우리에게 초서를 강의하던 전상범 선생은 2021년 6월 20일 향년 87세의 나이로 세상을 떠났다.

4. 첫 해외 연수: 시드니 대학

당시 예원학교에는 고영관 선생이 영어를 가르치고 있었는데, 후리후리하고 큰 키에 짙은 색의 안경테를 걸친 약간 마른 체격의 신사다운 풍모를 지닌 분이었다. 음악, 미술 및 무용 등, 특수한 예술 재능을 지닌 학생들이 모인 예술학교때문이었는지 외국인이 찾아오는 경우가 많았는데, 그럴 때마다 고 선생은 학교의 여러 곳을 두루 다니면서 이들을 안내하였다. 고 선생이 영어로 안내하는 모습을 내가 직접 본 것은 아니었으나, 그는 예원과 예고에 있는 동안 이러한 경험을 많이 한 것으로 알고 있었기에 나는 그가 매우 훌륭한 영어를 구사하여 학교에 찾아 온 외국인을 안내했을 것으로 생각하였다. 그 해 가을의 어느 날, 고 선생이 나에게 오스트레일리아 정부초청 장학생 시험이 서울에서 있을 것이라는 귀뜸을 해 주었다. 이 시험은 개발도상국인 아시아와 아프리카의 중등학교와 전문대학에서 가르치는 영어 교사들에게 호주 정부가 영어교육 전반에 걸친 대학원 과정을 개설하여 1년간의 교육과정을 거쳐 시험에 통과하면 인증서(diploma)를 주는 제도로 영어권 국가에서도 가르칠 수 있는 자격을 부여하는 프로그램이었다. 다시 말하면 오스트레일리아 정부가 아시아 및 아프리카 지역에 있는 우수한 영어 교사를 시험으로 선발하여 정부의 재정으로 대학원에서 '외국어로서의 영어교육' 과정을 이수케 하는 프로그램이었다. 나는 교육대학원을 졸업한 지 얼마 되지 않은 터였기에 호기심이 생겼고 해외에서 공부를 더 하고 싶은 마음에 자신이 서지는 않았으나 일단 시험에는 가벼운 마음으로 응시해보기로 하였다. 정확한 날짜는 기억나지 않으나 서울 시청 근처에 있는 한 건물에서 장학생 선발시험이 있었다. 시험은 서너 시간에 걸쳐 필기시험과 면접 및 영작으로 치러졌다. 나는 이 시험을 치르고 난 뒤,

학교 수업과 여러 가지 일로 바쁘게 시간을 보내느라고 시험에 대한 일은 한동안 잊어버리고 지냈다. 그런데 어느 날 학교로부터 내가 이 시험에 합격했다는 통보를 받았다. 나중에 알게 된 일이지만 전국의 수많은 응시자 가운데 최종 4명이 합격하였는데, 그 중의 3명은 서울대 사범대 동문이며 한 명은 부산의 어느 고등학교 선생이라는 것이었다.

나는 시드니로 떠나기 전 한 통의 전화를 받았는데, 우리보다 1년 전에 호주 정부 장학생으로 시드니대학에서 연구를 마치고 귀국한 김명순 선생으로 당시 풍문여고에 재직 중이었다. 김 선생은 나를 포함하여 서울대 동문 3명을 만나서 자신이 그곳에서 공부한 경험을 재미있고 자세하게 들려주었다. 우리는 호주로 떠나기 전에 김 선생이 전해 준 시드니에서의 생활과 수업, 교수진 등, 이에 관련된 여러 가지 도움이 되는 이야기를 듣게 되어 출국 전 마음의 준비를 하는데 많은 도움이 되었다. 훗날 김 선생은 80년대 초에 내가 국민대 교수로 있는 동안 국민대 대학원 박사과정에 입학하여 나의 지도로 부지런히 노력한 결과 박사학위를 받았다.

1975년 2월 나는 예원과 예고를 일시 휴직하고 호주 정부 장학생으로 1976년 2월까지 1년간 호주 시드니 대학에서 아시아와 아프리카의 여러 나라에서 온 교사들을 위해 호주 정부가 마련한 '외국어로서의 영어교육(TEFL)'이라는 대학원 프로그램에 참여하였다. 70년대 중반 당시 우리나라는 외화가 부족하였으며 일반인들이 해외로 나가는 일은 특별한 경우를 제외하고는 매우 어려웠다. 이런 상황에서

30세에 접어든 나에게 호주 정부 장학생 자격으로 낯선 곳인 호주 시드니로 간다는 것은 또 하나의 다른 세계를 경험할 수 있는 좋은 기회가 되었다.

1975년 2월 중순 나는 김포공항에서 대한항공을 타고 일본 하네다 공항에 내렸다. 당시에는 서울에서 호주 시드니공항으로 가는 직항로가 없었으므로 일본에서 하루를 기다려 다음 날 호주 비행기로 바꿔 탑승하게 되어 있었다. 나는 일정상 뜻하지 않게 일본에서 하루를 머무르게 되어 일본의 시장과 공원, 전자상가(あきはばら) 등, 여러 곳을 구경하면서 하루를 보냈다. 일본의 여러 군데를 돌아보면서 나는 당시 일본이 한국에 비해 모든 것이 풍요롭고 넉넉하다는 인상을 받았다. 한국은 60년대 초반부터 경제개발 5개년 계획에 의한 자립 경제를 꾸준히 지향하면서 노력해오던 중이었으므로 우리가 아직 일본을 경제적으로 앞설 처지는 되지 못하였다. 일본에서의 짧은 체류로 인해 많은 것을 보지는 못하였으나, 나에게 70년대 중반의 일본은 낯설고 신기하였으며 눈에 띄는 주위의 모든 것이 풍요롭다는 인상을 주기에 충분하였다.

일본에서 하루를 머문 다음 날, 나는 호주 항공기인 퀀타스(Qantas)를 타고 9시간 반 만에 호주 시드니 국제공항에 내렸다. 나와 함께 탑승한 4명은 호주정부 개발처가 마련해 준 시드니 대학에 소속된 세인트 존스 칼리지St John's College에 여장을 풀었다. 3월 초에 개학하는 수업 예정일까지는 며칠 간의 여유가 있었으므로 우리는 1년 전 이곳에 와 있던 대학 후배의 안내로 시드니의 여러 곳을 구경하면서 시간을 보냈다. 그는 1년 전에 오스트레일리아 정부 장학생으로 시드니 대학에 와서 연구를 끝낸 다음, 귀국하는 대신 일본 여성과 결혼하여 호주에서의 정착을 준비하고 있다고 우리에게 알려주었다.

1975년 2월 중순 나는 시드니 대학에서 일부 아시아 국가(한국, 일본, 싱가포르, 말레이시아, 베트남, 인도네시아 등) 및 일부 아프리카 국가(나이지리아, 가나, 우간다 등)에서 온 여러 교사들과 함께 다음 해 2월까지 대학원 영어교육 프로그램에 참여하였다. 교육의 전 과정이 끝나면 일주일 간 엄격한 감독하에 주관식 필기시험을 치른 후에 교사들이 모국으로 모두 귀국하고 난 이후, 시드니대학에서의 종합시험에 합격한 이들에게 인증서(Diploma in TEFL)를 우편으로 보내주는 프로그램으로 진행되었다. 우리가 수강한 교과목은 영어음성학을 비롯하여 영어교수법과 관련된 과목들 이외에도 '호주 문학'이란 과목도 포함되어 있었다. 나는 호주 문학을 제외한 다른 과목은 이미 서울대 교육대학원에서 이수한 터였기에 담당 교수의 강의는 그리 어렵지 않았다. 나에게 호주 문학은 생소한 것이기는 했으나 대학과 대학원에서 공부한 영미문학 이외에 또 다른 문학을 추가로 공부한다는 즐거움을 가져다 주었다.

1975년 4월 나는 그곳의 신문과 방송을 통해 남베트남이 북베트남에게 점령당하고 패망했다는 비보悲報를 접하였다. 나는 그 소식을 접하고 조국과 두고온 가족에 대한 걱정이 많았다. 우리와 함께 수업을 시작한 지 얼마 되지 않은 베트남에서 온 여교사가 있었는데,

그녀는 베트남에서 변호사로 있는 부친의 직업으로 인해 자신은 모국인 베트남으로 돌아가는 것이 어려울 것 같다는 이야기를 나에게 해주었다. 이 프로그램에 참가한 교사들은 수업이 없는 주말을 이용하여 오스트레일리아 정부 개발처의 계획에 따라 호주의 여러 곳을 관광할 수 있었는데, 블루 마운틴과 오스트레일리아의 수도인 켄베라, 및 켄베라에 있는 전쟁기념관(National War Memorial) 방문은 나에게 잊지 못할 좋은 추억을 남겨 주었다. 특히 블루마운틴은 시드니에서 서쪽으로 약 60km 떨어진 곳에 위치한 산악 국립공원으로 해발 1100m의 사암 고원이라고 하는데, 멀리서 보았을 때 진한 푸른색을 띠고 있고 이 푸른 빛은 유칼리 나무에서 증발된 유액 사이로 태양 광선이 통과하면서 파장이 가장 짧은 푸른 빛을 반사하여 생긴 데서 이런 명칭이 생겼다는 것이 우리와 함께 동행한 가이드의 설명이었다. 전쟁기념관은 켄베라에 있는 국회의사당과 마주 보고 있었는데, 1, 2차 세계대전에서 조국을 위해 싸우다가 전사한 군인들을 위한 국가기념관으로 군사 역사박물관의 기능도 수행하고 있었다. 기념관으로 가는 계단을 올라서면 중앙홀인 '추모의 전당'이 나오고 여기에는 2차 세계대전의 노병들을 나타내는 6백만 개의 조각으로 이루어진 거대한 모자이크를 만들어 놓았다.

나는 시드니에 있는 동안 수업이 없는 날에는 틈나는 대로 오스트레일리아의 자랑 가운데 하나로 꼽히는 시드니 오페라 하우스며 시드니 하버 브리지를 여러 차례 찾아가서 아름다운 시드니의 모습을 감상하곤 하였다. 특히 시드니 하버 브리지(Sydney Harbour Bridge)

는 1932년에 완공된 교량으로 시드니 중심 상업지구와 북쪽 해변 사이의 시드니 항을 가로지르는 다리로, 오페라 하우스와 함께 시드니의 상징적인 이미지로 널리 알려져 있었다. 나는 70년대 중반 이처럼 아름다운 도시 시드니에서 뜻하지 않게 하루하루를 재미있고 보람 있게 보내면서도 한편으로는 그곳에서 베트남의 패망을 알게 되었고 조국이 처한 앞날과 서울에 두고 온 아내와 떠난 후에 태어난 첫째를 떠올리면서 때로는 향수에 젖어 하염없이 시간을 보냈다.

삶에서
나를 위한 시간은 얼마나 될까
자신을 버리고
누군가를 위해 산다는 것
삶이란
그것을 가능케 하는데
그럼에도
쓸쓸해지는 건 왜일까

시드니대학에서 한 학기를 보낸 지 얼마 되지 않아 나는 그동안 생활했던 대학의 세인트 존스 칼리지를 떠나 대학에서 가까운 곳에 있는 일반인이 운영하는 하숙집으로 숙소를 옮겼다. 그것은 이곳에 도착하여 호주 정부 개발처에서 정해준 대학 내 칼리지에서 한 학기 동안 여러 가지 유익한 경험을 해 보았기 때문에 후반부에는 칼리지보다 생활비가 비교적 저렴한 곳으로 옮겨 평범한 호주인들의 일상을 살펴보려고 한 것도 내가 숙소를 옮긴 또 다른 이유 중의 하나였다.

내가 오스트레일리아에 처음 도착했을 때 여러 나라에서 온 교사들은 칼리지에서의 생활이 처음에는 낯설었으나 점차 익숙해져갔다. 그러나 나는 이곳에서 아침마다 매일 선택의 여지가 없는 양념을 전혀 하지 않은 거친 양고기를 먹어야 하는 고통을 매일 겪느라고 처음에는 고생을 많이 했는데, 시간이 지나면서 점차 익숙해져 갔음에도 여전히 칼리지의 낯선 음식 문화에 적응하기가 어려웠다. 육식을 별로 좋아하지 않는 나에게 양고기 음식에 익숙해지기까지는 더 많은 시간이 필요하였다. 하숙집으로 옮긴 후로는 식사는 스스로 해결해야 했는데, 칼리지에 비해서는 식사와 개인적인 활동이 비교적 자유로웠고 마음이 편안하였다.

시드니 대학에서 개설한 연수 프로그램은 3학기로 운영되었다. 1학기(Lent Term)는 2/24-5/10일까지 11주, 2학기(Trinity Term)는 6/2-8/2일까지 9주, 그리고 마지막 학기인 3학기(Michaelmas Term)는 9월 1일에 시작하여 12월 6일에 끝나는데, 종합시험은 11월 10일부터 치르게 되어 이곳의 연수 프로그램 전 과정이 모두 끝나게 되어 있었다. 이번 프로그램에 개설된 과목은 매우 다양하여 마치 내가 교육대학원에 재입학하여 수강한 듯한 느낌을 받았다. 연수과정을 통해 수강한 교과목을 소개하면 다음과 같다.

> 교육심리학, 영문학, 음성음운론, 영어발달사, 언어습득과 영어교수법, 영문 법, 언어학 일반, 응용영어학, 발음지도:이론과 실제, 시청각교재의 효용, 호주 문학과 문화 배경.

나는 이 연수 프로그램을 끝내고 귀국한 이후에도 강의실에서 만났던 노신사를 한동안 잊을 수가 없었다. 그는 다름 아닌 시드니대학의 블랙(H. Black) 총장이었는데, 전형적인 금발과 콧수염에다가 그리 크지 않은 체구를 지닌 노신사였다.

그는 일주일에 한 번 강의실에 들어와서 우리에게 '호주와 호주 문화'에 관해 우리가 알지 못했던 다양하고 흥미진진한 이야기를 들려주었다. 그는 마치 할아버지가 손자에게 들려주는 듯한 유려하고 겻진 엑센트의 영국영어를 구사하였는데, 나는 그에게서 아마도 영국에서 교육을 받은 듯한 인상을 강하게 받았다. 호주 토박이 영어를 전혀 쓰지 않았기 때문이다. 그는 우리에게 호주의 초기 역사에서 호주인들의 결혼과 이혼, 호주의 정당제도, 호주 학생들의 정치 성향, 호주 교사들의 위상, 그리고 안보와 심지어 성문화에 이르기까지 다양한 주제로 알아듣기 쉬운 유머와 위트를 섞어가며 흥미있게 이야기하였다. 특이한 것은 우리 모두 걱정하고 있던 종합시험에 관해 그가 들려준 에피소드의 한 대목이 있었는데, 지난해 이 프로그램에 참여한 어느 국가의 교사가 아마도 아프리카에서 온 교사였을 것이다 시험 답안지에 다음과 같이 적고 나왔다는 것이다. "God only knows the answers to these questions. Merry Christmas!"(오직 하나님만이 이 질문에 대한 답을 알고 계시지요. 메리 크리스마스!) 그런데, 총장의 이야기는 여기서 끝나지 않았다. 시험 감독을 하러 들어온 검시관이 시험이 끝난 뒤에 그 교사의 답안지를 걷으면서 그에게 다음과 같이 말하더라는 것이었다. "Very good indeed! God gets 100 marks, but you get nothing."(매우 훌륭하군요! 하나님은 100점을 주시려고 하겠지만 당신은 아무 것도 얻지 못할 거예요.)

1975년 12월 초, 1년 간의 연수 프로그램이 끝나고 11월에 디플로마(diploma) 획득을 위한 1주일 간의 치열한 종합시험이 치러졌다. 이 시험은 호주 문학을 포함하여 대학원 연수 프로그램 교과과정에서 강의한 모든 과목이 포함되었으며 나이 지긋한 남녀 감독관이 한 조를 이룬 엄격한 감독하에 진행되었다. 시험은 모두 필기시험으로 두툼한 백지 노트 한 권을 나누어주고 거기에 답안을 작성하는 것이었는데, 제한된 시간은 한 과목당 80분으로 정해져 있었다. 내가 외국에서 처음으로 치른 시험이었는데, 나는 한국에 서 온 교사 중에서 유일하게 교육대학원을 나오고 상당수 과목을 이미 공부한 터였으므로 시험을 치르기 일주일 전부터 나름대로 요약하고 정리해 온 덕분에 시험에 대한 두려움은 크지 않았다. 시험은 그리 어렵지 않았으나, 다만 자신의 견해와 입장을 영어로 요약해서 제한된 시간 내에 쓰는 일이 다소 힘들었다. 시험에 대한 결과는 이 프로그램에 참여한 여러 나라의 교사들이 모두 귀국한 후 상당한 기간이 지난 후에 최종 합격한 이들에게 개별적으로 인증서를 우편으로 보내주기로 되어 있었다. 나는 1976년 2월 중순 귀국한 지 몇 달이 지난 어느 날, 오스트레일리아에서 온 인증서를 받았다.

5. 한국 영어영문학회 활동과 그 후

1976년 3월, 나는 시드니에서의 연수를 마치고 예원과 예고에 복직하여 수업을 시작하였다. 같은 해에 서울예고는 평창동으로 교사校舍를 옮겼는데, 이에 따라 나도 예고를 떠나기 전까지 가족과 함께 학교 근처에 있는 구기동으로 생활 근거지를 옮겨 청주에 있는 대학으로 옮기기 전까지 학생들과 함께 예고에서의 마지막 1년을 보냈다. 이 해 3월, 나는 한국영어영문학회(이하 영문학회)에 가입을 신청하고 학회의 정회원이 되었다. 70년대까지만 해도 한국의 영어학과 영문학 및 영어교육 전공자들이 활동하는 학회는 영어영문학회가 유일한 학회였다. 전국의 영어영문학과 및 영어교육학과를 포함하여 영어 관련 학과가 있는 전국 대학(전문대학 포함)의 교수들 상당수는 이 학회의 회원으로 활동하였다. 영어영문학회 이외에 「한국영어교육학회」도 60년대 중반부터 활동하고 있었는데, 이 학회는 1965년에 창립되었을 당시에는 「대학어학실험연구협회」라는 성격을 띠고 있었으나 1972년에 한국영어교육학회로 개명하고 활동의 폭을 넓혀가고 있던 때였다. 영어영문학회는 90년대에 들어서면서 전공 분야(영문학과 영어학 등)에 따른 소학회의 필요성을 심도있게 논의하게 되었고 이에 따라 전공 분야별 소학회가 설립되기 시작하였다. 이에 관해서는 제6장에서 좀 더 자세하게 설명하고자 한다.

여기서 잠시 영어영문학회(이하 '학회')의 역사를 간략하게 짚고 넘어가기로 한다. 학회는 1954년 8명의 창립회원에 의해 창립되었고 학회의 창간호는 1955년에 나왔으나, 「한국영어영문학회」라는 명칭을 쓰기 시작한 것은 그 후 3년이 지난 1957년으로, 이 해에 회칙을 제정하고 임원을 선출하게 되면서 비로소 학회로서의 기능을 지니고 학회 활동이 정상적으로 시작되었다. 나는 국민대학교에 재직(1981-2010)하고 있는 동안, 이 학회에서 편집이사(1987-1989)와 총무(1996-1997), 및 부회장(1999-2001)을 거쳐 27대 회장(2005-2007)을 지냈다. 전임 회장(26대 이영옥 회장) 시절에 오랫동안 사용해 오던 신문로의 학회 사무실을 처분하고 강남의 선릉역 근처에 있는 빌딩으로 이전하였다. 이로 인해 2년 반에 걸쳐 갚아야 하는 사무실 계약의 할부금을 충당하지 않으면 안 되었다. 내가 회장으로 취임한 이후 총무(김영민 동국대 교수)와 함께 전국을 돌면서 지역에 있는 전문 학회의 회장과 임원진을 만나 학회의 회비 납부와 후원을 적극적으로 권면하였다. 몇 년 뒤에 학회는 강남에 있는 사무실을 처분하고 광화문으로 사무실을 이전하여 오늘에 이르고 있다. 2014년에는 학회 창립 60주년이 되는 해로 「코스모폴리타니즘: 동양과 서양, 과거와 현재」라는 주제로 숙명여자대학교에서 국제학술대회를 성대하게 개최하였다. 2024년은 학회가 창립된 지 70주년이 되는 뜻깊은 해가 된다. 학회는 창립 이후 회원 수가 증가하고 학회 활동이 왕성해짐에 따라 기존의 시민강좌와 아울러 미래의 연구 후속세대인 대학원생을 위한 세미나를 만들고 이들에게 논문 발표의 장을 마련하여 지금까지 활발하게 진행해 오고 있다. 학회지는 국제 학술지로 발돋움하기 위해 발간 회수를 년 2회에서 년 4회로 늘리고 영문판도 발간하는 등, 우수학술지로서의 품격을 꾸준히 유지해 오다가 2021년 전 세계 우수학술 논문 데이터베이스 플랫폼인 스코퍼스Scopus에 등재되는 영광을 안게 되었다.

6. 인하대에서의 짧은 강사 시절

내가 시드니에서의 연수를 마치고 귀국한 1976년 2월 중순의 어느 날, 대학원 석사 논문 지도교수였던 이맹성 교수의 부탁으로 신학기가 시작되는 3월 초부터 인하대학교에서 인문학 강의를 맡게 되었다. 그리하여 나는 시드니에서 귀국한 후 서울예고에 다시 복직하여 학생들을 가르치는 한편으로, 인천에 있는 인하대학교의 인문학 강의도 병행하면서 서울과 인천을 오가며 매우 바쁜 시간을 보냈다. 서울에서 인천까지는 지하철과 버스 등을 이용하여 2시간 이상이 소요되었으나 30대 초반이었던 나에게 대학에서의 강의는 예고 수업과는 또 다른 새로운 매력이 있었다. 그것은 교재가 정해져 있는 것이 아니라 내가 스스로 학생들에게 알맞은 교재를 정하여 가르칠 수 있다는 점 때문이었다. 나는 특정한 교재를 정하는 대신, 영어영문학 분야뿐만 아니라 인문학(철학, 역사, 심리학, 언어학 등)과 관련한 다양한 자료에서 발췌 선택하여 교재 내용을 정하였는데, 이 교재를 학생들에게 가르치는 동안 그들의 질문에 응답하는 과정에서 대학에서의 인문학 강의에서 나 자신 또한 학생들에게서 많은 것을 배우고 경험하였다. 대학교 신입생들의 호기심은 대단하여 아무리 사소한 내용이라고 할지라도 거침없이 질문하여 나를 깜짝 놀라게 하는 일이 많았다. 처음으로 대학교 강단에 선 나는 강의를 진행하면서 스스로 모르는 것이 많다는 것을 절감하고 한층 더 열심히 노력하지 않으면 안 된다는 생각을 하게 된 것도 이 시기였다. 이러한 나의 생각은 후에 청주사범대학의 전임이 되면서 한층 더 굳어지게 된 계기가 되었다. 이에 관해서는 제3장에서 좀 더 자세히 논의하고자 한다. 내가 인하대학교에서 보낸 짧고 행복했던 1년의 강사 생활은 스스로 많은 것을 배우고 익힌 매우 소중한 기간이었으며 이것이 1년 후에 내가 예고에서 5년 간의 그리 길지 않은 영어 선생을 마감하고 지방에 있는 대학으로 옮기게 된 하나의 결정적인 계기가 되었다고 생각하고 있다.

제3장

기나긴 학문 여정을 시작하다

1. 서울에서 청주로

서울예고에서 영어를 가르친 마지막 해인 1976년이 지나고 새해가 시작된 1977년 1월 중순 어느 날, 김현격 선생으로부터 연락이 왔다. 당시 청주에 있는 청주여자사범대학에서 강의를 하고 있던 김 선생은 청주로 내려오기 전 이화여고의 영어 선생으로 오랫동안 재직하고 있다가 시드니대학의 연수를 끝내고 귀국한 뒤에 서울대학교 대학원에 들어가면서 청주에 있는 청주여자사범대학의 전임으로 옮겨 영어교육과에서 가르치고 있던 중이었다.

70년대만 하더라도 서울을 포함하여 지방에 있는 대학에서 가르치는 전공 분야의 전임 교수는 많지 않았을 뿐만 아니라, 국내외를 막론하고 박사학위를 취득한 전임 교수의 수도 당시로서는 매우 적은 시기였다. 따라서 대학원에서 석사학위를 취득한 후에 대학의 전임이 되는 경우가 대부분이었다. 김 선생은 영어(교육)학을 전공한 분을 자신이 재직 중인 대학의 교수로 초빙하기 위해 서울대 사범대학을 들렀다가 이맹성 교수가 나를 그 대학의 전임으로 추천해 주었다고 전해 주었다. 나는 그의 뜻하지 않은 제안과 은사이신 이맹성 교수의 추천을 받아들여 며칠동안 고민을 한 끝에 전혀 가본 적이 없는 고장인 청주로 내려가기로 결정하였다.

나는 1977년 2월 가족과 함께 서울 생활을 끝내고 낯선 청주시로 거주지를 옮겨 1977년 3월부터 그곳에서 새로운 대학에서의 적응을 시작하게 되었다. 나는 이 대학에서 3년(1977-1980) 동안 전임으로 있으면서 전공 분야와 관련된 서적을 광범위하게 섭렵하는 한편, 연구와 강의에 전념하면서 길고 힘든 학문의 길로 들어서서 스스로 연구하고 고민하는 학문의 깊은 세계로 접어들게 되었다. 청주는 나에게 모든 것이 낯선 곳이기는 했으나 대학에서의 연구와 강의는 매우 자유로웠으며 대학 안에서의 생활도 적응해 나가는데 별로 큰 어려움을 느끼지 못하였다.

내가 처음 이 대학의 전임이 되었을 당시에는 여학생만을 위한 청주 여자사범대학이었는데, 2년 뒤인 1979년 봄, 남녀 학생을 포함하는 청주 사범대학으로 개편하였고 80년대 후반에 종합대학이 되면서 서원대학으로 개명하여 오늘에 이르게 되었다. 내가 근무하던 당시의 청주(여자)사범대학은 규모가 적고 교직원의 수도 많지 않아서 가족과 같은 분위기를 유지하였다. 학과에 소속된 전임 교수는 1-2명이 대부분이어서 내가 소속된 영어교육과는 당시 2명으로 김현격 선생은 그 중의 한 명이었다. 사범대학의 특성상 졸업반 학생들은 청주나 인근 지역(음성, 증평, 보은 등)에 있는 중고교로 교육실습을 나가도록 되어있었고, 2주 후에 학과 교수들이 수업 참관을 위해 이들이 실습 중인 학교를 순회하여 평가하게 되어 있었다. 나는 사범대학 재학시 교육실습을 해 본 경험이 있었기 때문에 이러한 경험을 바탕으로 학생들의 지도와 평가를 소홀히 하지 않았다. 더욱이 청주 사범대학에 재직하고 있는 동안 강의와 연구 이외에 학생들의 교육실습이 장차 졸업생의 진로에도 큰 영향을 끼치고 있다는 점을 생각하여 교육실습을 위한 학생 지도에도 최선을 다하기 위해 열심히 노력하였다. 70년대 중후반 청주에서 보낸 나의 대학생활은 내 인생에 있어서 매우 보람 있고 행복한 날들이었으며 또 다른 세계에서의 새로운 경험을 나에게 안겨준 날들이기도 하였다.

2. 지방대학 교수 시절 회상

내가 청주여자사범대학에 재직하고 있던 70년대 중후반만 하더라도, 청주는 인구 25만이 채 되지 않는 아늑한 지방 소도시였으며, 시 주변에 청주대학, 청주교육대학, 충북대학교가 산재해 있는 교육도시로의 면모를 지닌 교육도시이기도 하였다. 더욱이 청주 시가지를 남북으로 흐르는 무심천은 그 어원이야 어떻든 상관없이 청주의 진산인 우암산과 어울려 청주 시가지의 모습을 한층 돋보이게 해주었다. 나는 무심천을 지나칠 때마다 이처럼 서울에서 자동차로 2시간 남짓 거리에 있는 그리 멀지 않는 도시에 와서 마치 소도시에서의 전원생활을 만끽하고 있다는 느낌을 종종 받곤 하였다. 나는 이곳에 온 이후로 여유로운 시간을 이용하여 테니스 코트를 갈 때나, 혹은 시내 여기저기를 여유롭게 돌아다닐 때 자전거를 타고 다니는 일이 많았다. 내가 청주에 맨 처음 와서 잠시 거주한 곳이 수곡동이었는데 자전거를 타고 시내를 한 바퀴 돌아다녀도 30분이 걸리지 않았으니 당시 청주가 얼마나 조용하고 쾌적한 곳이었는지 짐작이 갈 것이다.

내가 이곳에 있을 때만 해도 청주에는 아직 청주공업단지가 들어서기 훨씬 이전이어서 급격한 도시 팽창이 일어나지 않았으므로 도시이면서도 조용한 시골 같은 분위기를 그대로 유지하였다. 한국의 순수 국산 모델인 포니 자동차가 처음 나온 것이 1975년이었고 내가 청주에서 생활하던 시기에는 인구도 30만을 넘지 않고 자동차도 요즘처럼 흔하게 보급되지도 않던 때여서 자전거를 타는 일이 나에게 일상사가 된 것은 어찌보면 당연한 일이었는지도 모른다. 내가 포니 자동차를 처음으로 타기 시작한 것은 청주에서 서울로 올라온 80년 이후, 5년이 지난 1985년 무렵이었다.

나는 학생들을 가르치면서 지방에서 전공 분야의 서적을 구하는 일이 매우 어려운 점을 알게 되었다. 70년대는 오늘날처럼 인터넷이 활발하지 않았고 이메일이나 모바일폰도 아직 일반화되지 않았던 시기여서 필요한 자료나 전공 서적을 필요한 때에 국내 혹은 외국에서 구입하여 볼 수 있기에는 아직 요원한 시기였기 때문이다. 또한 원본을 구하는 일이 힘들었으므로 이 시기에는 서울의 일부 출판사에서 만든 원본의 복사본을 교재로 사용하는 일이 흔히 있었다. 나는 새로운 학기가 시작될 때마다 강의에 사용할 교재를 구하기 위해 일부러 서울로 올라와서 여러 출판사에 들려 적당한 교재를 살펴보는 일이 종종 있었다. 이러한 지방대학의 사정은 청주뿐만 아니라 다른 도시에 있는 지방 대학의 경우도 마찬가지였을 것으로 생각된다. 전공 분야에 관련된 학술정보도 나처럼 지방 소도시에 있는 경우에는 필요한 정보를 필요한 시기에 접할 수 있는 것이 좀처럼 수월하지 않았을 것이다.

나는 청주여자사범대학에서 강의를 하는 한편으로 2권의 전공과 관련된 텍스트를 번역하였다. 그 가운데 하나는 『심리언어학 - 촘스키와 심리학』(한신문화사, 1978)이었다. 이 책은 런던대학의 심리학 교수였던 그린 J. M. Greene이 쓴 책으로 70년대 언어학계에 돌풍을 일으킨 촘스키 언어학을 심리언어학적인 측면에서 분석한 책이다. 그린 교수는 촘스키의 언어학 혁명을 설명하면서 심리언어학이란 새로운 학문을 도입하여 언어학적 양상과 심리학적 양상이라는 두 개의 측면에 대한 심층분석을 시도하였다. 나는 시드니대학에서 공부할 때 우리를 가르치던 당시 테일러C. V. Talylor 교수의 심리언어학 그룹 세미나 및 심리학과의 멕크레인A. Maclaine 교수에게서 교육심리학 강의를 들으며 이와 관련된 여러 새로운 이론을 공부한 것이 도움이 되어 이 책을 번역하기로 한 것이다.

또 다른 책은 토론토대학 언어학과의 교수인 로널드 워드호Ronald Wardhaugh가 쓴 『언어학입문』(지음사, 1979)이었다. 이 책은 대학에서 언어학 전반에 걸친 입문과정을 알기 쉽고 간단명료하게 기술한 책으로 교양이나 전공과목으로 가르치는데 적절한 입문교재였다. 나는 이 책이 영어가 모국어가 아닌 우리나라 학생들에게 언어학 전반에 걸친 기초과정을 어느 부분에 치중함이 없이 가르치기에 매우 적합한 교재라고 생각하고 강의 틈틈이 번역하면서 필요한 경우에 비교적 자세한 각주를 달아 학생들이 쉽게 이해할 수 있도록 하였다. 책 뒤에는 상세한 용어 해설편을 넣어서 출판하였다. 훗날 내가 토론토대학 중세연구소의 연구기금을 받아 1년간 연구교수로 가게 되면서 이 책의 저자를 만나려고 연락하였으나, 그는 내가 토론토에 가기 훨씬 이전에 퇴임하여 벤쿠버 옆에 있는 빅토리아 섬으로 거처를 옮겼다는 소식을 들었다. 영국 여왕의 이름을 따서 지어졌다는 빅토리아 섬은 캐나다에서 두 번째로 큰 섬으로 북극권에 위치해 있고 벤쿠버에서 카페리로 1시간 30분 가량 떨어져 있는 작은 섬이다. 일년 내내 기후가 온화하고 공기도 쾌적하여 노년층 중에서 은퇴한 후에 이곳에서 여생을 보내려는 사람이 많다고 소문난 곳이기도 하다. 내가 주석을 달아 번역한 『언어학입문』은 1983년에 학문사에서 현대영어교육총서(3권)의 하나로 다시 새롭게 출판되었다.

나는 청주에서 강의를 하는 동안 대전에 있는 목원대학과 숭전대 대전 캠퍼스에도 강의를 나갔다. 목원대학 영어교육과에는 영문학을 가르치는 김승식 교수가 계셨는데, 일주일에 한 번 이곳에 강의를 나가 그와 함께 어울려 점심을 함께 하며 시간을 보내는 것이 나에게는 큰 즐거움이었다. 한남대는 원래 50년대 중반 대전대학으로 출발하였는데, 숭전대라는 명칭은 1970년에 서울의 숭실대학과 대전의 대전대학이 통합하면서 생긴 명칭으로 1982년에는 두 대학이 다시 분리되면서 오늘날과 같은 한남대학교로 교명이 변경되었다. 내가 강의를 나가던 시절에는 숭실대학의 대전 캠퍼스로 여전히 남아 있을 때였다.

나는 청주에서 3년을 보냈는데, 이 기간은 나의 30대 초반의 인생에서 가장 활기차고 즐겁게 보낸 시절이었다. 나는 이곳에서 처음으로 테니스를 배우고, 자전거를 열심히 타고 시내를 돌아 다녔으며, 수업이 끝나면 타 학과의 교수들과 운동장에서 야구를 하고, 저녁에는 시내 찻집에서 여러 교수들과 어울려 차를 마시며 회포도 풀 겸 유쾌한 시간을 보냈다. 주말에는 청주에서 그리 멀지 않는 보은군에 위치한 속리산을 찾아 오리숲 길 나무가 울창한 법주사에 들려 모처럼 울창한 숲의 향기에 취하기도 하였다.

가파른 비탈만이
순결한 싸움터라고 여겨 온 나에게
속리산은 순하디 순한 길을 열어 보였다.

산을 오르고 있지만
내가 넘는 건 정작 산이 아니라
산속에 갇힌 시간일 거라고

속리산은
단숨에 오를 수도 있는 높이를
길게 길게 늘여서 내 앞에 펼쳐 주었다

(나희덕 시인의 '속리산에서' 중에서)

나는 속리산 안에 있는 법주사 경내를 돌며 속세에 찌든 마음을 잠시 씻어 보는 시간을 가지기도 하였다. 속리俗離는 말 그대로 속세를 떠난다는 뜻인데, 위의 시에서 시인은 속리산이 얼마나 순한 길을 열어 보였으면 산을 오르는 것이 아니라 그 속에 갇힌 시간을 넘는 것이라고 했을까? 아무리 속세를 버리고 '속리'한다고 한들, 속세를 벗어나기는 어렵고 힘든 일이 될 것이다. 속리산 입구에는 정이품송이라는 명칭이 붙은 나무가 있는데, 여기에는 재미있는 일화가 전해지고 있다. 그 옛날 조선 초기에 제7대 임금이었던 세조가 말티재를 넘어 법주사로 가는 길에 가지가 늘어진 소나무 때문에 임금이 타는 가마가 지나가지 못할 것 같아 '소나무 가지에 연이 걸린다'고 말하자 나무가 스스로 가지를 올려 연, 즉 임금이 탄 가마가 지나갈 수 있었다고 한다. 이를 기이하게 여긴 세조가 그 나무에 정이품의 품계를 내렸다는 것이다. 당시에는 속리산을 가기 위해서는 말티재를 넘어 하염없이 구불거리는 산 길의 묘미를 한껏 느끼면서 가야만 했으나, 지금은 터널이 뚫리고 고속도로가 잘 되어 있어서 속리산 가는 길이 아기자기한 맛은 사라지고, 그 대신 무미건조하게 달려가는 바쁜 세상이 되었다.

3. 김승식 교수와의 인연

내가 청주에 있을 때 김승식 교수와 알게 된 이야기를 빼놓을 수 없다. 여기서 잠시 그와의 인연을 설명하려고 한다. 내가 청주여자사범대학에 전임이 되고 난 지 1년이 지나고 나서 대전에 있는 목원대학에 출강을 하게 된 것은 당시 그 대학 영어교육과의 전임으로 계신 김승식 교수 덕분이었다. 김 교수는 학회를 통해 내가 청주에 내려와 있다는 것을 알고 목원대학에 와서 강의해 줄 것을 요청하였다. 나는 그가 서울대 사범대학의 선배 교수라는 사실도 나중에야 비로소 알게 되었다. 그는 훤칠한 키에 잘 생기고 유머를 멋스럽게 구사하는 서구적인 모습의 선배 교수였다. 테니스 또한 수준급을 지닌 스포츠맨이었다. 그리하여 나는 청주를 떠나기 전까지 1년간 뜻하지 않게 청주와 대전을 오가면서 강의를 진행하였다. 대전에 있는 숭전대에도 출강하게 된 것은 당시 이 대학의 전임으로 있던 내가 잘 알고 있던 교수의 부탁 때문이었다. 이 대학은 후에 한남대학으로 교명이 바뀌게 된 것은 앞에서 이미 설명하였다.

목원대학에 영어교육과가 생긴 것은 1974년이었으니 내가 청주에 내려가기 3년 전에 학과가 신설된 셈이다. 김 교수는 이 학과의 주임교수로 있으면서 신설된 학과의 모든 행정 사무를 처리해야 할 매우 바쁜 시간을 보내면서도 나에게는 많은 관심과 애정을 가져 주었다. 그와 함께 강의가 끝난 후 교수 전용식당에서 함께 점심을 들며 이야기를 나눈 아련한 추억을 나는 아직도 간직하고 있다. 그리고 나는 80년 봄 그와 함께 재직하던 성심여자대학(역곡)에서 40대의 아까운 나이로 김 교수가 졸지에 세상을 떠난 이후에도 목원대학에서 그와 함께 지냈던, 짧지만 아름다웠던 때의 기억이 내 머리 속에서 오랫동안 맴돌았던 기억을 여전히 잊지 않고 있다.

4. 아, 청주여 안녕!

청주는 내가 대학의 전임이 되어 근무하게 된 처음이자 마지막이 된 도시였다. 서울로 올라오기 전 청주에서 보낸 3년의 기간은 나에게는 매우 소중하고 많은 것을 배우고 익힌 잊을 수 없는 세월이었다. 나는 청주여자사범대학에 전임이 된 이래 강의 준비, 텍스트 선별, 전공 분야에 관련된 연구자료 수집과 연구 등, 이 모든 것을 처음부터 준비하고 시작해야만 했으므로 하루하루를 눈코뜰새 없이 바쁘게 보냈고 밤늦게까지 연구실에 남아서 강의 준비와 연구에 몰두해야 하는 날도 많았다. 그러나 나는 이 모든 일을 내가 감당해야 할 하나의 사명으로 생각하고 때로는 고민하며, 때로는 즐거운 마음으로 헤쳐나가려고 애썼다. 오후에 강의가 끝나면 일부 교수들이 운동장에 모여 야구를 하며 하루의 피로를 날려버리는 시간을 보냈다. 이른바 교수 야구는 말 그대로 '아마추어 야구'의 수준을 넘지 못하였으나, 강의와 연구로 심신이 피곤해진 나에게는 새로운 활력을 불어넣어 주기에 충분하였고 이를 통해 다른 학과의 교수들과도 유쾌한 교제를 나누는 좋은 기회가 되었다.

나는 70년대 중후반 조용하고 아늑한 교육 소도시인 청주에서 생활하는 동안 가족 같은 화목한 분위기를 지닌 청주여자사범대학에서 나의 30대 초반의 젊은 시절을 후회 없이 보냈다. 나는 이곳에 내려온 이후 청주는 내 마음 속에 서서히 자리 잡기 시작하였고 생활 자체가 편안하게 느껴지면서 대학에서의 생활도 이 도시에서 오래 지속되었으면 좋겠다고 마음 속으로 생각하였다. 청주는 주위에 풍광이 좋은 곳이 많을 뿐만 아니라, 명산인 속리산도 청주에서 가까운 곳에 위치하고 있어서, 나에게 강의와 연구에 지친 심신을 때로는 여행과 힐링으로 잠시동안 대체하기에 안성맞춤이 되는 좋은 곳이라고 생각한 것도 내가 이곳에서 오래 생활하기를 원했던 또 다른 이유이기도 하였다.

내가 속한 영어교육과의 학생들은 대부분 충북의 여러 지역에서 온 학생들이었고 사범대학의 특성상 4학년에 올라오게 되면 첫 학기에 주변의 중학교 또는 고등학교에 교육실습을 나가게 되어 있었다. 나는 대학 시절 이미 교육실습을 경험한 터이었으므로 학생들이 실습을 나가기 전 갖추어야 할 매뉴얼을 만들고 실습을 나가게 될 학교에 공문을 보내 학생들의 교육실습에 협조해 줄 것을 요청하느라고 바쁘게 보냈다. 학생들이 교육실습을 나간지 2주쯤 되면 며칠동안 현장 확인과 참관을 위해 실습 학교를 방문하고 실습생과 지도교사 및 연구주임을 만나 면담하는 일정을 끝내야만 하였다. 나는 이러한 과정을 통해 학생들이 대학에서 배운 것을 현장에서 열정을 가지고 학생들을 지도할 수 있도록 열심히 가르쳤다. 내가 청주여자사범대학에 재직한 기간은 불과 3년에 지나지 않았으나, 나에게는 매우 소중하고 무엇보다도 정열을 바쳐 가르친 잊을 수 없는 기간이었다.

그런데 1979년 여름, 나에게는 청주에서 나의 짧은 대학 생활을 마감해야 하는 일이 일어나게 되었다. 나는 청주에 온 이후로 해마다 여름이 되면 가까운 곳으로 민방위훈련을 나가곤 하였는데, 1979년 여름에도 예외는 아니었다. 그 해 여름에도 나는 어김없이 이 훈련을 받으러 훈련장에 가서 정신교육을 받고 있던 중이었다. 매우 무더운 여름이었다. 땀을 흘리며 잠시 쉬고 있는데, 어찌된 일인지 우리를 담당한 장교가 누군가 나를 찾으러 왔다는 말을 전해 주었다. 민방위 훈련장에 뜻밖에도 김승식 교수가 나를 만나러 찾아온 것이었다. 김승식 교수는 청주에 온 나에게 목원대학 출강을 요청한 대학 선배로, 그와는 대전에서의 짧는 만남이었지만 좋은 인연을 맺게 된 것은 앞에서 이미 언급하였다. 그는 나를 만나자마자 자신은 서울로 직장을 옮겨 부천(역곡)에 있는 성심여자대학에서 근무하고 있는데 1980년 3월부터 이 대학 영어영문학과의 영어학전공 교수가 필요하여 김재순 학장에게 얘기해 놓았으니 당장 서울로 함께 가서 학장을 만나볼 것을 제안하였다. 나는 청주와 대학 생활에 정情이 들려고 하던 참이었는데, 그의 깜짝 제안에 당황하기도 하고 다시 서울로 올라간다는 생각에 머리가 잠시 혼란스러웠다.

내가 청주에서 마지막으로 근무하던 1979년은 우리나라의 교육정책의 획기적인 변화가 온 시기로. 이른바 졸업정원제라는 제도가 시행되기 위한 준비가 한창이던 해였다. 이 제도는 실제로 1981년에 시행되었는데, 입학시에 학생을 선별하지 않고 졸업시에 학생 정원을 설정하는 제도였다. 쉽게 얘기하면 졸업 정원이 20명이라고 할 때 입학시에는 정원의 30%(즉, 6명)을 더 뽑아서 26명 중에서 증원된 수는 성적에 따라 강제로 중도 탈락시키도록 한 것이다. 대학에 들어오면 누구나 졸업할 수 있다는 사고방식을 고치려고 시행한 제도였다. 그러나 이 제도는 여러 가지로 적지 않은 문제를 야기하면서 1985년에 이르러서 정원보다 더 뽑은 학생들을 강제로 탈락시키는 대신, 대학 자율에 맡기는 유명무실한 제도가 되었다. 이 제도에 따라 각 대학에서는 늘어난 학생들을 가르칠 교수가 절대 부족하여 1979년부터 교원 수를 대폭 증원해야 하는 문제가 생겼는데, 전임교원을 늘리는 대신 시간강사로 충원하는 일이 많아지는 심각한 부작용을 낳았다. 내가 재직하던 청주여자사범대학도 예외는 아니었다. 이러한 혼란스러운 상황에서 당시 학과장을 맡고 있었던 나로서는 학과가 겨우 제 모습을 찾아가고 있던 때였는데, 느닷없이 서울로 훌쩍 떠난다는 것은 나에게는 무척이나 커다란 고민이 아닐 수 없었다. 나는 그동안 정들었던 학과의 학생들에게도 면목이 없었다. 나는 이 문제를 가족이나 또는 주변의 누구에게도 얘기하지 않고 며칠 동안 아무 일도 없었던 것처럼 학생들을 대하면서 고민을 거듭하였다.

나는 저물어가는 1979년을 대과大過 없이 마감하고 1980년 새해를 맞이하여 3년간 정들었던 청주를 떠나 가족과 함께 서울로 올라왔다. 청주에서 3년간 머무는 동안 나는 내 청춘의 젊은 날을 학생

지도와 연구에 전념하고 교수들과 친하게 지내면서 유쾌하고 후회 없이 보냈다. 의욕이 왕성한 젊은 교수들과의 인연, 수업이 끝난 뒤 교수들과 격의없이 어울려서 함께 운동하던 일, 복학 후 교육실습을 하던 대학 학창시절을 떠올리게 했던 아련한 추억들, 처음 자전거를 타고 테니스를 처음 배우러 다니던 일 등, 청주는 나에게 전혀 낯설지않게 다가와서 따뜻하게 맞아준 친구와도 같은 곳이었다. 10여 년의 세월이 흐른 뒤인 1992년 나는 다시 청주에 있는 충북대학교에서 교육부가 선정한 교류교수 자격으로 1년간 학부와 대학원 강의를 하게 되는데, 여기에 관해서는 제7장에서 상세하게 언급하기로 한다.

제 4 장

청주에서 서울로

1. 성심여대에서의 조교수 시절

1980년 3월 나는 부천시 역곡동에 있는 성심여자대학 영어영문학과의 조교수로 근무하게 되었다. 이 대학은 성심수도회에서 설립한 재단법인 성심학원에서 1964년에 강원도 춘천에 개교한 사립대학으로, 1974년에는 부천에 분교를 설립하여 운영하였다. 내가 근무한 1980년까지만 해도 나는 일주일에 이틀(2일)은 부천에서, 나머지 이틀은 춘천에서 강의를 하였는데, 내가 이곳을 떠난 뒤 1982년에 춘천교사를 폐쇄하고 부천에 있는 교사로 이전하여 통합하여 운영하다가 1994년에는 가톨릭대학교에 통합되었다. 춘천에 있던 성심여자대학은 성심자선병원을 운영하던 일송학원에서 설립인가를 받아 인수하여 한림대학교라는 새로운 교명으로 운영하기에 이르렀다.

나는 1980년 한 해 동안 이 대학에서 가르쳤는데, 소규모의 여자대학으로 천주교 성심수도회 한국관구에서 세운 대학답게 조용하고 아늑한 캠퍼스에 들어올 때마다 나는 마치 이곳에서 수도修道하는 느낌을 갖기에 충분하였다. 후에 이 대학이 종합대학이 되고 재정난으로 대학 운영이 어려워지자 천주교 서울대교구에서 운영하는 가톨릭학원에 넘겨 가톨릭대학과 통합되면서 '성심여자대학'이라는 명칭은 역사 속으로 사라지게 되고 오늘날에 와서는 가톨릭대학교 성심교정이 되었다.

당시 이 대학의 영어영문학과에는 영문학과 영어학을 구분하지 않은 교과과정으로 강의가 진행되어왔고, 나를 제외한 학과의 교수들은 모두 영문학을 전공한 교수들이었으며 그 수도 손꼽을 정도로 적었다. 내가 이 대학에 오던 해인 1980년 봄, 이 대학 영문과에 재직하던 영문학 전공 교수 두 분이 다른 대학으로 옮겼다는 소식을 들었고 그 중의 한 분이 내가 나중에 학회에서 만나 통성명을 하게 된 이재호 교수(성균관대, 1980-2001, 작고)였다.

나는 성심여자대학에서 영어학입문을 비롯하여 영수필과 영산문을 강의하면서 대학 시절에 문학 강의를 열심히 듣던 기억이 새삼 떠오르기도 하였다. 이 학과에서 강의하던 두 분의 교수(이명섭, 이재호)가 서울에 있는 다른 대학으로 자리를 옮겨간 이후, 내가 이 대학을 떠날 때까지도 대학에서는 아직 그들이 떠난 빈자리를 충원하지 않은 채로 있었다. 학과의 교수도 수녀 한 분(김정미)과 나를 포함하여 5명이 전부였다. 당시 성심여자대학에 출강하기 위해서 이들은 서울에서 인천행 전철을 타고 역곡역에서 내려 10여 분 정도를 걸어가야 비로소 이 대학에 도착할 수 있었으며, 이들은 서울에서 춘천행 기차를 타고 춘천에 내려 그곳에 있는 성심여자대학 춘천 분교에 가서 강의를 해야만 하였다. 춘천 분교에서는 강의가 끝나고 그곳에 계시는 신부님과 이따금 테니스를 치면서 모처럼 유쾌한 시간을 보내기도 하였다. 지금 돌이켜보면 성심여자대학에서의 짧은 1년의 대학 생활은 나에게 또 다른 신선함과 새로운 학생과 교수와의 즐거운 만남을 통한 교감의 연속이었다. 나는 강의에 열의를 보이는 학생들과의 만남, 그리고 강의에 대한 학생들의 호기심 가득한 질문, 재치가 번득이는 교수들과의 거침없는 대화를 통해 또 다른 학문의 세계, 새로운 교수와 학생들의 사고방식과 그들의 세계관을 경험하였다.

내가 이 대학으로 옮긴 후 1학기가 채 끝나가기도 전, 나에게 갑자기 비보悲報가 전해졌다. 나와 같은 영어영문학과 교수로 영문학과 영시를 강의하던 김승식 교수가 테니스를 끝내고 점심식사를 한 다음 식당에서 나오다가 갑자기 쓰러졌다는 소식이었다. 병원으로 급히 실려 간 그는 급성 심장마비로 소생하지 못하고 끝내 병원에서 세상을 떠났다. 내가 청주에서 마지막 해를 보내고 있던 1979년 여름, 민방위 훈련장까지 찾아와서 나를 이 대학으로 오게 해 준 분이었기에, 내가 그의 죽음에 대해 각별하게 느낀 감정은 실로 말로는 표현하기 어려울 정도였다. 내가 장례식장에 갔을 때 외동딸을 든 그의 부인은 하늘이 무너지는 표정으로 말을 잇지 못하였다. 나는 부인의 망연자실한 모습을 본 순간, 마음 깊은 곳에서 우러나오는 한없는 슬픔과 인생의 허망함을 느꼈다. 김승식 교수는 평소 건강하고 활기에 차 있었으며 스포츠맨으로서 테니스도 수준급인데다가 사교적이고 활달한 성격 탓에 교수들과의 관계도 원만하였다. 나는 그의 이러한 모습을 늘 부러워하였다. 한 번은 그가 나를 자신의 집으로 초대한 적이 있었는데, 그의 어린 외동딸이 피아노를 치는 동안 부부가 행복한 표정으로 딸의 표정을 바라보는 모습을 지금도 잊을 수가 없다. 그는 가족의 오열嗚咽을 뒤로 한 채 40대 중반에 들어선 나이에 끝내 돌아올 수 없는 저 머나먼 세상으로 떠나고 말았다.

> 너도 한 번 나도 한 번
> 누구나 한 번 왔다가는 인생
> 바람같은 시간이야
>
> 어차피 한 번 왔다가는 길
> 붙잡을 수 없다면
> 소풍가듯 소풍가듯
> 웃으며 행복하게 살아야지

(추가열 작사. 작곡 '소풍같은 인생' 중에서)

2. <영어사 서설> 번역에 얽힌 이야기

나는 성심여대에서 영어사를 강의하면서 찰스 바버Charles L. Barber 교수가 쓴 텍스트의 번역을 거의 마무리하고 출판사를 찾고 있던 중이었다. 바버 교수는 영국 리즈(Leeds) 대학의 비교언어학 및 영어사의 권위자로, 그의 교재는 영어학 개론서로도 손색없는 텍스트이었으므로 청주에 있을 때부터 이 책의 번역에 심혈을 기울여 왔는데, 성심여대에 있는 동안 번역을 끝내게 된 것이다. 이 책의 초판(*The Story of Language*,1964)은 처음에 이름 없는 영국의 출판사에서 출판되었으나, 후에 캠브리지대학 출판부에서 1993년과 2000년에 『영어: 역사적 접근*The English Language: A Historical Approach*』이라는 새로운 제목으로 출판되었다. 내가 이 책을 펴낼 당시만 해도 이 책은 영국에서 이미 5판을 거듭하고 있던 터여서 우리 학계에는 잘 알려지지 않았으나 영어사를 이해하기 위한 기본서로는 매우 훌륭한 전공서였다. 이 책의 전반부에는 언어학에 대한 일반적인 지식을 소개하는데 중점을 두고 언어에 대한 기초적이고 전반적인 역사를 다루면서 언어의 기원에서 인구어印歐語를 거쳐 게르만 어족語族에 이르는 사실史實을 다루었다. 후반부에서는 제목에 나타나 있듯이, 영어의 변천사에 초점을 맞추어 고대, 중세, 초서시대, 셰익스피어 시대와 그 이후 등, 영어의 역사상 제각기 하나의 신기원을 이룩했던 시대의 영어에 대한 적절한 예증과 인용을 열거하여 알기 쉽고 재미있게 해설하였다. 언어사와 영어사를 연계하여 유연하고 포괄적으로 다루고 있는 점 또한 이 책의 두드러진 장점이었다.

나는 성심여대에서 강의를 하면서 한국의 영어학 전공자들에게 그의 책을 널리 알리려고 생각하였다. 그러던 어느 날 서울대학교에서 이상옥 교수(영어영문학과)를 우연히 만날 기회가 있었는데, 이런 저런 이야기 끝에 내가 번역한 책의 내용을 소개하고 적당한 출판사를 찾고 있다고 하였더니 대뜸 종로에 있는 을유문화사를 소개해 주었다. 나는 당시만 해도 아직 학계에 널리 알려진 중견 학자가 아니었으므로 내 책을 선뜩 출판해 주겠다고 스스로 나서는 출판사는 없었다. 을유문화사는 1945년에 설립된 출판사로 국내 문고판의 효시가 된 '을유문고'를 포함하여 인문 교양 도서뿐만 아니라 해외 문학과 사상에 관련된 전집도 꾸준히 출판해온 유수한 출판사였다. 을유문화사는 종로에 있는 조계사 옆에 있었는데, 나를 만난 편집부장은 책을 검토한 후에 내 책을 출판해 주겠다고 허락하였으나, 인세 대신 원고지 매수로 지불하겠다는 조건(즉, 매절)을 달았다. 인세를 준다는 것은 학자의 명예와 직결되는 일이었음에도 나는 당시 그럴만한 처지가 되지 못하였다. 이런 과정을 거쳐 내가 국민대학교로 직장을 옮기고 난 뒤인 1981년 8월에 동서고금의 명저로 학술 교양서 시리즈인 을유신서(3권)의 하나로 『英語史序說』(영어사서설)이란 한자 제목을 달아 출간되었다. 을유문화사에 이 책의 출판을 추천해 준 이상옥 교수는 후에 한국영어영문학회의 회장(1999-2001)이 되었고 나는 그의 추천으로 부회장이 되어 2년 동안 학회 일을 함께 하였는데, 여기에 관해서는 제2장 5절에서 이미 다룬 바 있다.

80-90년대까지만 해도 우리나라에 '영어학'이란 분야가 확고하게 정립되지 않은 시기였다. 각 대학의 영어영문학과 교과과정(커리큘럼)에서도 영어사 또는 영어학은 독립된 학과목으로서의 위치에 놓여있지 못하였다. 그 당시만 해도 이 분야를 전공한 교수의 수가 매우 적었을 뿐만 아니라, 영어학에 대한 인식이나 관심이 영문학이나 언어학 분야에 비해 그다지 높지 않았기 때문이었다. 국내 대학원에서 언어학이 아닌 순수 영어학으로 석사 또는 박사학위를 취득한 연구자

의 수도 극히 적었던 때가 이 시기였다(제10장 참조). 어찌 되었든 내가 1년 넘게 심혈을 기울여 을유문화사에서 출판한 바버 교수의 명저인 『英語史序說』은 그 후 세월이 흘러 절판이 되었으나 이 책이 영어학 내지 영어사 전공자들에게 널리 알려지게 된 것은 참으로 다행스러운 일이었다.

3. 성심에서 국민대로

내가 성심여자대학에서 강의하던 시기에 나와 친하게 지내고 있던 김승식 교수가 갑자기 세상을 떠난 이후로, 나는 이 대학에 남아 강의를 계속해야 할 것인지 또는 이 대학과는 다른 특징을 지닌 대학을 찾을 것인지 고민하게 되었다. 나는 연구환경이 좋고 규모가 큰 남녀 공학인 대학으로 가고 싶었다. 아직 30대 중반이었던 나는 이 대학에서 조용하게 강의에 열중하면서 편안하게 지내는 것보다는 더 큰 학문의 세계를 경험하면서 내가 전공하는 분야의 국내외 학자들과 활발하게 교류하면서 전공 분야에 대한 깊이 있는 연구를 해보고 싶었기 때문이었다.

그런 생각을 하고 있던 1980년 늦은 여름의 어느 날로 기억한다. 청주에 있는 충북대학교에 인문대학이 처음으로 설립되면서 이 대학의 영어영문학과 교수를 새로 충원한다는 소식을 듣게 되었다. 충북대학교는 지방에 있는 국립대학으로 청주에서 내가 잠시 재직하던 대학에 비해 더 나은 연구환경과 조건을 갖추고 있었다. 나는 충북대학교가 지방 소도시에 위치하고 있었음에도 국립대학으로서의 위상을 지니고 있었기에 작은 규모의 성심을 떠나 한 번 도전해 보기로 하였다. 마침 당시 충북대학교에서 국제교류처장으로 있던 대학 선배인 박주현 교수와 연락이 닿아서 내 의도를 얘기하였더니 그는 총장과의 면담 일정을 조정해주고 청주에 내려와서 총장과 면담을 하라고 알려 주었다. 1980년 당시에는 우리나라 교육계의 대선배이며 학자인 정범모 교수가 이 대학의 총장으로 있던 때였다. 그는 1978-82년까지 충북대학교 총장을 역임하였고 충북대학교를 떠난 후에는 한림대학교로 옮겨 교수와 총장을 역임하였다.

정확한 날짜는 기억나지 않으나, 나는 면담이 결정된 날, 청주로 내려가서 총장과의 면담을 끝냈다. 서울에 올라온 후 나는 한동안 청주에 내려간 사실을 잊고 바쁘게 지냈다. 그런데 얼마 후 나는 충북대학교로부터 인문대학의 창립 교원으로 결정되었다는 연락을 받았다. 청주에서 서울로 올라온 것이 엊그제 같았는데, 다시금 청주로 내려가야 한다는 생각에 나는 이것이 나에게 주어진 운명이라고 생각하고 가족과 함께 다시 청주로 내려갈 준비를 하면서 성심여대에서 마지막 학기를 마무리하느라고 바쁜 나날을 보냈다.

한편 충북대학교의 교수로 내려가기에는 한 가지 난관에 가로놓여 있었다. 1980년은 내가 서울대 대학원에서 박사과정을 시작한 첫 해로 이미 두 학기 수업을 끝낸 상태였으므로 1981년 봄학기에 맞춰 청주로 내려갈 경우, 대학원 강의를 위해 이틀은 서울에 올라와서 머무르지 않으면 안 되는 상황이 되었다. 그 해 5월은 나라 전체가 깊은 늪 속으로 빠져들고 있었다. 70년대에 들어오면서 대학에 진학하려는 학생 수가 급격하게 증가하였고 이로 인해 대학 입학의 문이 좁아지자 과열 과외 및 재수생의 누적과 같은 사회문제가 제기되었다. 이와 함께 대학의 안일한 학문 풍토와 부실한 학사관리도 또한 많은 문제를 야기하였다. 1980년에 새로 들어선 정부는 이러한 문제를 해결하기 위해 모든 과외를 금지시켰고 입학의 문호를 넓히고 면학 분위기를 조성한다는 취지로 대학에 들어오면 누구나 졸업할 수 있다는 안이한 사고방식을 시정하기 위해 1981년부터 이른바 졸업정원제라는 제도를 시행하였다. 한편 이 시기에 계속된 어수선한 사회 분위기로 인해 대학은 불가피하게 휴업을 거듭하는 일이 많아졌다.

그런데 청주로 내려가기 위해 모든 준비를 끝내고 있던 차에 국민대학교 영어영문학과에 있는 강영세 교수에게서 내게 급히 연락을 보내왔다. 강 교수는 내가 재직하던 청주여자사범대학에서 잠시 가르치다가 서울에 있는 국민대학교로 옮겨 영어영문학과에 재직하고 있던 중이었다. 그때까지만 해도 국민대학교는 아직 종합대학이 되기 전이었다. 그는 내게 문학부장인 영어영문학과의 공정호 교수가 나를 만났으면 좋겠다는 얘기를 전해주었다. 나는 1981년 봄학기부터 이미 충북대학교 전임으로 가게 되어 있었으므로 강 교수에게 이런 이야기를 하였더니 그는 청주로 가지 말고 국민대학교 교수로 이미 초빙해 놓았으니 문학부장을 만나서 인사를 하면 된다고 하였다. 나는 대학 후배인 그의 간곡한 요청을 거절할 수가 없었으므로 며칠

후에 그와 약속한 시간에 맞춰 정릉에 있는 국민대학교로 가서 문학부장인 공 교수를 만났다. 나중에 알게 된 일이나, 강 교수는 나를 이 학과의 교수로 적극 추천하면서 문학부장은 이 대학 영어영문학과의 교수로 나를 이미 내정을 해 놓은 상태에서 면담을 한 것임을 알게 되었다. 요즘처럼 교수 공채를 내고 까다로운 절차를 거쳐 교수를 채용하는 제도와는 달리, 당시만 해도 학과의 원로 교수나 문학부장이 학과 교수의 의견을 모아서 다른 대학의 교수를 초빙하는 경우가 흔히 있었다. 나도 이런 과정을 거쳐 청주에서 성심으로, 그리고 성심에서 국민대로 옮기게 된 것이다. 나는 어느 대학으로 갈 것인지 다시금 고민하였으나 여러 가지를 고려한 끝에 충북대학교를 포기하고 결국 국민대학교로 가기로 결정하였고, 충북대학교에는 부득이한 사유로 내려갈 수 없다는 연락을 하였다. 이로써 1981년 봄학기부터 국민대학교에서 퇴임할 때까지 30년 가까운 나의 외롭고 힘든 먼 학문의 길을 향한 교수의 일상이 시작된 것이다.

4. 허웅, 김방한 교수와의 인연

나는 청주여자사범대학에서 마지막 한 해를 보내고 있던 1979년 초겨울에 치른 서울대학교 대학원 언어학과 박사과정에 합격하였다. 그리하여 나는 청주에서 3년의 짧은 대학 생활을 끝내고 서울로 올라와서 1980년 3월부터 성심여자대학에서 강의를 하는 한편, 서울대 박사과정 수업에도 빠짐없이 참석하였다. 수업은 일부 교수의 수업을 제외하고 대부분 과목 담당 교수의 연구실에서 진행되었다. 여기서 나는 허웅 교수의 국어음운론과 김방한 교수의 역사비교언어학 강의를 통해 내가 느낀 두 분의 강의와 나와의 인연에 관해 이야기하려고 한다.

내가 저서를 통해 허웅 교수를 처음으로 알게 된 것은 1974년 가을로 거슬러 올라간다. 콜롬보 계획에 의해 오스트레일리아 정부 장학생으로 시드니 대학에서 연구를 마치고 귀국한 김명순 선생(당시 풍문여고 영어교사)이 나를 포함하여 이 시험에 합격하고 시드니대학으로 떠나려고 준비하고 있는 우리(나를 포함한 2명)에게 연락을 해서 서울에 있는 찻집에서 만난 적이 있었다. 김 선생은 자신이 시드니대학에서 공부할 때 우리말과 영어의 음운비교를 과제로 제출하는 일이 있었는데, 김선생이 가지고 간 허웅 교수의 책이 큰 도움이 되었다는 말을 전하고 우리에게 그 책을 읽고 열심히 준비해 두라는 조언을 하였다. 그 때 내가 처음 알게 된 것이 허웅 교수의 '국어음운학' 이란 책이었다. 이 책은 원래 1958년에 간행되었으나 내가 구한 것은 1975년에 정음사에서 나온 중판重版이었다. 나는 이 책을 읽고 언어학과 국어학에 조예가 깊은 허웅 교수에게 깊은 존경심을 갖게 되었다. 내가 시드니대학에서 공부하면서 우리말과 영어의 음운비교에 관련된 과제를 제출할 때 이 책이 과제 작성에 큰 도움이 된 것은 말할 필요도 없었다. 허웅 교수가 저술한 이 책은 유럽과 미국의 다양한 언어학 이론을 바탕으로 현대 국어학의 독창적인 이론체계를 세운 우리나라 최초의 언어학 개론서이다. 특히 국어 음운학과 국어 음운사에 관한 그의 논리적이고 명쾌한 설명은 나를 매료시키기에 충분하였다. 나는 허웅 교수의 연구실에서 대학원 한 학기 동안 국어 음운론에 관한 강의를 들으며 그를 다시금 존경하게 되었고 내가 장차 추구하려는 전공 분야와 학문 자체에 대한 깊은 애정을 갖게 해 준 계기가 되었다. 허웅 교수(1918-2004)는 1971년부터 2004년까지 한글학회 이사장으로 있으면서 한글 전용운동의 최선봉에서 활동한 언어학자이자 국어학자였다. 그는 1984년 2월에 서울대학교에서 퇴임하였으니 그가 퇴임하기 전에 그의 명강의를 수강하게 된 것은 나에게는 큰 행운이자 영광이었다.

나는 허웅 교수와 강의실 이외의 장소에서도 여러 번 만나 인연을 맺었다. 나는 한글학회 회원으로 학회에서 발행하는 '한글새소식'을 정기적으로 받아보곤 했는데, 그가 이사장으로 있던 한글학회에서 세미나가 있을 때 새문안교회 근처에 있는 한글학회에 자주 참석하였다. 나는 그곳에서 자연스럽게 허웅 교수를 만나 이야기를 나누곤 하였다. 나는 그의 친근하면서도 호탕한 성격, 격이 없이 사람을 따뜻하게 대하는 성격은 그의 인품을 잘 나타내주는 척도가 되었다. 국어학계의 거목巨木이었던 눈뫼 허웅 교수는 2004년 1월 26일 86세의 나이로 타계하였다.

나와 김방한 교수와의 인연은 허웅 교수보다 더 인연이 깊다. 나는 대학원에서 김 교수의 역사비교언어학 및 게르만어학 강의를 들으면서 그동안 내가 알지 못했던 많은 새로운 지식을 배울 수 있었

다. 역사비교언어학은 유럽과 아시아에서는 일본이 유일하게 오랫동안 축적해 온 연구 분야로 한국에서는 이 분야의 연구자가 거의 전무한 상태였다. 김 교수는 이 분야에 관해 오랫동안 천착穿鑿해온 독보적인 학자로, 80년대 후반 그동안의 연구 결과를 집대성하여『역사비교언어학』(1988)이란 저서를 출간하였는데, 일본 학습원 대학의 타다오 시모미야 (下宮忠雄 ただお しもみや) 교수가 펴낸『역사비교언어학입문』(1999)에 비해 10년 이상 앞선 것이었다. 김 교수가 펴낸 이 책은 후에 일본어로 번역되어 일본 언어학계에 널리 알려지게 되었다. 나는 그의 수업에 참여하면서 나의 전공과도 관련이 깊은 그의 강의에 깊은 관심과 흥미를 느끼게 되었고, 이후에도 해외에 나갈 때나 또는 국제학회에 참석하면서 이와 관련된 서적이나 관련 자료를 구입하여 이 분야를 좀 더 깊게 공부하게 되었고, 후에 국민대 대학원 박사과정에서 역사언어학을 강의하는데 큰 도움이 되었다. 김 교수는 대학원 강의에 참석한 우리에게 게르만어학을 강의하였는데, 나는 도이치어와 프랑스어에 능통한 그의 강의를 들으면서 영어와 같은 계통인 게르만어학에도 한층 더 관심을 기울이게 되었다. 게르만어학 강의에 사용한 록우드W. B. Lockwood의『인구어학 *Indo-European Philology*』은 그 후 내가 시카고대학 출판부에서 나온 존 워터먼John T. Waterman의『언어학의 전망*Perspectives in Linguistics*』(1963, 1970)을 번역하게 된 계기가 되었다. 워터먼 교수는 남가주대학 산타바바라의 게르만어학 전공 교수로, 초판이 나온 해인 1963년은 비교언어학의 아버지로 일컫는 야콥 그림Jacob Grimm의 사후死後

100년이 되는 뜻깊은 해이기도 하였다. 나는 이 책의 2판(1970)을 틈틈이 번역하여 『언어학사: 현대언어학의 성립배경』(학연사, 1986)이란 제목으로 펴냈다. 세월이 흘러 2001년 8월 오스트레일리아(호주) 멜보른에서 열린 역사비교언어학 국제학술회의에 참석할 기회가 있었는데 나는 그곳에서 세계 각 대학에서 온 인구어 비교언어학, 게르만어학을 전공하는 학자들을 만나서 며칠 동안 그들과 전공 분야에 관해 정보를 교환하면서 친분을 나누게 되었다. 이에 관해서는 제6장 4절의 후반부에서 자세하게 이야기하기로 한다.

김 교수의 소쉬르F. de Saussure 강의는 그의 해박한 지식이 그대로 드러난 명강의였다. 나는 그의 소쉬르 강의를 들으며 유럽 언어학의 시원始原을 만난 것처럼 느껴졌을 뿐만 아니라, 이 강의는 장차 나의 전공 분야뿐만 아니라 관련 분야에 대한 폭넓은 식견識見을 두루 갖춘 학자가 되려는 나에게 모름지기 '학자'가 갖추어야 할 지식의 폭과 깊이가 어떠해야 하는지를 깨닫게 해 준 잊지 못할 강의가 되었다. 내가 학문의 길에서 단순히 실력을 지닌 '선생' 이나 '교수'가 되기에 앞서, '학자'가 되기 위해 먼저 덕德과 인격을 두루 갖춘 사람이 되어야 하겠다는 생각을 하게 된 것은 허웅, 김방한, 이 두 노학자에게서 받은 훌륭한 인품과 이들에게서 받은 감화가 컸음은 말할 필요도 없다.

김방한 교수가 세상을 떠나기 5년 전, 민음사에서 펴낸 《한 언어학자의 회상》(1996)에는 그가 해방 전 영어학, 영문법의 고전으로 일컫는 서적을 구해 심취했던 일과, 해방 후 서울대 사범대학에 들어가서 영어학을 공부하다가 영어학에서 언어학, 국어학으로 전공을 바꾼 일, 그리고 서울대 언어학과 강사 시절(1953)에 전공 학문연구의 어려움을 회상한 대목이 다음과 같이 서술되고 있다.

> 필자가 언어학과에서 처음 강의를 맡았던 1953년, 그 당시의 우리의 여건은 비참할 정도로 제한되어 있었다. 해방 후 산발적으로 입수되는 문헌을 제외하고는 세계 학계의 동향을 상세히 알아볼 길이 없었고, 겨우 연구실의 비치 도서와 도서관에서 주로 해방 전의 문헌을 들추면서 때를 기다리는 수밖에 없었다.
>
> ('한 언어학자의 회상' 중에서)

그는 1954년경 처음으로 미국의 기술언어학에 접하였을 뿐만 아니라 당시로서는 전인미답의 몽골어를 공부하면서 한국어의 계통 연구에도 심혈을 기울였는데, 이러한 그의 부단한 노력은 훗날 『한국어의 계통』과 『몽골어와 퉁구스어』라는 이 분야의 역저力著를 탄생시킨 결과를 가져왔다.

80년대 초만 해도 종로에 있는 청진동 골목에는 유명한 해장국집이 있었다. 나는 당시 김방한 교수와 저녁 무렵에 해장국집에서 이따금 함께 만나 식사를 하며 환담하는 시간을 가지기도 하였다. 내가 대학원에서 박사과정을 끝내고 학위 논문에 관해 고민하고 있던 어느 날, 서울대 그의 연구실에서 이야기를 나눌 기회가 있었는데, 김 교수는 내게 당시 유행하던 촘스키 이론보다는 내 전공을 살려 영어학 내지 영어사로 학위 논문을 준비하는 것이 어떻겠느냐고 하면서 학문은 일시적인 유행流行이 아니라 멀리 보고 달려가는 힘든 여정임을 강조하였다. 그는 해방 전 내가 훗날 전공한 이 분야의 고전을 두루 섭렵한 터였으므로 영어학을 나의 평생의 전공 분야로 권면한 것은 어찌 보면 당연한 것이었는지도 모른다. 나는 그와 이야기를 나눈 뒤 논문의 주제를 정하는 것에 대해 막연히 생각하면서 학교 강의와 여러 가지 일로 바쁘게 지내느라고 잠시 이것에 관해 잊고 지냈다.

여기서 잠시 80년대 초 우리나라 학계에서 널리 유행한 언어이론에 관해 간단히 소개하려고 한다. 80년대의 한국 언어학계는 유럽에서 널리 연구되어 온 기능문법 이론보다는 미국의 촘스키 교수Noam Chomsky가 창안한 변형문법이론이 널리 받아들여져서 1975년에 창립된 한국언어학회를 중심으로 한국 대학의 영문과에서 언어학을 연구하는 교수를 중심으로 널리 퍼져나가던 시기였다. 나는 이 학회(당시 회장은 이맹성 교수)에서 1982년부터 2년간 이 학회의 상임이사로 일하면서 언어학 분야의 최신 연구 흐름을 좇아 부지런히 공부하기도 하였다. 한 때 전 세계 언어학계를 휩쓸던 촘스키의 언어이론은 60대 중반 이후 최근까지 수없이 많은 변천을 거듭해 오면서 오늘날에 와서는 소수의 학자들에 의해 그 명맥을 유지해 나가고 있다.

김방한 교수의 댁은 장위동의 아담한 이층 양옥집이었다. 당시 나는 국민대 교수로 있던 때였고 새해가 되면 그의 제자들과 함께 그의 댁을 찾아 새해 인사를 나누고 만두와 떡국 그리고 다과를 들면서 많은 이야기를 나누곤 하였다. 후에 김 교수는 오랫동안 거주하던 장위동 댁에서 중계동 아파트로 옮겼는데, 내가 살고 있던 곳에서 그리 멀지 않은 곳에 있었으므로 이후에도 때로는 그의 연락을 받고 댁을 방문하여 차를 들면서 학문과 인생을 살아가는 방식에 관해 오랜 시간 많은 이야기를 나누기도 하였다. 김 교수가 세상을 떠나기 얼마 전 그를 댁에서 만났을 때 그는 오랫동안 즐겨온 흡연과 병원 치료로 인해 몹시 쇠약해 보였다. 그럼에도 그는 우리에게 오랫동안 연구하고 강의해 온 소쉬르에 관한 책을 마지막으로 쓰고 싶다는 말을 하기도 하였다. 그러나 그는 끝내 이 책을 펴내지 못한 채 2001년 안타깝게도 세상을 떠났다. 나는 해방 후 한국의 국어학과 언어학계의 거목으로 우리나라 최초의 몽골어 전공학자였던 김 교수를 대학원과 그의 연구실 그리고 댁에서 자주 만나면서, 그가 내게 보여준 그의 깊고 넓은 학문에 대한 애정과 연구의 진지함, 그리고 단정하고 소박한 삶의 방식은 내가 대학 강단에 서서 끝이 안 보이는 학문의 길을 부단히 걸어오면서 평소에 늘 본받고 싶어했던 인생의 한 방식이기도 하였다.

김방한 교수가 타계한 지 10년 후에 그에게서 가르침을 받은 제자들이 주축이 되어 한국언어학회와 한국알타이학회에서 『김방한 선생님을 다시 만나다』(2011)라는 제목의 김방한 선생 10주기 추모 문집을 냈다. 이 문집에는 25명의 제자 및 동학 교수의 글이 포함되어 있다. 나 또한 여기에 짧막한 글을 써서 평소 김 선생을 추모하는 내용과 함께 80년대 당시 국내 대학과 대학원의 연구 상황과 그가 내게 끼친 영향에 대해 다음과 같은 글을 남겼는데, <학문과 인생의 멘토가 되셨던 선생님>이란 내 글의 일부를 다음에 소개한다.

필자가 서울대 박사과정에서 연구하던 80년대초는 국내 대학의 학부는 물론 대학 원에서 촘스키 이론에 대한 연구 논문과 학위 논문이 홍수를 이루던 시기였다. 필자를 포함한 많은 이들이 촘스키 일변도의 연구에 몰두하였고 언어학회에서도 특강이나 세미나를 통해 촘스키 이론을 국내에 시시각각 소개하는 일에 몰두하였다. 따라서 통사론 분야의 연구는 촘스키 이론을 적용하지 않고서는 연구가 불가능할 정도의 분위기가 국내 대학에 팽배해 있었다. 선생님은 이런 학문 풍토의 앞날을 미리 예견이라도 한 듯, 어느 날 필자를 연구실로 불러 긴 시간 대화를 나누었는 데, 그 요지는 대략 다음과 같은 것이었다. 즉, 지금 국내에서 인기리에 진행되고 있는 촘스키 이론은 앞으로도 계속 변할 것이라는 점, 아무리 훌륭한 이론이라고 하더라도 어느 하나의 이론만을 맹종하는 것은 학문하는 사람이 추종해서는 안 된다는 점, 제대로 된 학문을 하기 위해서는 일생을 두고 연구할 수 있는 분야를 찾아야 한다는 점 등이었다. 선생님은 필자와의 대화를 끝내면서 이론만을 좇는 학자가 되지 말고 평생 연구할 수 있는 학문의 분야를 택하는 것이 학자가 가야 할 옳은 길이라는 점을 강조하였다. 아마도 필자가 박사과정을 끝낸 후 많은 고민 끝에 런던대학의 방문교수로 가게 된 것도 선생님과의 대화가 크게 영향을 끼친 것으로 기억하고 있다.

('김방한 선생님을 다시 만나다' 56-7쪽에서 인용)

5. 장왕록 교수와 영어교과서 편찬

내가 서울대학교 사범대학 영어과에 입학하던 1965년 장왕록 교수는 영어과의 학과장으로 있었다. 나는 대학에 입학하기 전부터 장 교수가 감수한 대학입시문제집을 구하여 공부한 적도 있던 터였는데, 대학에 들어와서 뜻밖에도 그의 영미소설 강의를 듣게 되면서 입시문제집으로만 읽던 그를 강의실에서 직접 만나게 되어 한편으로는 놀라웠으나 다른 한편으로는 매우 반가운 일이 아닐 수 없었다. 장 교수는 펄벅, 헤밍웨이, 헨리 제임스, 윌리엄 포크너 등, 상당수 미국문학 작가들의 작품을 번역하여 한국 문단에 소개하였다. 그는 그 공로를 인정받아 한국문학번역상을 받기도 하였다. 그 뿐만 아니라 그는 당시 발간되던 『코리아 타임즈』나 『코리아 저널』 같은 영문지에 영어로 창작품을 꾸준히 발표하기도 하였다.

장교수의 아호는 <우보又步>이다. 걷고 또 걷는다는 뜻이다. 그의 이미지를 잘 나타낸 것으로 그의 아호에 관련되어 제자들 사이에 전해지는 잊을 수 없는 일화 가운데 하나를 소개한다. 언젠가 홍익대 근처에서 장 교수와 제자들이 함께 모인 적이 있었는데, 근방에 있는 다방에 가기 위해 택시를 기다리던 중, 마침 택시가 와서 정차하였는데, 장 교수가 먼저 택시를 타고 가버린 것이었다. 함께 기다리고 있는 우리 제자들은 한동안 멍하니 서로 쳐다보며 당황하였으나 이미 끝난 일이 되고 말았다. 장 교수가 쓴 에세이집인 『가던 길 멈추어 서서』(1989)에는 그가 자신의 아호에 얽힌 다음과 같은 이야기가 나온다.

> 어느 날 미국에서 온 아름다운 한국인 2세 여자와 같이 얘기하며 종로 거리를 걷고 있었다. 화제가 끊어졌을 때 나는 동행이 있음을 깜박 잊고 독보선행(獨步先行)하였다. 50보쯤 앞서가다가 퍼뜩 생각이 나서 황급히 그녀에게로 되돌아가자, 그녀는 "외국 유학을 했건, 영문학을 하건 한국 남자는 어쩔 수 없군요!"하며 화를 내는 것이었다. (후략)

장 교수는 그의 아호에 걸맞게 매우 부지런한 분이었다. 그는 천부적인 건강체를 지니고 있었고 쉼 없이 걷고 또 걸으며 일과 새로운 것을 찾아서 부지런히 뛰어다녔다. 내가 장 교수와 함께 중고교 영어 교과서를 만들게 된 계기는 그의 부지런한 성격과도 맞물려 있다고 해도 과언이 아닐 것이다. 날짜는 정확히 기억할 수 없으나 1983년 봄, 내가 서울대를 찾아간 김에 장 교수에게 인사차 그의 연구실로 찾아간 적이 있었다. 마침 연구실에 있던 장 교수는 내게 뜻밖의 제안을 하였다. 문교부(현 교육부)에서 중고교 영어 교과서를 개편하게 되는데, 함께 작업을 해보지 않겠느냐는 것이었다. 아마도 3차 영어 교과서 개편작업이었던 것으로 기억하는데, 나는 그의 갑작스런 제안에 앞으로 닥칠 험로險路에 관해서는 잘 알지도 못한 채 일단 동의는 하였으나 어떻게 해야 할 것인지 걱정이 앞섰다.

이렇게 해서 그 해에 나는 장 교수와 함께 공저자로 중고교 영어 교과서를 만드는 작업에 들어가게 되었다. 교과서는 다른 책과는 달리, 학년 수준에 맞게 어휘 선정에서 읽기 자료, 문장 구조, 문법과 발음, 연습문제 등, 다양한 주제에 이르기까지 여러 가지 사항을 고려하여 일관성을 유지하면서 만들어야 했으므로 실로 매우 힘든 작업이었다. 그뿐만 아니라, 출판사 간의 경쟁도 치열할 뿐만 아니라, 문교부에서 정한 기준에 맞는 엄격한 심사과정을 거쳐야 하는 것이 난제難題였다. 평소에는 내가 장 교수를 만나서 학년별로 교과서에 넣을 읽기 자료를 의논하고 세부사항을 짜는 일에 치중하였으나, 방학 중에는 출판사 내에 마련해준 편집실에서 각 항목을 학년별 수준에 맞게 구체적으로 작성하는 작업을 집중적으로 진행하지 않으면 안 되었다. 교과서 개편작업은 당시 동아출판사에서 맡아서 진행하였는데, 당시에는 차가 없었으므로 버스를 이용하여 구로동에 있는 출판사를 들락거리며 작업을 하느라고 무척 고생하였다. 그리하여 나와 장 교수가 심혈을 기울여 공동 집필한 중 고교 영어 교과서는 마침내 문교부의 엄격한 검인정 심사에 합격하게 되었다. 그런데, 동아출판사는 자사自社가 제출한 영어 교과서 3종이 모두 합격하게 되자 이 가운데 일부 저자의 교과서는 문교부의 권고로 다른 출판사로 옮겨야 하는 문제가 생기게 되었다. 장 교수와 내가 공동제작한 영어 교과서는 동아출판사와 합의하에 탑출판사로 이전하게 됨에 따라 1985년 3월 탑출판사에서 초판이 발행되었다. 나는 그 후 4차 및 5차 영어 교과서 개편작업에도 참여하였는데 4차 개편시에는 4명(장왕록, 박영배, 김진철, 정덕희), 5차 개편시에는 4명(장왕록, 박영배, 김진철, 장영희)이 영어 교과서 집필에 참여하였고 두 번 모두 문교부 심사에 합격하였다.

장 교수는 1994년 7월의 어느 날 강릉으로 휴가를 떠났다가 바닷가에서 순식간에 밀려든 파도에 떠밀려 나타난 급성 심장마비로 인해 70세의 나이로 갑자기 세상을 떠났다. 누구보다도 부지런하였고 책을 즐기며 제자들을 극진히 사랑했던 한국 영문학의 거목巨木인 장 교수는 주어진 순간마다 최선을 다해 살아왔으며 제자와 가족의 마음 속에 아련한 추억을 남긴 채 돌아올 수 없는 먼 세상으로 훌쩍 떠나가버렸다. 장 교수는 그의 아호에서 느낄 수 있듯이 일과 새로운 것을 찾아 걷고 또 걸었으며 쉬지 않고 최선을 다하여 한평생을 살아온 영문학자로 언제나 밝고 부지런하였다. 장 교수의 둘째 따님인 장영희 교수(서강대)는 어려서부터 소아마비로 일생을 살아왔음에도 역경을 딛고 일어서서 부친인 장 교수의 뒤를 이어 모교의 영문학 교수로 학문의 길을 걸어오면서 수필가로, 번역가로 살아왔으며 나와 함께 영어 교과서 제작에도 공동으로 참여하여 문교부 심사에 합격하는데 큰 정성과 노력을 기울이기도 하였다. 장영희 교수는 부친인 장왕록 교수 타계 10주기를 맞아 서강대에서 장 교수가 쓴 글들을 모아 장영희 교수가 엮은 책인『그러나 사랑은 남는 것』(샘터사) 출판기념회(2004년 6월 30일)를 가졌다. 나도 이 출판기념회에 참석하여 오랜만에 장영희 교수와 가족을 만나 인사를 나누었다. 이 책에는 장 교수의 제자인 윤삼하 교수(전 홍익대 영문과, 시인)의 시 '발자국이 모여서 길이 되듯이'가 수록되어 있는데, 그 가운데 일부를 소개한다.

이른 아침 숲 사이로
새어 나오는 흰 빛살처럼
곧고 곧은 외줄기 길을
발자국이 모여서 길이 되듯이
한 발짝 한 발짝
다져 오셨다

우리들 마음 잃고 헤매일 때
일어나라 힘내라
채찍 주시고

게으름과 망설임
몸소 꾸짖듯
땀흘려 골몰함 보여 주셨다

(중략)

이제는 저녁노을 등에 진
한 그루 키 큰 나무처럼

짙은 그림자 드리우고
지나온 걸음걸음
남겨 놓은 발자국들을
보람하여 헤아리시는가

장영희 교수는 2001년부터 암으로 고생해 오다가 완치 후에 강단에 복귀하였으나 2004년에 다시 척추암 선고를 받고 투병해 오다가 2009년 5월 향년 57세의 짧은 나이로 세상을 떠났다. 부친의 89세 미수米壽 잔치를 꿈꾸며 살어 온 장영희 교수 가족의 바램은 끝내 이루지 못한 채, 따님인 장영희 교수마저 다시는 돌아올 수 없는 저 먼 세상으로 떠나고 말았다.

'삶은 수증기 같고 한 순간 여기 있다가 가버리는 것'
(기독교 변증학자인 라비 재커라이어스의 설교 중에서)

교과서를 함께 작업하면서 장 교수 댁을 밤낮으로 들락거리며 장영희 교수를 만나던 일이 엊그제 같은데, 이제는 모두 불귀不歸의 간客이 되어버린 대학 시절의 은사였던 장왕록 교수와 그의 따님인 장영희 교수를 이제는 먼 추억으로만 떠올리게 되었으니 세월은 참으로 무상하고 쉴새 없이 빠르게 지나가는 것 같은 생각이 든다.

나 하늘로 돌아가리라
새벽빛 와 닿으면 스러지는
이슬 더불어 손에 손잡고

나 하늘로 돌아가리라
노을빛 함께 단둘이서
기슭에서 놀다가 구름 손짓하면

나 하늘로 돌아가리라
아름다운 이 세상 소풍 끝내는 날
가서 아름다웠더라고 말하리라

(시인 천상병의 '귀천歸天' 중에서)

제5장

전공 학문의 숲을 거닐다

1. 국민대에서의 전공 연구의 한계

나는 서울대 언어학과에서 박사과정을 마친 직후 3년 동안 중고교 영어 교과서 개편작업에 참여하면서 여기저기 바쁘게 뛰어 다니느라고 연구실에서 전공 분야와 관련된 연구에 매진하기에는 두척 힘들었다. 국내 대학 도서관 서고에도 내가 전공하는 분야와 관련된 자료나 텍스트는 거의 찾을 수 없었다. 나는 강의 틈틈이 인터넷을 서핑하면서 더 깊고 넓은 연구를 하기 위해 전공 분야인 영어학과 영어사에 관련된 최신 텍스트와 관련 자료를 찾아 탐색하는 노력을 계속하였다. 그럼에도 국내에서 전공 분야에 대한 본격적인 연구 논문을 쓰기에는 여전히 관련 자료가 턱없이 부족하였다.

70-80년대까지만 해도 한국의 언어학계는 유럽에서 널리 연구되어 온 기능문법이론(또는 체계이론)보다는 초창기 변형문법이론을 창시한 미국의 언어학자인 촘스키N. Chomsky의 문법이론이 널리 받아

들여지던 시기였다. 이 시기에 국내 대학의 영문과 소속 교수들이 미국에서 한국어 자료에 촘스키 이론을 접목시켜 학위를 취득하고 돌아온 이후에 언어학회를 통해 시시각각으로 변화하는 촘스키의 새로운 이론을 소개하고 분석하는 일들이 잦아졌으며, 장차 대학 강단에 서기 위해 준비하는 우수한 영문과(영어학과) 대학원생들이 주로 촘스키 이론을 언어분석의 틀로 활용하여 학위논문을 썼고 상당수는 후에 대학 강단에 서기도 하였다.

나는 1982-4년에 한국언어학회의 상임이사로 일하면서 언어학 분야의 최신 연구 흐름을 섭렵하는 한편으로, 당시 전 세계의 언어학계에 영향을 끼친 촘스키 이론을 비롯하여 몇 가지 언어이론(격문법, 기능문법 등)에 의한 언어분석 방법이 학회에서 발표와 강독을 통해 이루어져서 이들 이론을 가까이서 자주 접할 수 있는 기회를 가졌다.

앞에서도 잠시 언급했듯이 김방한 교수가 내게 영어학 분야의 학위논문을 준비하는 것이 미래를 내다보는 학문의 길이라고 권면한 적이 있었는데, 이런 상황에서 나는 연구 논문뿐만 아니라 학위 논문의 주제를 정하는 일이 그리 단순하지 않다는 것을 점점 더 느끼지 않을 수 없었다. 그것은 주제가 창의적이어야 할 뿐만 아니라, 자료에 대한 이론적인 분석이 반드시 필요했기 때문이었다. 나는 강의 틈틈이 인터넷을 통해 국내 대학 도서관에서 영어학과 영어사 관련 자료를 이론적인 바탕 위에서 분석한 학위논문을 검색하였으나 국내 데이터 베이스에서는 내가 원하는 자료를 거의 찾을 수 없었다. 설령 있다고 해도 나에게는 그리 큰 도움이 되지 않았다. 따라서 영어학 분야를 깊이 있게 연구하기 위해서는 다양한 언어이론에 대한 기본적이고 전반적인 지식이 선결 조건은 될지라도 필수 조건은 아니었다. 80년대에 우리나라 각 대학 영문과에서 널리 유행한 일방적이고 특정한 언어이론 풍토와 분위기에 휩쓸지 않고 내가 추구하는 전공 학문의 길을 찾아가는 방법을 스스로 모색하기 위해 국내에서의 연구만으로는 한계가 있음을 어렴풋이 느끼게 되었다. 다음에 이야기하게 될 이현복 교수와의 만남은 내가 영국에서 나의 전공분야를 탐색하고 관련 자료를 찾아서 학위논문을 준비하게 되는 중요한 계기를 마련해 주었고 이를 계기로 향후 20년 넘게 전공 분야에서 해외 학자들과 활발한 교류를 할 수 있는 발판을 마련해준 기회가 되었다.

2. 이현복 교수와 런던대 방문학자 시절

나는 대학원 박사과정에서 이현복 교수의 음성학 강의를 한 학기 동안 수강하면서 영어 음성학뿐만 아니라 우리말 음성과 음운에 관해 새롭고 많은 것을 배울 수 있었다. 이현복 교수는 영국 런던대학 음성언어학과에서 학위를 마치고 1970년 이후 서울대 언어학과에서 오랫동안 후학들을 가르치면서 우리말 음성, 음운에 대한 독창적인 학설을 내놓은 뛰어난 음성언어학자였다. 그는 독특한 한글음성문자를 개발하여 한글의 우수성을 일찌감치 예견하고 한글 보급의 세계화에 일생을 바쳐 온 학자로 주시경 학술상을 받기도 하였다. 그의 한글 사랑과 애정은 나에게 큰 감명을 주었다. 특히, 우리 말소리에 대한 그의 독특하고 창의적인 한글음성이론은 나를 포함하여 그의 강의를 수강한 현직 대학교수들에게 우리 말소리를 새롭게 이해하는 데 큰 도움이 되었다. 그가 우리에게 강의한 내용 가운데 우리 말소리와 비교하면서 설명한 표준 영어 발음에 관한 해설은 내가 후에 영국영어 발음을 본격적으로 공부하는데 큰 도움이 되었다. 그를 통해서 알게 된 김슨A C Gimson, 존 트림John Trim 및 데니얼 존스 D. Jones의 영어음성독본은 내가 런던대학을 비롯하여 영연방에 속한 나라(호주, 캐나다)에서 연구 생활을 하면서 체득한 영국영어의 표준발음을 학생들에게 가르치는 데 큰 도움이 되었다.

나는 이현복 교수에게 학위논문 준비를 위해 런던대학에 방문학자로 가고 싶다는 의사를 밝혔고 이 교수는 런던대학에 있는 그의 스승인 로빈스R. H. Robins교수에게 편지를 보냈다. 이런 일련의 과정을 거쳐서 나는 이 교수의 추천으로 1986년 8월부터 이듬해 7월까지 영국 런던대학의 아시아-아프리카학 연구소(SOAS: School of Oriental and African Studies)의 언어학과 방문교수로 연구 활동을 계속할 수 있게 되었다. 내가 런던대학에 도착한 것은 7월 중순쯤 되었는데, 서울을 떠나기 6개월 전에 미리 신청해 둔 덕택에 런던에 도착하자 대학의 외국인 기숙사International House에 짐을 풀 수 있게 되어 영국을 떠날 때까지 1년 동안 기숙사에서 생활하였다.

내가 런던대학에 도착한 때는 여름 방학이 한창인 시기였고 가을 학기가 시작되는 9월 초까지는 시간상으로 상당한 시간적인 여유가 있었다. 이 기간을 이용하여 나는 영국 이민국에 등록을 하고 정식 체류 허가를 받았다. 1986년 8월의 런던은 내게 매우 흥미롭고 볼거리가 많은 곳이었다. 런던의 지하철은 이미 1860년대 초에 지하철 시스템을 구축한 세계 최초의 지하철 도시로 가장 폭넓게 도시철도를 운영하고 있는 도시이기도 하였다. 런던 지하철의 공식 명칭은 미국식 영어인 '서브웨이Subway'를 도입한 한국과 달리 '언더그라운드 Underground'로 불리며 엘리베이터(BE: 리프트)를 타고 지하 깊숙이 내려가서 타게 되어 있어서 일명 '튜브Tube'라는 애칭으로도 불렀다.

나는 학기가 시작되기 전 런던에 특유한 빨간색의 이층버스 double-decked bus를 타고 시내 여기저기를 둘러보면서 휴식과 함께 여유로운 시간을 보냈다. 학기가 시작되면 이처럼 한가로운 시간을 내기가 힘들 것 같은 생각이 들었기 때문이었다. 내가 일년 동안 숙소로 정한 외국인 기숙사는 런던 지하철 가운데 하나인 러셀스퀘어역에서 2-3분 거리에 있는 매우 가까운 곳에 있었는데, 주변에는 그리 멀지 않은 곳에 대영박물관British Museum이 있었다. 나는 런던에 있는 동안 이곳을 자주 찾아 마치 타임머신을 탄 듯 먼 과거로 여행을 떠나곤 하였다. 박물관 내에는 부속도서관British Library이 있었는데, 이곳에는 앵글로색슨 연대기 필사본 가운데 캠브리지대학 코퍼스 크리스티 칼리지에 보관된 「윈체스터 연대기」 및 옥스퍼드대학 보들리언 도서관에 보관된 「피터버러 연대기」를 제외한 7개의 필사본이 보관되어 있었고 고대영어로 쓰인 영웅 서사시인 베오울프Beowulf 초기 복사본이 소장되어 있었다. 이밖에도 역대 왕들의 칙허

장과 같은 수많은 문서와 산스크리트어로 된 필사본 등, 희귀한 문서들이 보관되어 있었다. 내가 영국을 떠나고 난 뒤 한참이 지난 후인 1997년 부속도서관은 현재의 위치인 유스턴역과 세인트 판크라역 사이에 있는 유스턴 가街 북쪽에 있는 건물로 이전하였다. 세인트 판크라 건물은 1998년 6월 25일 영국 여왕 엘리자베스 2세가 공식적으로 개관하였다. 박물관 내 부속도서관은 내가 런던에 머무는 동안 수없이 들락거리며 고대 문헌을 공부하던 곳이기도 하였다.

1986년 9월 초 가을 학기가 시작되고 며칠이 지난 후였다. SOAS 언어학과에서는 방문학자 2명을 위한 환영 다과회가 교수 휴게실에서 열렸는데, 그곳에서 나는 홍콩 중문대학 영문과에서 온 중국인 교수가 나와 마찬가지로 SOAS에 방문학자로 온 것을 알게 되었다. 당시 학과 주임교수인 바이넌T. Bynon 교수가 다과회에 참석한 교수들에게 우리를 소개하였다. 나는 런던대학과 연구소에 체류하는 동안 바이넌 교수의 도움을 많이 받았다. 내가 후에 캠브리지대학에서 열린 국제 역사영어학 학술대회에 처음으로 참석할 수 있게 된 것은 전적으로 바이넌 교수의 조언助言 덕분이었다.

나는 이 연구소에서 당시 유럽의 저명한 역사언어학자인 바이넌 교수를 만나 한 학기 동안 그녀의 역사언어학 강의를 듣는 한편, 당대의 뛰어난 언어학사의 대가로 이현복 교수의 스승이었던 로빈스 교수의 언어학사 강의를 들으면서 지금까지 공부해 온 나의 학문이 매우 보잘 것 없었다는 것을 새삼스럽게 깨닫게 되었다. 캠브리지대학 출판부에서 나온 바이넌 교수의 역사언어학*Historical Linguistics*

(1977)은 캠브리지대학의 역사언어학 교재로 출판되었고 일찌감치 이 분야의 고전으로 자리 잡았다. 로빈스 교수는 카이젤 수염이 매우 인상적인 전형적인 영국의 노老 신사로, 마치 할아버지가 손자에게 들려주듯이 쉽고 재미있게 언어학사 강의를 진행하였다. 이 강의를 들으면서 내가 라틴어와 희랍어를 본격적으로 공부하게 된 것은 로빈스 교수의 강의 덕분이었다. 텍스트에 자주 등장하는 라틴어와 희랍어 및 프랑스어를 이해하지 않고서는 그의 강의를 제대로 이해할 수 없었기 때문이다. 프랑스어와 독일어는 대학 시절에 이미 공부하였으나 전공 분야에 대한 넓고 깊은 연구를 위해서는 라틴어와 희랍어를 깊이 공부할 필요가 있음을 깨닫게 된 것이다.

나는 런던대학 영문과에서는 엘리자베스 파머E. Palmer 선생의 고대/중세영어 기초 문법과 문헌강독을 듣고 랜돌프 쿼크R. Quirk 교수의 제자로 달변의 해박한 중세영문학의 지식을 갖춘 발레리 애덤스V. Adams 교수의 초서 문학 강의를 한학기 내내 열심히 들었다. 파머 선생은 나에게 고문헌에 얽힌 역사와 배경을 자상하게 설명해 주었다. 그녀의 고대영어 발음은 마치 성우가 무대에서 준비된 대사를 읊조리듯 낭랑하고 유려했으며, 고대영어가 아닌 현대영어를 읽는 착각을 불러 일으킬 정도로 매우 자연스러웠다. 이 강의에는 나를 제외하고 7-8명이 수강신청을 했는데, 이들은 모두 젊은 학생들이어서 분위기가 유쾌하고 진지하였다. 애덤스 교수는 100명이 넘는 학생들이 운집한 강의실에서 강의를 진행하였는데, 작은 키에 영어와 유창한 프랑스어로 중세 영문학의 백미인 초서G. Chaucer를 유머를 섞어가며 빠르게 강의하였으며, 쉬지않고 강의하는 그녀의 열정은 대단하였다. 그녀가 텍스트로 사용한 초서의 참고자료 목록은 미리 프린트로 나누어 주었으므로 나는 강의가 끝난 후에 자료에 나온 텍스트를 구하여 밤새 읽은 기억이 새롭다. 애덤스 교수는 비교적 빠른 말씨로 강의를 하는 편이어서 처음에는 잘 알아들을 수가 없었으나 그녀가 과제로 내준 텍스트들을 미리 열심히 읽고 준비해 가면서 점차 그녀의 강의 내용을 빠르게 이해할 수 있게 되었다.

내가 런던대학에 와서 영어 어법조사의 권위자인 시드니 그린바움S. Greenbaum 교수를 영문과에서 만나게 된 것은 나에게는 커다란 행운이었다. 그는 UCL 영문과의 Quain Professor였던 랜돌프 쿼크 교수의 뒤를 이어 그의 지위를 차지하는 교수가 되었다. 쿼크 교수는 1959년에 영어 어법조사Survey of English Usage를 창립하고 바즈 아츠Bas Aarts, 발레리 애덤스V. Adams, 존 엘지오J. Algeo, 시드니 그린바움, 데이비드 크리스털D. Crystal 등과 같은 쟁쟁한 언어학자들이 이 조사에 참여하여 후속연구를 진행하였으며 후에 그린바움 교수가 쿼크를 이어받아 1983년부터 1996년까지 조사 책임자로 있으면서 많은 업적을 남겼다. 2009년은 영어 어법조사연구가 시작된 지 50주년이 되는 해로, 이를 기념하는 국제학술회의가 2009년 7월 14-17일까지 런던대학의 Senate House에서 열렸다. 내가 그린바움 교수의 연구실을 찾았을 때 내가 받은 그의 첫 인상은 온화한 성품에 세련된 영국영어를 구사하는 멋진 영국 신사의 모습이었다. 그는 내가 영국에 가기 1년 전인 1985년, 쿼크 교수를 비롯하여 랑카스터대학의 리치G. Leech, 룬드대학의 스바르트비크J. Svartvik와 함께 예스페르센 이후의 현대영어 문법을 대표하는 뛰어난 업적의 결과물인 *A Comprehensive Grammar of the English Language*(종합영어문법. 초판 1985)을 20년에 걸친 공동연구의 성과로 내놓았다. 그린바움 교수는 미국과 캐나다 대학의 학생들을 위한 영어문법 교재로 1989년에 *A College Grammar of English*(대학 영어문법)를 출간했고, 영국에서는 1991년에 *Introduction to English Grammar*(영어문법입문)란 제목의 텍스트를 내놓았다. 나는 귀국한 후에 그린바움 교수의 책을 텍스트로 학생들에게 강의하면서 실제로 쓰이는 영어 코퍼스를 활용한 그의 영어 문법서를 오랫동안 유익하게 사용하였다.

내가 런던대에서 한국학과의 주임교수로 있던 윌리엄 스킬랜드 W. Skillend 교수를 만난 것은 참으로 우연한 일이었으나 한편으로는 내게 커다란 위안과 행복을 안겨다 준 만남이기도 하였다. 당시 내가 속해 있던 런던대 아시아-아프리카학연구소에는 동양학과라는 것이 있었고 그 안에 일본학과 및 중국학과 외에 한국학과가 있었는데, 이 학과의 주임교수로 있던 분이 다름 아닌 스킬랜드 교수였다. 스킬랜드 교수는 내가 런던대 방문학자로 온 사실을 알고 있었는지, 영국에 온 지 얼마 되지 않은 가을의 어느 날, 내게 만나자는 메모를 남겨 놓았다. 나중에 알게 된 일이었으나, 스킬랜드 교수는 50년대 중반 서울대에서 한국의 시조문학으로 박사학위를 취득한 후 귀국하여 런던대에 최초로 한국학 강좌를 개설하여 영국내 한국학 연구에 중추적인 역할을 해왔으며 유럽의 여러 대학에 한국학을 알리는 데에도 헌신적인 노력을 기울인 인물이었다. 온화하고 인자한 모습을 띠고 나타난 그를 본 순간 나는 마치 오랫동안 사귀어 온 친구와 같은 따뜻한 느낌을 받았다. 나는 당시 40대 초반의 나이었고 내가 런던대에 도착한 그 해에 회갑을 맞은 스킬랜드 교수는 자신의 오래된 듯이 보이는 작은 차에 나를 태우고 자신의 집으로 차를 몰았다. 영국인은 아무리 오래 사귀고 친한 사이라 할지라도 집으로 초대하는 법이 거의 없다. 나는 스킬랜드 교수가 영국인이라기보다는 정情이 많은 한국인이라는 생각이 문득 들었다. 그날 저녁 마침 집에 와 있던 그의 아들과 스킬랜드 교수 내외는 나를 반갑게 맞아 주었고 나를 위해 특별 메뉴인 요크셔 푸딩을 대접해 주었다. 내가 런던대에서 연구를 마치고 귀국한 지 2년 뒤인 1989년 10월 한국 정부는 스킬랜드 교수에게 한국학 연구에 끼친 그간의 공로를 높이 인정하여 그에게 국민훈장 동백장을 수여하여 그의 노력과 활동을 치하하였다. 그는 내가 런던대에서 연구하는 동안 당시 런던대에서 박사과정을 밟고 있던 박종성-강혜경 교수와 함께 그리니치 천문대를 방문하기도 하였다. 스킬랜드 교수는 2010년 84세의 나이로 세상을 떠났다. 이 해는 내가 국민대에서 정년 퇴임하는 해이기도 하였다. 박 교수는 런던대에서 박사학위를 취득한 뒤 모교인 충남대 교수로 활발하게 연구 활동을 하면서 한국영어영문학회 38대 회장(2019-2020)을 역임하기도 하였다.

3. 루운문자와 도지슨J. Dodgeson 교수

런던대에서 연구하는 동안 내가 들은 강의 가운데 잊지 못할 강의는 무엇보다도 고인이 된 도지슨J. Dodgson 교수의 루운문자에 대한 튜토리얼tutorial이었다. 도지슨 교수는 유럽 루운학runology의 권위자로서, 바이킹인들의 역사와 이들의 언어인 루운문자runes 및 루운 서지학연구에 평생을 바쳐 온 학자였다. 내가 바이넌 교수의 소개로 그를 만나 나의 전공의 한 분야인 고대영어문헌 연구에 관해 여러 가지 이야기를 나눈 적이 있었고, 그의 제안에 따라 자신의 연구실에서 한 학기 동안 영국을 위시하여 유럽에 흩어진 루운문자의 기원과 역사, 그리고 특히 고대영어와 루운문자의 관계 등에 대해 노변정담爐邊情談식으로 나에게 강의하면서 루운문자와 관련된 귀중한 자료를 복사해 주었다. 내가 그에게서 배운 스칸디나비아 역사와 루운문자의 기원과 서지書誌는 그 후 내가 고대영어 문자의 원류原流를 이해하는데 적지 않은 도움이 되었을 뿐만 아니라, 훗날 캐나다 토론토대학 중세연구소에서 연구 활동을 하면서 《영어사》 및 《앵글로색슨족의 역사와 언어》를 집필하는 데에도 귀중한 자원을 제공해 주었다. 이 자료의 일부는 2002년 1월 30일 - 2월 1일에 온양에서 열린 한국영어영문학회 겨울 연찬회에서 고대 영국의 루운문자를 발표하면서 처음으로 학계에 소개하였고, 2008년 10월 서울대에서 열렸던 한국훈민정음학회 국제학술대회에서도 발표하였다. 나는 루운문자 관련자료를 한층 더 보완해서 2009년 8월 28-30일에 일본 히로시마대학에서 열린 3차 일본영어사학회 국제학술대회와 도쿄의 지바 국립대학에서 열린 중세영어 심포지엄의 주제발표를 통해 참석한 일본 학자들에게 발표하였다. 이 학회에서 발표한 일본과 외국 학자들의 주제발표 논문은 국제학술지인 *Aspects of the History of English Language and Literature: Selected Papers Read at SHELL 2009, Hiroshima* (PeterLang, 2010)에 게재되었다.

4. 새로운 세계로: 고대영어와 라틴어

나는 런던대학에 체류하는 동안 고대영어 문헌을 연구하는 한편으로 라틴어와 희랍어 공부도 틈틈이 공부하였다. 라틴어의 경우 당시 내가 구한 텍스트는 휠록F. M. Wheelock 교수가 쓴 *Latin: An Introductory Course,* Third ed.(B&N, 1971)였는데, 입문서라고는 하나 내용이 쉽지 않고 400쪽이 넘는 텍스트여서 힘들게 공부한 기억이 난다. 그 덕분에 고대영어 문헌에 나오는 라틴어는 어렵지 않게 이해할 수 있었다. 귀국한 후에는 다른 라틴어 텍스트와 함께 *Oxford Latin Course*(Part I & II, 1996. 초판)를 구입하여 정독하면서 라틴어 공부를 틈틈이 해왔다. 특히 맥밀란출판사에서 나온 *Latin in 24 hours*는 라틴어 종합정리에 안성맞춤이었다.

1986년 가을 학기에 시작된 나의 고대영어문헌 연구는 파머 선생의 고대영어공부에서 시작하여 고대 영시와 산문을 읽고 난 후에 중세시기에 쓰여진 시와 산문으로 이어지면서 시간은 쉴새 없이 지나갔다. 나는 대학에서 강의를 듣는 시간을 제외한 나머지 시간은 다른 일정이 없는 한, 옥스퍼드대학의 보들리언 도서관, 캠브리지대학의 코퍼스 크리스티 칼리지를 방문하거나, 런던대 근처에 있는 Senate House Library에 소장된 방대한 양의 고문헌(EETS)을 뒤적이면서 대부분의 시간을 보냈다. 내가 이곳에서 공부한 텍스트 중에서 B. Mitchell and F. C. Robinson, *A Guide to Old English*(4판, 1986)는 고대영어뿐만 아니라 앵글로색슨연구 전반에 대한 개관 및 고대영어 산문과 운문에서 발췌한 중요한 부분을 해설한 종합판으로 런던 체류 중 내가 가장 많이 읽고 공부한 책이었다. 고대영어 전반에 대해 종합적으로 공부하려는 연구자들에게는 매우 유익한 텍스트였다. 이 책의 저자 가운데 한 명인 미첼 교수는 내가 시드니대학에서 연구가 끝나가던 1976년, 이 대학의 영문과 교수에서 영국 옥스퍼드대학의 교수로 초빙되었으며, 그로부터 14년의 세월이 흘러 1990년 5월 핀란드의 헬싱키대학에서 열린 국제 역사영어학 국제학술대회(ICEHL5)에 초청되어 "왜 고대영어를 연구해야 하는가?"라는 유명한 개막 연설로 미국과 유럽 등, 세계 여러 나라에서 온 많은 학자들에게 커다란 감동을 주었다. 나 또한 같은 해 봄에 헬싱키 학회에 참석 중이었는데, 80년대 중반 런던대에서 연구하던 시기에 나는 그가 로빈슨 교수와 함께 쓴 책을 이미 읽었으므로 언젠가 학회 관계로 영국을 방문하게 되면 옥스퍼드의 에드먼드 홀(Edmund Hall)로 찾아가서 그를 개인적으로 만날 수 있게 되었으면 좋겠다는 생각을 하였다. 그를 만나게 된 이야기에 관해서는 제8장 4절에서 다시 이야기하려고 한다.

런던대에 있는 동안 내가 열심히 읽고 공부한 고대영어 텍스트는 *Bright's Old English: Grammar & Reader, ed by F. G. Cassidy and R. N. Ringler, third ed.* (Holt, 1971)로, 문법은 물론 비드Bede의《영국민 교회사》에서《앵글로색슨 연대기》, 앨프릭 Ælfric의 산문, 고대 영시에서 발췌한 내용에 이르기까지 주옥같은 문장과 시를 수록한 매우 훌륭한 고대영어 연구서였다. 이 책은 비교적 이해하기가 쉬워서 여러 번 읽고 메모해 가면서 공부하였다. 당시에는 이 텍스트를 도서관에서 빌려서 읽었는데, 후에 내가 캐나다 토론토대학 중세연구소의 연구교수로 초청되어 연구할 때 이 책을 구입할 수 있게 되었다. 이 책과 함께 미첼 교수가 쓴 *An Invitation to Old English and Anglo-Saxon England* (Blackwell, 1995)도 구입하여 읽었는데, 여기에는 '고대영어와 현대영어의 차이'를 포함하여 앵글로색슨 잉글랜드의 문학과 역사, 고고학, 지명 그리고 고대 영문학에서 발췌한 유익한 내용이 상세한 주석과 함께 포함되어 있어서 내가 토론토대학에서 연구를 끝내고 귀국한 지 3년 후에 출간된《앵글로색슨족의 역사와 언어》(지식산업사, 2001)를 집필하는데 적지 않은 참고가 되었다.

5. 캠브리지 학회와 야첵 휘샥 J. Fisiak 교수

런던대학에서의 연구가 진행되고 있던 1987년 3월 초, 새로운 학기가 시작된 지 얼마되지 않은 어느 날, 항상 가까이 지내던 SOAS 언어학과의 바이넌 교수가 나에게 메모 한 장을 교수전용 휴게실 Senior Common Room에 남겨 놓았다. 이 휴게실은 런던대 교수들의 전용 휴게실로 나는 방문학자의 자격으로 이 방을 자유롭게 이용할 수 있었는데, 각종 신문과 잡지, 간단한 영국식 차afternoon tea와 다과를 즐길 수 있는 아늑한 곳이었다. 바이넌 교수의 메모에는 4월에 캠브리지 대학에서 4차 역사영어학 국제학술회의ICEHL4가 열리는데 참석했으면 좋겠다는 내용이었다. 나는 그 시기에 귀국한 후 서울대에 제출할 박사학위 논문을 쓰면서 고대 및 중세영어 문헌을 찾아서 자료를 정리하고 있던 중이었는데, 바이넌 교수의 제안에 따라 처음으로 국제학술회의에 참석하는 매우 좋은 경험이 될 것으로 생각하여 4월 중순에 열리는 캠브리지 학회에 참석하기로 하고 서둘러 학회에 참석하겠다는 신청서를 캠브리지에 보냈는데 얼마 후 학회로부터 정식 참가자로 허락을 받았다. 바이넌 교수가 나의 전공 분야를 생각하여 역사영어학 국제학술회의에 참석할 수 있도록 캠브리지 대학에서 열리는 학회 담당자에게 미리 연락을 해 둔 것 같았다. 그것은 내가 캠브리지에 도착하여 학회 등록을 하였을 때 담당자가 런던대 방문학자인 나에게 반갑게 인사하면서 바이넌 교수의 안부를 묻는 것을 보았기 때문이었다. 캠브리지 학회는 내가 유럽에서 열린 전공 분야 관련 국제학술대회에 처음으로 참석한 학회로, 향후 오랫동안 내가 유럽의 여러 나라에서 열린 역사영어학 국제학회에 참석하여 나와 전공 분야가 같은 많은 학자들과 활발하게 교류하게 된 결정적인 계기가 되었다.

내가 폴란드 태생의 야첵 휘샥J. Fisiak 교수를 처음 만난 것은 캠브리지 학회에서 열린 국제학술대회장에서였다. 나는 이 학회에 참석하는 동안 유럽과 미국, 호주, 일본 등지에서 온 학자들과 환담을 나눌 수 있는 기회가 있었는데, 학회가 열리는 기간 중 대학 근처에 있는 Heffer's Bookshop에서 열린 작은 와인 파티에서 루벵대의 드카이저Xavier Dekeyser, 스탠포드대의 트로고트Elizabeth Traugott, 그리고 폴란드 미키에비츠 대학의 야첵 휘샥 교수와 내가 우연히 동석하여 환담을 나누게 되었다. 드카이저 교수는 전형적인 유럽풍 신사로 영어문법사 연구의 권위자로 명성을 떨쳤으며 캠브리지학회 이후 여러 해 동안 나와 학문적인 교류를 계속하였다. 후에 루벵대의 명예교수가 된 그의 업적을 기리기 위해 제자 교수들이 *Thinking English Grammar: To Honour Xavier Dekeyser, Professor Emeritus*라는 학술지(1999)를 펴냈으며 여기에 동료 및 제자 교수들이 논문을 기고하였다.

한편 야첵 교수는 캠브리지학회에 참석한 유일한 한국인 교수인 나를 반갑게 맞아주고 이 학회의 성격을 친절하게 설명하면서 앞으로 학회에서 자주 만날 것을 진지하게 제안하였다. 그는 당시 50대 초반의 중후한 신사로 콧수염이 매우 인상적이었으며, 학회에 참석한 거의 모든 학자들이 그에게 다가와서 얘기를 나눌 만큼 그를 모르는 사람이 없을 정도로 매우 사교적인 학자라는 인상을 강하게 받았다. 이것이 계기가 되어서였을까? 그 후 20여 년간 헬싱키, 발렌시아, 에딘버러, 포스난, 만체스터, 글라스고, 비엔나, 베르가모, 뮨헨 등, 유럽의 여러 대학에서 열린 역사영어학 국제학술대회에서 나와 야첵 교수는 빠짐없이 서로 만나 개인적으로 두터운 교분을 나누었다. 야첵 교수는 1995년 10월 중순 내가 속한 한국 영어사학회의 초청으로 서울에 와서 서울대에서의 강연, 그리고 10월 27-29일 제주대학교에서 열린 한국영어영문학회 가을 학술대회에서 특강을 하였으며, 한국의 영어사 전공 학자들과도 잠시 학문적인 교분을 나누었다.

야첵 교수는 폴란드의 명문대학인 미키에비츠 대학A. Mickiewicz의 총장, 폴란드의 교육부 장관, 폴란드 학술원 회원의 화려한 경력을 지녔으며. 유럽에서 발간되는 수많은 학술지의 편집인으로 활동하였고 영어학의 여러 세부 분야는 물론, 특히 영어사 분야에서는 세계적인 석학으로 왕성하게 활동해온 학자였다. 그가 속한 미키에비츠 대학은 우리에게는 잘 알려져 있지 않으나, 영어사 연구로는 세계적으로 널리 알려진 대학으로 미국을 비롯한 유럽 여러 나라의 학자들이 이 대학의 교환교수로 와서 연구와 강의를 하는 곳으로 이 분야의 명성과 권위를 지닌 유서 깊은 대학이다. 나는 이 대학에서 열린 중세영어학회 및 역사영어학 국제학술대회에 여러 번 참석하였다. 그 뿐만 아니라 야첵 교수와 나는 일본에서 열린 일본 영어사학회에도 초청을 받아 여러 번 함께 참석하면서 주제발표를 하는 동안 일본 대학의 중세 학자들과도 두터운 교분을 쌓았다. 일본 중세 학자들과의 교류에 관해서는 제6장 5절에서 상세하게 설명하기로 한다.

6. 유럽의 학회 참석과 학자들과의 교류(1)

앞에서 이미 언급하였지만, 나는 런던대에서 연구하고 있던 80년대 중반에 캠브리지 학회에 처음으로 참석한 이후 한국에 돌아와서도 3년마다 유럽의 여러 대학에서 열리는 역사영어학 국제학술대회에 거의 빠짐없이 참석하여 내가 전공한 분야의 최신 경향과 추세를 점검하면서 연구의 끈을 놓지 않으려고 꾸준히 애썼다. 90년대 초까지만 해도 국내 대학의 영어학 또는 영어사를 전공하는 교수의 수도 그리 많지 않았을 뿐만 아니라 내가 참석했던 캠브리지 학회와 같은 국제학술대회에 관심을 가진 전공 교수 또한 당시로서는 거의 없었다고 해도 과언이 아니었다. 그런 의미에서 나는 캠브리지 학회 참석을 계기로 20여 년 뒤 대학에서 퇴임한 이후에도 몇 년간 주로 일본에서 열리는 국제학술대회에 꾸준히 참석하면서 전공 분야를 연구하는 해외 학자들과 교분을 나누고 연구 분야를 공유하면서 국내외에서 연구와 저술 활동을 할 수 있게 된 것이다. 나는 런던대에서 연구를 진행하는 동안 캠브리지 학회에 참석한 후 귀국한 지 3년 뒤인 1990년 5월 중순 핀란드의 헬싱키대학에서 열린 5차 역사영어학 학술대회(ICEHL5)에 사전 등록을 마치고 참석 예정일보다 하루 전에 헬싱키에 도착하였다. 북유럽에 있는 나라 중에서는 내가 처음으로 방문한 헬싱키Helsinki는 핀란드의 수도로, 북극에서 가까운 곳에 있는 도시였기 때문인지 밤 10시가 넘어서도 해가 지지 않아서 숙면熟眠을 취하기가 쉽지 않았던 기억이 난다. 핀란드는 스칸디나비아 반도에 위치해 있으면서도 노르웨이나 덴마크, 스웨덴과 달리 게르만어계에 속하지 않는 언어인 핀란드어Finnish를 사용하는 나라이다.

핀란드에는 3S가 있다는 말이 있다. 즉, 시벨리우스Sibelius, 수오미Suomi 그리고 사우나Sauna가 그것이다. 핀란드 제2의 국가國歌로 여길 만큼 널리 알려진 교향시「핀란디아」를 작곡한 시벨리우스, 숲과 호수가 많아서 핀란드 대신 불리는 명칭인 수오미, 그리고 집집마다 갖춘 사우나 시설 이것이 핀란드를 찾는 이들에게 색다른 감흥을 느끼게 해 주는 세 가지 특징이다. 헬싱키대학에서 내가 놀랐던 것은 대학 정문이 두 개가 있다는 사실이었는데, 하나는 정상인들이 드나드는 문이고, 다른 하나는 장애를 지닌 이들이 쉽게 드나들 수 있게 만든 문이었다. 복지 국가답게 장애인들이 불편하지 않게 최대한 배려해주는 국가의 정책을 한 눈에 알 수 있는 기회였다.

나는 헬싱키 학회에 참석하여 고대영어와 영문학을 연구하는 학자로 평생을 바친 옥스퍼드대 미첼 교수의 '고대영어는 왜 연구해야 하는가?'(Why Study Old English?)라는 주제 강연을 들으며 큰 감동을 느꼈다. 그의 강연이 30분이라는 짧은 강연이었음에도 대회장을 가득 메운 학자들 모두 그의 쉽고 유머로 가득 찬 명강연에 박수를 아끼지 않았음은 물론이다. 나는 이 학회에서 역사영어학 분야와 관련된 여러 하위분야(어휘, 방언학, 형태통사론, 고중세문헌 분석 등)를 연구하는 유럽의 학자는 물론, 일본 학자들도 만나 인사를 나눌 수 있었다. 나는 이 학회에서 캠브리지 학회 이후 3년 만에 야첵 휘샤 교수를 재회하는 기쁨을 누렸다. 그는 이 학회에서도 모르는 이가 없을 만큼 고품격의 영국영어로 유머와 위트를 섞어가며 좌중을 압도하였다. 헬싱키학회에 참석한 학자들은 학회가 진행되는 동안 핀란드식 사우나를 즐기는 짧은 일정을 가졌는데, 나에게는 생전 처음 보는 광경이어서 잠시 간략하게 설명하기로 한다. 학회에 참석한 학자들을 안내하여 도착한 사우나는 숲이 우거진 호숫가 옆에 자리잡고 있었다. 사우나에 참석한 남녀 학자 일행은 우선 옷을 벗은 다음 자작나무를 한웅큼 집어 들고 뜨거운 사우나실로 들어가서 온 몸을 자작나무로 쳐가며 잠시 몸을 달군 다음, 밖으로 나와서 벗은 채로 호숫가로 뛰어 들어가서 수영을 하면서 몸을 식혔다. 그런 후에 밖으로 나와서 사우나 옆의 긴 탁자 위에 놓인 음료와 와인 그리고 간단한 빵과 샐러드를 즐기며 환담을 나누는 시간을 가지는 순서로 진행되었다. 일부 학자들 중에는 다시 사우나에 들어가서 몸을 뜨겁게 한 다음, 밖으로 나와서 호수로 들어가 몸을 식히는 일을 반복하였다. 이것이 내가 핀란드에 와서 처음으로 경험한 핀란드식 사우나 광경이었다. '사우나'는 핀란드 특유의 증기탕을 일컫는 말로, 영어로는 소나(sauna [sɔːnə])라고도 발음하는데, 거의 집집마다 사우나가 있다고 하니, 핀란드인의 사우나에 대한 사랑은 가히 짐작하고도 남는다.

나는 이 학회에서 처음으로 일본 지바Chiba(千葉) 국립대학에서 참석한 오구라 미치코O. Michiko(小倉美知子) 교수를 만나 첫 대면을 했다. 그녀는 유럽 학자들과는 달리, 조용하고 예의 바른 모습을 하고 있었으므로 나와 오랜 시간 이야기를 나눌 수는 없었으나 그녀가 파티 석상에서 외국 학자들과 진지한 대화를 나누는 모습을 멀리 또는 가까이서 지켜보면서 그녀가 단순히 참가한 학자가 아니라는 강한 인상을 받았다. 나중에 알게 된 일이지만 미치코 교수는 이미 일본에서는 물론, 유럽 학회에 널리 알려진 중세문헌 연구의 뛰어난 학자로 이 분야의 저명한 학자들과 오래전부터 교류해 오고 있던 중이었다.

나는 1995년 11월 초 동지사대에서 열린 일본 교토학회에 처음 참석하여 논문을 발표한 이후, 미치코 교수가 일본 영어사학회(1997-)의 초대 회장의 자격으로 나를 초청한 이래 20년 가까이 미치코 교수 및 일본의 저명한 중세 학자들과 친밀하게 교류할 수 있게 된 것은 교토와 헬싱키 학회에서 그녀를 만난 것이 큰 도움이 되지 않았나 생각한다. 나는 헬싱키 학회 참가를 계기로 나의 전공 분야에 대한 연구를 국내에 국한하지 않고 유럽과 일본 등, 해외 학자들과의 정보 네트워크를 통해 깊고 폭넓게 모색해 나가야겠다고 생각하게 되었다. 유럽에서 열린 국제 학술대회 참석과 일본의 중세 학자들과의 교류에 관해서는 제6장에서 좀 더 자세하게 설명하기로 한다.

제6장

국내외 학회 활동

1. 한국 영어사학회 창립 배경과 연구 활동

한국영어영문학회 겨울 연찬회가 1993년 1월 14-16일까지 충남 온양에 있는 온양관광호텔에서 열렸다. 이 연찬회에서 영어학 및 영어사 분야의 국내 학자들이 모여 논문 발표 및 토론에 참여하였다. 발표가 끝난 뒤, 봉선화홀에서 영어사학회 창립총회를 갖고 한국영어사학회가 한국영어영문학회 산하의 소학회로 정식 출범하였다. 한국영어영문학회에서는 몇 년 전부터 학회에 속한 영어학과 영문학 전공 분야의 학자들이 분야별로 소학회를 구성하여 연구와 발표 및 토론의 장을 마련하자는 소학회 활성화 방안에 관한 논의가 꾸준히 이루어져 왔으며, 이를 계기로 영문학 분야에서는 영미 학자들의 작품을 심도 있게 연구하고 발표하는 소모임(엘리옷, 밀턴, 마크 트웨인 등)이 점차 결성되어 활발하게 연구 활동을 하는 한편으로, 한국영어영문학회에서 개최하는 학술대회나 심포지엄에도 소학회의 위상을 지닌 채 적극적으로 참여하여 발표할 수 있는 근거를 마련하는 결과를 가져오게 된 것이다. 영문학 분야에서는 그동안 영미 작가별 소학회가 많이 만들어져서 활발한 연구 활동을 해왔으나, 영어학 분야에서는 온양에서 창립된 한국영어사학회가 소학회로는 처음으로 결성되기에 이른 것이다.

온양 연찬회에서 탄생한 한국영어사학회(이하 '학회')는 향후 2년간 학회를 이끌어 갈 회장단을 인준하고 두 분(조성식, 최익환)의 고문을 추대하였다. 이날 개최된 창립총회에서는 부회장인 민재기 교수의 경과보고에 이어 참석 인원의 만장일치로 회칙 초안을 가결하였다. 학회 창립 당시 회원은 학회 소식지(제1호)에 실린 53명이었다. 나는 초대 총무 및 재무를 맡았고 김태진(한서대) 교수가 연구 및 편집을 맡았다. 학회의 창간호는 1995년 10월 15일에 발간되었는데, 나는 창간호 명칭을 어떻게 할 것인가를 놓고 초대 회장인 김인숙 교수와 의논한 끝에 英語史로 정하기로 하고 당시 한학자인 청람靑藍 김도련 교수(국민대 한문학과)에게 창간호의 제자題字를 부탁하였다. 김 교수는 일필휘지 붓글씨로 「英語史」라는 한자로 써 주었고 이것이 한동안 학술지의 제호題號로 사용되었다. 영어사학회는 창간호가 나올 때까지 학회에서 이루어진 연구 활동은 학회소식지(Newsletter, 학회소식)를 발간하여 회원들에게 제공하였다. 지면도 초기의 4면에서 점차 16면으로 늘려 연구회 소식은 물론, 발표논문, 강독, 특강, 신간 안내는 물론, 국내외 학술대회를 소개하고 해외 학술정보와 연구 동향에 대한 소식도 함께 제공하였다.

1993년 10월 29-30일에 원광대 숭산기념관에서 한국영어영문학회 가을 학술발표회가 개최되었다. 이 발표회에 참가한 영어사학회는 '영어사 어떻게 가르칠 것인가?'라는 주제로 회원들의 발표와 토론을 진행하였다. 이 세미나에서 김인숙 교수(서울대)가 주제발표를 하고, 최용재 교수(동국대)의 사회로 민재기 교수(건국대) 및 박영배 교수(국민대)가 토론에 참여하였다. 이 세미나에서의 토론 내용은「영어영문학」40권 2호(1994년 여름호)에 게재되었다. 영어사학회는 학회의 성격상 고대 및 중세영어 때로는 라틴어 강독도 진행하였는데, 1994년 5월(14-15일)에는 건국대학교(서울 캠퍼스)에서 고대 및 중세영어 강독을 위주로 하는 봄 연구회를 가졌다. 고대영어 강독에는 최익환 교수(성균관대), 중세영어 강독에는 김명숙(이화여대) 교수 및 박영배(국민대) 교수가 진행하였고 신광현 교수(서울대, 작고)가 '중세영문학과 초서'라는 제목의 특강을 하므로써 참석한 영어사학회 회원들이 중세영어시기(1340-1400)에 활동한 제프리 초서의 중세문학에 대한 이해를 높이는데 큰 도움이 되었다. 1994년 11월 12일 충남 유성에 있는 프린세스호텔에서 가진 학회의 가을연구회 및 정기총회에서는 제2기 회장단을 확대 개편하고 김석산교수(서울대)를 새로운 고문으로 추대하였다. 김석산 교수는 1995년 5월 한국방송대학교에서 열린 학회 연구회에서 고대 영산문과 고대영시 운독韻讀에 관한 강독을 진행하여 이 분야에 관심있는 회원들에게 많은 도움이 되었다. 같은 해 10월 24-31일에 열린 학회의 가을연구회에서는 영어학과 영어사 연구의 세계적인 학자인 야첵 휘샥J. Fisiak 교수를 초청하여 서울과 제주에서 모임을 갖고 다음과 같이 진행하였다. 휘샤 교수는 그 해 25일에는 서울대학교 인문대 교수회의실에서 '토지대장의 지명으로 살펴본 고대영어에 대한 스칸디나비아어의 영향' (Scandinavian Influences on Old English as Evidenced by Place-Names in *Domesday Book*)이란 제목의 특강을 하였고, 27-28일에는 제주대학교에서 열린 한국영어영문학회 가을 학술발표회에서 '폴란드에서의 역사영어학연구 현황'(English Historical Linguistics and Philology in Poland)이라는 제목의 특강을 하였다. 야첵 교수가 학회의 초청으로 서울에 온 것은 처음 있는 일로, 나는 캠브리지 학회와 헬싱키 학회에서 이미 그와 조우遭遇하여 친분을 쌓았고 1994년 5월에는 폴란드의 미키에비츠대학 주최로 열린 중세영어 국제학술대회에서, 그리고 같은 해 9월에는 영국의 에딘버러대학이 주최한 역사영어학 국제학술대회에서 그를 만나 친분을 쌓았기 때문에 그를 초청하여 서울에 올 수 있게 된 것이다. 특히 에딘버러 학회에서는 당시 영어사학회의 회장인 김인숙 교수도 나와 동행하였고 학회가 열리는 동안 틈을 내어 나와 김인숙 교수 및 야첵 교수가 함께 만나 환담을 나누면서 서울에서 열리는 영어사학회와 한국영어영문학회의 학술대회 참석에 그를 초청하는 문제를 논의하였다. 야첵 교수는 일찍이 일본에서 열린 국제학술대회에는 여러 번 참석한 적이 있었으므로 서울에서 열리는 학술대회에도 관심을 가지고 있었다. 위에 언급한 국제 학술대회와 그 외의 학술대회에 관해서는 제3절에서 좀 더 상세하게 설명하기로 한다.

한국영어사학회는 출범한 이후 영어학과 영어사 분야에 관련된 여러 영역에 대한 회원들의 발표가 활발하게 진행되고 원로 학자들의 강독과 특강이 이어짐에 따라 그 학문적인 깊이와 폭을 넓혀가며 국내에서는 이 분야에 대한 독자적인 연구 영역을 확대하여 갔다. 그러던 중, 영어사학회와 연구 영역을 상당수 공유하면서 활동하고 있었던 <한국영문법학회>가 2002년 영어사학회와 통합하려는 움직임이 나타나게 되고 두 학회 간에 많은 논의가 이루어진 끝에 2003년 5월, 한국영어학학회(The English Linguistics Society of Korea: ELSOK)라는 새로운 명칭으로 두 학회가 통합하게 되었으며, 학술지 명칭도 <英語史>에서 <영어학연구>로 개명하기에 이르렀다.

2003년은 영어사학회가 창립된 지 10년이 되는 해였다. 학회는 이를 기념하여 덴마크의 저명한 영어학자인 예스페르센O. Jespersen의 학문을 기리기 위해 준비해 오다가 2004년 6월 18-19일, 고려대학교(서울캠퍼스)에서 영어학 국제학술대회를 개최하기에 이르렀다. 이 학술대회에는 유럽과 일본의 저명한 학자들(M. Rissanen, W.A. van der Wurff, M. Ukaji, J. Terasawa, M. Ogura, *etc*) 그리고 국내 영어학계의 원로 및 중진 학자 그리고 미래 세대의 신진 학자들이 참석하였으며 여기서 발표한 결과물은 같은 해 12월에 900쪽이 넘는 방대한 분량의 단행본으로 한국문화사에서 출간되었다. 2013년은 학회 창립 20주년이 되는 해로, 2013년 6월 3-5일 사흘에 걸쳐 고려대학교와 육군사관학교에서 국내외 중진 학자와 신진 학자들이 영어학의 모든 분야에 걸쳐 발표와 토론을 진행하였다.

한국영어사학회는 1993년에 창립된 이래 20년이 넘는 오랜 세월

동안 한국의 영어학과 영어사의 모든 분야는 물론, 영문법과 영어교육, 언어접촉, 통사, 음운, 의미화용, 응용언어, 코퍼스 영어학 등, 광범위한 인접 분야에 이르기까지 폭넓은 연구 활동을 활발하게 진행해 오고 있다. 나는 영어사학회의 창립 초기(1993)부터 초대 회장이었던 김인숙 교수와 함께 학회 발전에 관여하여 왔고 김인숙 회장의 후임으로 2000년까지 2대 회장으로 학회를 위해 일해 오면서 초창기 학회의 회원으로 오늘의 영어학학회로 성장하는데 노력하였다. 한국영어사학회와 달리, 1997년에 창립된 일본영어사학회는 처음부터 국제적인 학회로 출발하여 해외 학술지를 통해 활발하게 활동해오고 있다. 나는 이 학회에 처음부터 참석하였고 퇴임 후에도 몇 년간 참석하였는데, 이에 관해서는 제6절에서 상세하게 설명하기로 한다.

2. 조성식 교수와 영어사학회

한국영어사학회에 관해 이야기를 하려고 할 때 조성식 교수를 빼놓을 수는 없을 것이다. 선생은 한국 영어사학회의 상징적인 인물이며 국내에서 해방 이후 영어학과 영어사를 꾸준히 연구하고 가르쳐온 영어학 분야의 1세대 학자이기 때문이다. 선생은 황해도 해주에서 태어나 경성대학 법문학부 영문과 재학시 사토 기요시佐藤清 교수의 줄리어스 시저Julius Caesar와 나까지마 후미오中島文雄 교수의 햄릿Hamlet을 들으며 영국의 문호 셰익스피어를 처음으로 만나게 되었고 이것이 계기가 되어 은퇴한 후에도 오랫동안 '셰익스피어 영어'를 연구하여 2007년 11월, 2권으로 된 방대한 결과물인 『셰익스피어 구문론:I & II』을 세상에 내놓았다.

선생은 해방 후 서울대와 고려대 교수를 지냈고 평생 영어학 및 영문법 연구와 학생 지도에 전념하면서 「고등영문법」(1949)를 효시로 하여 「영어구문론」(1949), 「영어학개설」(1959), 「영어문법론연구」(1974) 외에도 영문법과 구문론, 그리고 1983-93년까지 10년에 걸쳐 5권으로 된 「영문법연구」를 출간하는 등, 영어학 관련 저서를 끊임없이 내놓았고, 1975년에는 우리나라 최초로 「영어발달사」를 학계에 상재하므로써 본격적인 한국의 영어학 시대를 열어 영어의 역사를 다방면에서 연구하려는 학자들에게 큰 자극을 주었다. 1988년 고려대에서 은퇴한 선생은 이후에도 학술원 회원으로 활동하면서 그의 학문 연구에 대한 의욕은 지속되었는데, 국내 영어학계의 숙원이었던 「영어학사전」이 그의 기획하에 165명의 학자가 사전 편찬 작업에 참여한 지 10년이라는 오랜 작업 끝에 1990년 12월 국내 최초의 방대한 『영어학사전』이 결실을 보게 된 것이다. 일본에서는 이미 1940년에 「영어학사전」이 간행되었는데 이에 비하면 우리는 반세기가 지난 뒤에 비로소 이 사전을 갖게 된 셈이 된 것이다.

앞에서도 잠깐 언급한 대로 2002년 선생의 80회 생신을 기념하기 위해 팔순기념 논문집인 예스페르센 연구특집을 기획하고 외국의 저명한 학자들을 초청하여 국제학술대회를 열어 그 결과물인 『오토 예스페르센』(Otto Jespersen, 2004)을 학계에 상재上梓한 것은 오랫동안 미국과 한국의 언어학계를 지배해 온 생성문법이론의 힘이 국내 학자들에게 너무나 크게 와 닿았기 때문에 한층 더 의미 있는 일이 되었다.

선생은 한국의 영어학이 나아가야 할 방향을 제시해 주기 위해 1993년 한국영어사학회를, 1997년에는 한국영문법학회를 창립하였고 이 두 학회가 공동의 목적을 위해 활동할 수 있게 하기 위해 2003년 한국영어학학회로 통합하는데 결정적인 역할을 하였다. 이것은 해방 후 선생에게서 가르침을 받은 제자들과 후학들을 독려한 선생의 공이 컸으며 학회가 발전하는데 밑거름이 되어준 사실을 간과할 수 없다. 선생은 한국에서의 영어학과 하위분야인 영어사가 어떤 방향으로 가야 할 것인지 명확한 목표를 제시하였는데, 영어사학회의 창간호에 실린 그의 특별기고문인 '한국의 영어학: 그 과거와 미래' 란 제하題下의 글에 잘 나타나 있다. 기고문의 일부를 다음에 소개한다.

> '우리나라의 영어학을 이야기할 때에는 대체로 4개의 시기로 구분하여 고찰하는 것이 편리할 것 같다. 제1기는 1924년에서 1945년까지의 일제 시대이고, 제2기는 1945년에서 1960년까지의 시기를 말하며, 제3기는 1960년부터 1990년까지, 제4기는 1990년 이후의 이른바 21세기를 향하는 시기가 될 것이다.'

인용한 글에서 선생이 언급한 제4기는 생성문법의 열풍이 휩쓸고 지나간 후 우리나라에서 "영어학"의 재건과 발전을 위해 새로운 진로와 목표를 모색하는 성찰의 시기에 해당하였다. 선생은 한국의 영어학계가 할 일이 너무나 많음을 지적하면서 이웃 일본의 경우를 예로 들었다. 명치유신明治維新 이후, 일본은 서구의 선진 문명을 받아들이기 위해 외국어교육에 혼신을 다하였고 이미 1920년대에 이르면 영어학, 영문학에 관한 기본적인 서적이 거의 출간된 상황이었음을 지적하였다. 1940년에 우리 학계보다 반세기나 앞서 이미 「영어학사전」이 간행되고 고대, 중세영어 문법서는 물론, 영문법, 영문학에 관한 연구서와 번역서 및 참고서도 수없이 나왔음을 지적하였다. 그리하여 1940년경에 이르면 일본의 영어영문학은 일정한 수준에 도달해 있었다. 이와는 대조적으로 우리 영어학계에는 영어학에 관련된 기본적인 교재는 나와 있으나 수준 높은 연구서는 찾아보기 힘들 뿐만 아니라, 고대/중세영어의 기본서는 물론, 쉬운 해설과 주석을 곁들인 책도 거의 없는 상태가 지속되어 왔다. 이러한 상황에서 선생은 현대영어의 위상을 제대로 파악할 수 있기 위해서는 고대/중세영어는 물론 셰익스피어 영어 자체에 대한 연구가 필요함을 역설하였다. 선생은 인접 학문에 대한 지식이 풍부해야 하며 그렇게 할수록 자신이 전공하는 학문의 깊이는 한층 깊어지고 풍요해질 것이며, 영어학을 전공하는 이들은 이러한 소양을 갖추고 있어야 한다는 점을 강조하였다.

선생은 영어사학회의 고문으로 있으면서 영어학의 각 분야를 정리한 단행본의 출간을 제안하였다. 그리하여 영어사학회를 중심으로 우리나라 영어학의 위상을 정립하기 위해 각 분야의 집필진을 구성하여 진행하게 되었고 그 결과물인 신영어학총서 시리즈(12권)가

탄생하게 된 것이다. 나는 이 시리즈의 제5권인『영어사』(1998, 한국문화사)를 출간하였다. 이 책은 내가 캐나다 토론토대학 중세연구소의 연구교수로 있는 동안 집필한 것인데 출간된 후 문화관광부의 우수도서로 선정되었다. 이 책은 출간 후에 대학의 교재로 널리 사용되었고 2000년에 2판을 찍었으며 2010년 9월 개정증보판이 나오게 되었다. 나는 토론토대학으로 떠나기 몇 달 전에 고대영어 문헌이나 고대영어를 전공하려는 이들을 위한『고대영어문법』(1997, 한국문화사)이란 문법서를 출간했는데, 영어학도라면 고대영어에 관한 일정한 지식을 갖추고 있어야 한다는 조성식 교수의 평소의 신념이 영어사학회에서의 활동을 통해 내게 영향을 끼치지 않았는가 생각하고 있다. 선생의 이러한 신념은 이 문법서에 실린 선생의 추천사에서도 잘 나타나 있다.

> '굳이 고대영어를 전공하지는 않는다 하더라도 적어도 영어학에 뜻을 둔 영어학도들이라면 반드시 고대영어에 관한 일정한 지식을 가지고 있어야 한다고 생각한다. 여러 차례 변화를 거듭하면서 현대영어는 그 모습이 고대영어와는 많이 달라졌다 할지라도 아직 현대영어에는 고대영어의 잔영(殘影)이 짙게 깔려 있다는 사실을 잊어서는 안된다.'

선생은 평소 제자 및 후학들과 자주 어울려서 지나간 세월에 관한 이야기를 즐기며 시간을 보내곤 하였다. 학회에서 또는 댁에서 선생과 함께 보낸 시간이 나로서는 나와 같은 학문의 길을 반세기 넘게 걸어온 선생의 발자취를 회상하는 재미도 있었으나 그가 오랫동안 제자와 후학들에게 베푼 사랑과 정성 그리고 덕망德望의 결과라고 생각하였다. 평소 술을 즐기고 제자를 한없이 사랑하던 선생은 2009년 12월 23일 향년 87세로 세상을 떠났다. 나는 2009년 12월 23-25일 대학의 편입시험 관계로 출제위원들과 모처에 들어가서 출제 중이었는데, 23일 아침 선생이 영면永眠하였다는 소식을 뒤늦게 듣게 되었다. 나는 선생의 부음을 애도하는 글을 교수신문(2010년 2월 22일자)에 남겼는데, 다음에 일부를 싣도록 한다.

'선생님께서 서울대에서 고려대로 옮기시고 30년 가까운 세월을 안암골에서 보내셨으니, 저와는 인연이 없을 법도 하련만, 같은 분야의 길을 걷는 학문의 스승으로 20년 가까이 곁에서 선생님을 모셨으니, 선생님의 부음을 안타깝게 여기는 제자들의 마음과 어찌 같지 않을 수가 있겠습니까. (중략)

선생님을 찾아뵈올 때마다 '책 쓰고 운동하고 술 마시는 일' 이외에 다른 일을 하면 절대 안된다고 저에게 늘 말씀하시던 생각이 납니다. 제가 10여 년 전 토론토대에서 연구할 때 선생님께서는 이미 몇 년 전부터 셰익스피어 구문론을 쓰실 구상을 하시고 셰익스피어 희곡(38편) 원서를 다시 읽고 정리하신다는 장문의 편지를 자주 써서 보내 주셨는데, 17년 동안의 오랜 작업 도중 백내장 수술까지 하신 끝에 2007년 두 권으로 된 1천 700쪽 분량의 방대한 셰익스피어 구문론을 완간하신 일은 일본 학자들도 감히 이루지 못한 위대한 업적이었습니다. 해방 후 반세기가 지났으나 한국의 영어학 분야가 일본에 비해 많이 뒤떨어져 있다고 늘 말씀하시던 선생님, 후학들에게 늘 기계처럼 정확하고 엄격하셨던 선생님, 그러나 술을 매우 좋아하시고 술을 즐기시는 시간이 너무 길어져서 저 혼자 속으로 많이 걱정하며 밤늦게 댁으로 모셔다 드린 적이 한 두 번이 아니었던 선생님, 이제 하늘 나라에서 그토록 좋아하시던 술을 많이 드시고 영생과 극락을 마음껏 누리시길 빕니다.'

한국 영어학계의 원로이며 제자와 후학들을 위해 베푸신 선생의 고매한 인품과 아낌없는 사랑은 한국 영어학사에 오래도록 기억될 것이다.

3. 안토니 수사와 중세영문학회

내가 안토니Br Anthony 수사, 쉽게 말해서 한국명으로 안선재 교수(서강대 명예교수)를 만나서 알고 지낸 지는 그럭저럭 20년 가까이 된 것 같다. 그를 만나기 전에는 그가 어떤 분인지 전혀 알지 못하였다. 당시 나는 토론토대학 중세연구소의 연구교수 생활을 끝내고 1998년 가을 학기에 맞춰 귀국한 뒤 그곳에서 집필한 『앵글로색슨족의 역사와 언어』가 2001년에 한국의 영어학계와 역사학계에 최초로 소개되고 2003년 학술원의 우수학술저서로 선정되면서 이 책의 출판기념회 일로 바쁘게 지내고 있던 때여서 안토니 선생이 주도하던 중세영문학 포럼에 대해서는 전혀 아는 바가 없던 시기였다.

안 교수가 90년대 초 중세영문학을 좋아하는 교수들과 함께 모임을 결성하여 포럼 형식으로 활발하게 활동하는 한편, 이름 그대로 한국에 귀화하여 한국의 많은 문학 작품(시, 소설)을 영역하여 해외에 알리는 뛰어난 번역가이며 중세 학자였다는 것을 뒤늦게 알게 된 것은 나에게 또 다른 기쁨을 안겨 주었다. 그와의 인연은 그렇게 시작된 셈이 되었다.

그런데 어느 날, 안토니 수사한테서 인사동에서 한번 만나자고 연락이 왔다. 그때야 나는 오래 전에 어느 모임에서 만난 분이 내게 귀뜸해 준 얘기가 문득 생각났다. '안토니를 알려면 귀천에 한번 가보라'는 것이었다. 그런 일이 있은 후 여러 가지 바쁜 일이 생겨서 인사동에 있다는 찻집 귀천에 대한 생각은 한동안 잊고 지냈다. 안토니 수사와 함께 찾아간 찻집 '귀천'은 여러 가지로 나를 놀라게 하기에 충분하였다. 10명 정도 들어오면 더 이상 손님이 들어올 수 없는 그야말로 매우 작은 공간의 찻집인 귀천은 이런 사실보다는 1993년 세상을 떠난 천재 시인 천상병의 미망인 목순옥 여사가 운영하는 찻집이라는 사실을 나는 그때야 비로소 알게 되었다. 안토니 수사는 오래전 천상병 시인의 시집을 영역하면서 시집의 제목을 '귀천'(Back to Heaven)이라 하였는데, 이 찻집의 이름과 똑같은 것이었다. 귀천은 천상병 시인이 쓴 시의 제목에서 따온 것이다. 그가 영역한 '귀천'의 마지막 시행을 소개한다.

나 하늘로 돌아가리라
아름다운 이 세상 소풍 끝내는 날
가서, 아름다웠다고 말하리라 . . .
(I'll go back to heaven again.
At the end of my outing to this beautiful world
I'll go back and say: it was beautiful . . .)

안토니 수사는 천상병 시인의 시를 유려한 영어로 훌륭하게 옮겨놓아 이 시를 읽는 이들에게 감동과 기쁨을 선사하였다. 이 찻집의 인상은 천상병 시인의 평생 반려자인 목순옥 여사가 가져다주는 모과차의 은은한 향에서 읽을 수 있다. 아마도 안토니 수사는 이곳에서 모과차의 향기를 한없이 맡으며 천상병 시인의 시심詩心을, 그리고 이 시인의 맑은 영혼을 읽기에 여념이 없었으리라. 그는 작고한 김수환 추기경의 초청으로 1980년에 한국에 왔다. 옥스퍼드대 퀸스칼리지에서 중세근대영문학을 전공한 후 프랑스로 건너가 떼제공동체에 참여하여 수사가 되었다. 한국에 온 그는 1994년 안선재라는 이름으로 귀화하여 한국인이 되었다.

안토니 수사는 한국의 시와 문학 작품을 영역하여 해외에 알리는 한편, 전공분야의 학술활동도 활발하게 하였는데, 나는 그의 권고로 한국의 중세영문학자들의 모임인 한국중세영문학회에도 참여하여 활동하게 되었다. 이 학회의 초대 회장인 김진만 교수(고려대, 성공회대. 작고)는 내가 아는 한, 한국 최초로 영국 런던대에서 고대/중세영문학을 연구한 분으로 1976년 한국 최초로 중세영어로 쓰인 초서의 『켄터베리이야기』를 번역하였다. 나는 이 학회의 6대 회장(2002-4)으로 활동하였고 내가 퇴임하던 해인 2010년에는 정덕애 교수(이화여대)가 10대 회장으로 이 학회를 이끌었다. 봄과 가을 두 번에 걸쳐 정기적인 모임을 갖고 활동한 이 학회는 가을에는 미국 칼라마주 소재 웨스턴 미시간대학에서 해마다 열리는 국제 중세학회에 참가하여 논문을 발표하고 해외 학자들과 교류하는 등, 전공 분야의 확대와 심화를 위해 노력하였다. 나는 대학에서 퇴임한 이후 시내에 사무실을 열고 10년에 걸쳐 저술 활동과 대학의 강의 및 특강을 하는 등,

바쁘게 지내느라고 이 학회의 활동에 대해서는 적극 참여할 기회가 없었고 안토니 수사와도 연락하면서 지낼만한 여유가 없었으나, 마음 속에는 늘 그가 자리하고 있었다. 학회에 참석한 해외 학자들과 함께 인사동의 '귀천'을 수없이 들락거리며 그와 유쾌한 대화를 나눈 기억이 이 회고록을 쓰는 동안에도 내 기억 속에서 꿈틀거리며 문득 새롭게 느껴지는 것은 그와의 우연한 만남과 함께 국내외에서 함께 활동하던 일들이 새삼스럽게 떠오르기 때문일 것이다.

훌륭한 인품과 학덕을 고루 갖춘 안토니 수사의 이름 옆에 늘 붙는 떼제 신앙공동체에서 보듯, 그는 언제 어디서든 그리스도의 마음을 늘 지니고 사는 분이었다. 성서에도 두세 사람이 모인 곳에서는 그 안에 그리스도가 있다고 하였는데, 안토니는 혼자서 그 몫을 감당하면서 그리스도의 삶을 몸소 실천에 옮기며 생활한 분이었다. 안토니 수사는 누구에게나 친근감을 주는 스타일이면서도 때로는 학문의 엄격함을 제자들에게 심어주는 학자이기도 하였다. 그의 가르침을 받은 제자들이 이제 강단에서 그에게서 배운 인생과 학문의 풍부한 경험을 젊은이들에게 가르치고 있으니, 안토니 수사로서는 큰 보람을 느낄 터이다. 영국 중세시대의 문학을 가르치면서도 한국의 정서와 문화에 심취하여 한국인을 좋아하고 한국의 시를 좋아한 안토니 수사, 아니 안선재 교수는 나를 비롯하여 그를 따르고 좋아하는 이들의 마음속에, 평생에 걸친 행복한 추억으로 영원히 남아 있을 것이다.

4. 유럽의 학회 참석과 학자들과의 교류(2)

앞에서 나는 런던대학에서 연구하던 당시 참석했던 캠브리지 학회(1987)및 귀국한 후에 참석한 헬싱키 학회(1990)에 관해 설명하였다. 이 두 학회에 참석하게 된 나는 귀국 후에도 유럽의 대학에서 열리는 전공 분야의 국제학술회의에 꾸준히 관심을 갖게 되었고 국내에서의 강의와 연구 활동 그리고 외부 강의로 바쁜 중에도 이 학술회의에 한동안 빠짐없이 참석하여 내가 전공하는 여러 분야의 최신 연구 동향을 부지런히 따라가려고 애썼다.

제5차 역사영어학 국제학술회의가 캠브리지대학에서 열렸던 1987년 4월 중순경 이 학회에 참석한 나는 그곳에 모인 미국과 유럽에서 온 학자들(R. Hogg, N. Blake, E. Traugott, C. Clark, R. Lass, J. Algeo 등)이 중심이 되어 6권으로 된 캠브리지판 영어사 총서인 *The Cambridge History of the English Language* (Vols I-VI)라는 방대한 시리즈를 기획하고 있다는 것을 알게 되었다. 나는 이 시리즈의 필자 중의 한 사람인 암스텔담대학 교수인 올가 피셔Olga Fisher에게서 캠브리지대학 출판부에서 영어사에 관련된 총서를 기획하고 있다는 얘기를 들었다. 그로부터 5년 뒤인 1992년 9월, 스페인의 발렌시아대학(Univ. of Valencia)에서 제7차 역사영어학 국제학술회의가 열렸는데, 불과 며칠 전 캠브리지 영어사 시리즈 1-2권이 출판된 것을 알게 되었다. 1권(*The Beginnings to 1066*)은 인도유럽어와 게르만어 계통인 영어의 계보와 위상에서 노르만인의 영국 정복까지, 2권(1066-1476)은 노르만인의 영국정복에서 인쇄술의 도입까지의 역사를 다루고 있다. 이 시리즈의 마지막 편인 제6권은 *English in North America*(2001)라는 제목으로 출간되었다. 캠브리지 총서를 기획한 맨체스터대학의 리차드 호그Richard Hogg 교수(1944-2007)는 스코틀랜드 출신의 언어학자로 고대영어, 음운론 및 스코틀랜드 방언학의 권위자로 암스테르담대학과 랑카스터대학을 거쳐 맨체스터대학에서 가르쳤으며 에딘버러대학 인문대학의 학장을 역임하기도 하였다. 그는 1994년 영국 한림원 회원이 되었고 2004년에는 에딘버러 왕립학회 종신회원이 되었다. 그는 내가 일본 히로시마대학의 여름 세미나에 참석하고 귀국한 지 한 달도 채 되지 않은 2007년 9월 6일 63세라는 젊은 나이에 지병으로 세상을 떠났다. 그가 세상을 떠난 다음 해인 2008년 역사영어학 국제학회가 후원하는 차세대 연구자를 위한 장학회가 그의 이름으로 설립되기에 이르렀다. 내가 유럽에서 열린 역사영어학 국제학술회의에 참석할 때마다 빠짐없이 만났던 그는 국제학술회의에 참석한 학자들의 여러 모임에서 내가 만난 학자 가운데 스코틀랜드 악센트가 강한 영어로 유머와 위트를 잘 구사하여 좌중을 늘 웃음바다로 만들어 주었던 전형적인 스코틀랜드 학자였다. 내가 그를 마지막으로 만난 것은 1998년 가을 만체스터에서 열렸던 역사영어학 국제학술회의장에서였다. 내가 토론토대학에서 영국으로 떠나기 전 논문 발표 한 세션의 사회자를 맡아 달라는 그의 이메일을 받고 만체스터로 떠나기 전 그에게 답장을 보낸 것이 그와 나눈 문통文通의 마지막이 되었다. 헬싱키학회가 열린 지 2년 뒤에 7차 역사영어학 국제학술회의(1992년 9월 22-25일)가 스페인의 발렌시아대학에서 열렸는데, 나는 야첵 휘샤 교수의 이메일을 받고 그의 강력한 권고 때문에 이 학회에 참석하였는데, 아마도 학회가 열릴 때마다 동양에서는 일본 학자들만이 다수 참석하는 것에 대해 한국 학자인 나도 그 반열에 끼일 수 있게 해주려는 그의 세심한 배려가 아니었나 하는 생각이 들었다. 야첵 교수는 캠브리지학회(1987)에서 나를 만난 이후로, 나와의 문통을 계속하면서 유럽에서 열리는 영어사 분야의 정보와 소식을 자주 전해 주었다. 그는 발렌시아 학회에 관한 정보도 내게 알려 주면서 각국에서 참석하는 학자들과도 학회에서 만나 부지런히 교류해 보라는 얘기도 빼놓지 않았다. 발렌시아는 역사적으로 로마제국, 무어족, 스페인 왕국의 지배를 거치면서 다양한 건축물과 역사 유적을 남긴 발렌시아 자치주의 주도州都로, 발렌시아에 있는 대성당을 방문했을 때 나는 이곳이 세계적인 역사 유적으로 지정된 놀라운 건축 양식이라는 설명을 들었다.

예상했던 대로 이 발렌시아학회에는 발표자만 76명이나 되는 데다가 각국에서 온 200명이 넘는 많은 학자로 학회장이 붐볐다. 타운홀에서의 리셉션, 발렌시아에서의 저녁 파티, 각종 소모임, 학회 만찬 등, 여러 학자들을 만나 자기 소개와 더불어 다양한 학자들과 이야기를 나눌 수 있는 많은 기회가 주어지게 되었고 늘 그랬던 것처럼 국제학회에 참석하는 나에게는 이런 학회가 소중한 기회인 동시에 강의실에서 책으로만 대하던 전공 분야의 학자들을 직접 만나서 이야기를 나누고 최신 학술정보도 얻을 수 있다는 것이 항상 즐겁고 유쾌한 시간이 되어 주었고 전공 학문에 대한 새로운 연구 의욕을 불러 일으켜 주었다. 이러한 즐거움은 늘 책으로만 대하던 저자를 직접 만나서 느낄 수 있는 기쁨 그 이상이었다.

학회가 열리는 동안 나와 잠시라도 이야기를 나누었던 학자 가운데에는 미국 조지아 대학의 존 엘지오J. Algeo 교수를 비롯하여 헬싱키학회에서 만났던 셰필드대학의 노먼 블레이크N. Blake 교수, 암스텔담대학의 올가 피셔O. Fischer 교수, 켈른대학의 만프레드 궤어라크M. Görlach 교수, 에딘버러대학의 찰스 존스C. Jones 교수, 헬싱키대학의 리나K. Leena 교수, 비엔나 대학의 디이터 카스토프스키D. Kastovsky 교수, 일본 지바국립대학의 미치코O. Michiko 교수, 네덜란드 라이덴 대학의 윌리엄William van der Wurff, 교수가 있었는데, 나는 이들과 티타임tea time이나 간이 파티 또는 학회 만찬장에서 잠시 또는 때로는 오랫동안 환담을 나누었다. 이들 가운데 카스토프스키 교수(1940-2012)는 야첵 교수와도 개인적으로 절친한 사이로, 나는 야첵 교수 덕분에 어휘변천사를 전공하는 카스토프스키 교수와도 여러 국제학회에서 만날 때마다 어휘에 관련된 여러가지 이야기를 나누면서 오랫동안 친교를 맺어왔다. 그는 캠브리지 영어사 시리즈(1-6권) 가운데 1권에 나오는 '의미론과 어휘'(5. Semantics and Vocabulary)를 집필하여 고대영어의 어휘에 관련된 전반적인 내용을 상세하게 다루었으며 이 분야에서는 아직까지 그의 논문이 기념비적인 업적으로 남아 있다. 그는 1981년 비엔나대학 영문과에 전임이 된 이후 1990-1992년까지 영문과의 학과장으로 있었고 1986-2006년까지 비엔나 대학의 통번역학교의 수장을 지내기도 하였다. 그는 폴란드에서 열린 국제학회에 참석하던 중 2012년 12월 23일 심장마비로 갑자기 세상을 떠났다. 그의 나이 향년 72세였다. 나는 그의 부인으로 폴란드의 포즈난 대학의 교수인 바바라Barbara Kryk-Kastovsky 교수로부터 그의 부고를 알리는 편지를 받고 놀라움을 감추지 못하였다. 그는 유럽 학계에서는 이른바 마당발로 그를 모르는 학자가 없을 정도로 5개 언어에 능통하고 유머와 위트가 넘치며 바바라 교수와 평생을 함께 지내며 여행을 좋아하고 오페라를 듣기 위해 해마다 뉴욕을 방문하는 등, 멋진 인생을 즐기면서 살아온 멋쟁이 영어학자였다. 그의 노래 실력은 타의 추종을 불허할 정도였다.

내가 야첵 교수의 권유로 폴란드에서 열린 중세영어 국제학술회의에 처음으로 참석하게 된 것은 나의 전공 분야의 지평을 한층 더 넓히게 된 좋은 기회가 되었다. 1994년 4월 12-16일 5일간에 걸쳐 폴란드 남서쪽에 위치하고 있는 소도시인 리지나Rydzyna의 아름다운 고성古城에서 제1차 중세영어 국제학술회의(Int'l Conference on Middle English)가 포즈난의 아담 미키에비츠 대학 주관으로 개최되었다. 중세영어만을 주제로 해서 국제학회가 열리는 것은 이번이 처음으로, 그동안 중세영어를 연구하는 학자들 사이에 서신이나 정보교환을 통해 학회의 필요성을 논의해 왔는데, 영어사 연구로 권위를 지닌 아담 미키에비츠 대학의 야첵 교수가 발렌시아 학회 이후 관심있는 학자들과 끊임없이 연락을 취해 오면서 이 회의를 준비해 왔다. 이번 학회에는 80명이 넘는 학자들이 미국, 유럽, 아시아 등으로부터 모여들어 대성황을 이루었는데, 아시아에서는 일본의 아키오 오이즈미Akio Oizmi 교수(同志社대학), 한국에서는 내가 유일하게 이 학회에 참석하였다. 미국에서는 스톡웰R. Stockwell과 민코바Donka Minkova(UCLA) 교수가 참석하였는데, 이 두 교수는 한 때 촘스키 이론의 열렬한 지지자로, 한국에서도 그가 쓴 저서로 촘스키 이론을 공부하는 학자들이 많았다. 스톡웰 교수는 이제 촘스키 이론을 포기하고 중세영어의 음운 연구에 심취해 있음을 그와의 대화에서 느낄 수 있었다. 이 두 학자는 항상 함께 학회에 참석하고 야첵 교수와는 오랜 친구요 동료 학자나 다름없었다. 나는 호주 국립대학의 앨런Cynthia Allen 교수를 뜻밖에 이 회의에서 만났는데, 나는 앨런 교수가 촘스키의 확대표준이론을 바탕으로 쓴 학위논문인 「통시통사론의 주제」Topics in Diachronic Syntax(1977)를 여러 번 읽고 그 논리정연함에 감탄한 적이 있던 터였기에, 회의가 열리는 동안 사석에서 그녀와 많은 대화를 나누었다. 그녀는 작은 키에 활달한 성격을 지닌 학자였다. 이후로도 나는 유럽에서 열린 여러 국제학술회의에서 앨런 교수를 만나 친분을 나누었는데, 앨런 교수는 나의 화갑기념논문집(2005)에도 영어사의 관점에서 영어 속격의 상실에 관한 논문을 기고하였다. 앨런 교수는 최근의 촘스키 이론은 이제 더 이상 공부할 필요가 없고 그의 추종자들이나 할 일이라고 말하고 촘스키의 본래의 의도가 그의 제자들에 의해 많이 훼손된 듯한 느낌이 든다고 혹평하였다. 그녀는 대학에서 통사론을 가르치면서 역사통사론 연구에 몰두하고 있다는 말을 내게 들려주었다.

이번 리지나 학술회의의 특징은 논문을 제출한 학자들의 논문을 모두 발표하게 하지 않고 발표 논문과 토론에 부칠 논문을 선별하여 프로그램을 짠 데 있었다. 내가 그동안 참석했던 유럽의 여러 나라(영국, 스페인, 핀란드, 독일 등)의 국제학술회의에서 보던 프로그램과는 다소 색다른 일정이어서 신선했다. 이 회의에서는 제출한 논문 중에 발표 및 토론 주제와 맞지 않아서 자신의 논문을 전혀 소개하지 못한 학자들도 있었다. 발표 논문의 내용은 음성, 음운, 어휘, 형태, 통사, 의미, 방언, 정자법, 어원 등에 이르는 매우 다양한 분야를 망라하였고 토론 주제는 음운, 어원, 통사, 중세문헌연구의 네 부분으로 나누어 진행되고 발표 후의 질의 및 응답으로 이어졌다. 이번 학회에는 주목할 만한 두 명의 저명한 학자가 참석하였는데, 독일 프라이부르크대학Univ. of Freiburg의 헤르베르트 필히Herbert Pilch 교수 및 덴마크 스톡홀름대학의 크리스튼센Gillis Kristenssen 교수였다. 게르만어학의 권위자인 필히 교수는 특히 음성, 음운 연구에 관한 많은 업적을 남긴 노학자로 이번 학회에서는 「중세영어 음성학: 체계적 분석」이라는 논문을 발표하였다. 크리스튼센 교수는 방언학 연구의 세계적인 권위자로, 「중세영어 방언조사」(A Survey of Middle English Dialects, vols 1-3)를 간행한 바 있고 방언에 관한 수많은 연구 업적을 낸 노학자로, 지금은 대학원 박사과정을 지도하고 있다고 앨런이 내게 들려주었다. 이번 학회의 워크숍은 중세영어의 운율음운론Metrical ME Phonology을 주제로 하여 만체스터대학의 중견학자인 맥컬리C. B. McCully 교수의 사회로 진행되었다. 중세영어에서 핵강

세규칙Nuclear Stress Rule을 인정할 수 있느냐가 토론의 초점이었는데, 스톡웰 & 민코바 교수는 반대의 입장을, 맥컬리, 호그Hogg, 가시오로브스키Gasiorowski 교수는 찬성의 입장을 표명하면서 열띤 논쟁을 폈다. 가시오로브스키 교수는 미키에비츠대학의 교수로 이 분야의 신진 학자였다. 참석한 학자들 중에도 양쪽의 입장으로 나누어 진지하고 때로는 폭소도 터지고 하면서 논쟁을 벌였는데도 예정된 시간을 넘기지 않고 끝났다. 이 논쟁이 한국에서 일어났다면 아마 예정 시간을 넘겨 밤새도록 진행되었을 것이다.

학술회의는 첫날부터 끝나는 날까지 리지나에 있는 아름다운 성城에서 열렸는데, 우리의 경우처럼 딱딱하고 지루하게 진행되지 않고 발표 중간 중간에 휴식 시간을 자주 배정하여 여러 나라에서 온 학자들이 차와 다과를 들면서 담소와 친교, 방금 발표한 논문에 관해 질문도 하고 촌평寸評도 하면서 시간을 보내도록 조정하였다. 이 회의를 주재한 야첵 교수는 둘쨋 날 동양에서 온 일본 도시샤대학의 아키오 교수와 나를 그의 비서와 함께 그의 차로 리지나 성에서 가까운 곳에 있는 폴란드식 전통식당으로 초대하여 폴란드의 고유 음식을 대접하면서 환담을 나누었다. 아키오 교수는 제프리 초서의 전 작품에 대한 용어 색인집인 *A Complete Concordance to the Works of Geoffrey Chaucer*(Olms-Weidmann, 1991)을 낸 바 있는 일본 중세영어학계에서는 널리 알려진 중세영어학 분야의 권위 있는 중진 학자였다.

아키오 교수는 일찍이 미시간 주립대 교수인 로버트 가이스트 Robert J. Geist가 쓴 『영어사개요』(*A Short History of English*)의 편주판

編註版(南雲堂, 1974)을 낸 바 있고 1998년에는 이 책의 13쇄刷를 찍을 만큼 상세한 주해를 달아 펴냈다. 도쿄대에는 1979년에 설립된 중세영어연구소(Centre for Medieval English Studies)라는 부속연구기관이 있었는데, 이 연구소에서는 일년에 2회 발행하는 기관지(MESN)에 세계 여러 나라 및 대학의 중세영어 연구현황을 꾸준히 소개하여 왔다. 아키오 교수는 토시유키Toshiyuki Takamiya 교수와 함께 이 소식지에 실린 원고를 정리하여 *Medieval English Studied Past and Present*라는 제목으로 1990년에 Eichosha Co.(英潮社)에서 펴냈다. 여기에는 물론 야첵 교수가 쓴 폴란드의 고대 및 중세영어 연구 현황에 대한 상세한 소개가 실려 있었다. 내가 아키오 교수의 초청으로 야첵 교수와 함께 일본 교토에 있는 동지사대에 간 것이 1995년 11월 초였으니 이 책은 이보다 훨씬 이전에 나온 셈이 되어 한국의 고대 및 중세영어 현황을 소개한 나의 발표는 이 연구소의 기관지에는 소개가 되었으나 아키오 교수가 편집한 책에는 게재되지 못하였다.

그 뿐만 아니라 야첵 교수가 폴란드 학생들을 위해 쓴『영어사개요: 외면사』(*An Outline History of English: External History*: Poznan, 1993)를 일본의 전공자들을 위해 히로시 요네쿠라米倉綽 교수와 함께 이 책에 상세한 주석을 붙여 일본판(Eichosha Co., 1996)을 출간하였다. 야첵 교수의 원서는 폴란드는 물론, 영국, 미국, 독일, 핀란드 및 다른 나라에서도 널리 사용되었는데, 아키오 교수가 뒤늦게 일본판을 내게 된 것이다. 나는 아키오 교수보다 훨씬 늦은 2004년에 이르러 야첵 교수의 이 책에 대한 주석본을 한국의 연구자들에게 소개하게 되었는데, 여기에 관해서는 뒤에서 다시 언급하기로 한다.

이번 학회에서는 중세영어의 개념별 분류형 어휘사전인 *Middle English Thesaurus(MET)*를 계획하고 있는 런던대학 영문과의 베이틀리Janet Bately 교수와 실베스터Louise Sylvester 교수가 곧 출간될 *Old English Thesaurus*에 이어 *MET*에 관한 계획을 발표하면서 고대영어 및 중세영어의 어휘를 영역별로 비교 분석하는데 따르는 몇 가지 문제점을 제시하였다. 따라서, 이번 학회의 큰 소득 중의 하나는 「켄터베리이야기」의 전산화계획에 이어 주제별, 분야별로 고대 및 중세영어의 어휘를 손쉽게 찾아 이용할 수 있는 통로를 찾게 된 것이라고 할 수 있겠다. 나는 학회의 마지막 날 한국의 영어학 연구의 어제와 오늘을 소개할 수 있는 시간을 얻어 각 대학 및 대학원에서의 영어학 연구와 특히 중세영어학 연구의 현황을 설명하였다. 그리하여 나는 이번 학회를 통해 한국의 대학 영문과에서 영어학 연구, 특히 중세영어연구Medieval English Studies가 어떻게 이루어져야 할 것인가를 곰곰이 생각해보고 이 분야에 대한 진지하고 활발한 연구가 한국의 대학 영문과에서 앞으로 오래도록 지속되기를 바라는 마음이 간절하였다.

이 학회에서 우연히 만나게 된 일본 동지사 대학 영문과의 아키오 교수와는 같은 동양권 나라에서 온 덕분에 학회 내내 한국과 일본의 영어학연구에 대해 많은 얘기를 나누었다. 나는 그 때까지도 일본에서 영어학연구가 어떻게 이루어져 왔고 현재 어떤 방향으로 가고 있는지, 그리고 영어학을 연구하는 일본의 학자들이 얼마나 되는

지 등, 거의 아는 것이 없었으나, 그를 통해 일본 영어학 연구의 현황을 대략이나마 짐작할 수 있었다. 아키오 교수는 영어를 능숙하게 잘하는 학자로 보이지는 않았으나 전공분야에 관해서는 매우 명확한 지식을 지니고 있는 것 같았다. 다만, 유럽의 한 출판사에서 간행된 초서에 관한 그의 방대한 저서(초서 색인집)로 인해 유럽의 학자들에게는 널리 알려진 학자라는 인상을 받았다. 그는 당시 50대 중반을 넘은 것 같은 나이에 이 학회를 주관한 야첵 교수와도 오랜 친분을 지니고 있다는 느낌을 받았다.

폴란드의 리지나학회에 참석한 지 5개월쯤 지난 뒤, 나는 영국 북부 스코틀랜드의 명문인 에딘버러대학에서 열린 8차 역사영어학 국제학술대회에 참석하였다. 1994년 9월 19-23일까지 열린 학술대회에는 내가 빠짐없이 늘 만나던 학자들 이외에 미국과 유럽의 다른 대학에서 온 중세 학자들도 많이 참석하였다. 이번 학술대회에서는 논문 발표 이외에 5일간 여러 나라에서 온 중진 학자들의 다양한 주제별 강의가 이어진 것이 특히 눈에 띠었다. 발표 논문 목록과 강의 목록을 살펴보면서 고대에서 초기현대영어에 이르는 방대한 문헌과 사료에 근거하여 언어학 또는 문헌학적인 분석에 의한 다양한 연구 결과가 이번 학술대회에서 새롭게 드러난 것을 알게 되었다. 이번에도 예외 없이 일본의 중세 학자들이 다수 참석하였는데, 세이치 스즈키(히로시마대), 미치코 오구라(지바대), 요코(고베외국어시립대), 미에코 오구라(추루미대), 준 테라사와(도쿄여자기독교대), 요시오 테라사와(도쿄여자기독교대) 교수 등이었다. 미에코Mieko Ogura 교수는 1995년 11

월 내가 교토의 동지사대학에서 다시 만났는데, 같은 대학에 있는 윌리엄 왕W. Wang이라는 교수와 동거(?)하면서 국내외에서 활발하게 연구하는 학자라는 얘기를 나중에 일본 학자로부터 들었다. 그들은 학회가 열릴 때마다 항상 함께 다녔는데, 이번 에딘버러학회에도 함께 참석하였다. 1994년 9월은 한국영어사학회가 설립된 지 1년 8개월이 지난 시기로 당시 김인숙 교수(서울대)가 회장을 맡고 있었는데, 이번 학회에는 김 회장과 동행하여 국제학회에 참석한 학자들과 한국의 중세 전공 학자들이 서로 교류할 수 있는 기회를 갖기 위해 노력하였다. 김 회장과 나는 학회 기간 중 야첵 교수를 학회장 근처에 있는 레스토랑에 초대하여 환담을 나누었고 후에 한국영어사학회에서 그를 서울에 초청하여 강연을 갖는 일정에 관해 많은 이야기를 나누었다.

나는 역사영어학 국제학술대회에 참석하면서 여러 나라에서 온 많은 학자들을 만나 학문은 물론 개인적으로도 친한 관계를 쌓았다. 이번 학회에서 전공 분야인 영어학의 여러 세부 분야 특히, 고대 및 중세영어의 어휘, 음운변화, 통사변화, 의미 그리고 중세문헌(산문과 시) 분석에 이르기까지 다양한 주제의 논문이 발표되었는데, 이들 발표자의 논문 초록을 살펴보면서 한국영어사학회가 앞으로 유럽의 학자들을 초청하여 중세 영어학 연구의 국제교류가 활발하게 일어날 수 있는 날이 오기를 기대하였다.

1996년 8월 25-31일까지 1주일에 걸쳐 폴란드 포스난에 위치한 아담 미키에비츠 대학에서 9차 역사영어학 국제학술대회가 열렸다.

이 학술대회에는 나를 포함하여 한국영어사학회 회원(이동국, 김명숙, 박충연, 장근철, 임혜손, 권혁승) 등 여러 명이 참석하였다. 당시 영국 버밍엄대학에서 박사과정 중이었던 권혁승 선생은 그곳에서 폴란드 포스난으로 와서 학회에 참석하였다. 나는 그동안 유럽과 일본의 여러 학회에서 야첵 교수와 개인적으로 친분을 쌓아왔기 때문에 포스난 학회에 참석하는 것은 나의 학문 연구의 연장으로 일상적인 일이 되었다. 나는 야첵 교수에게 포스난 학회에 한국의 중세 학자들이 여러 명 참석할 것이라는 편지(6월 10일자)에 한국 학자들의 명단을 넣어 보내면서 이들이 미리 보내야 할 학회 등록비에 관해 문의하였다. 학회 사전 등록비는 100달러였다. 야첵 교수는 포스난 학회가 열리기 전 해인 1995년 10월 23-31일까지 9일간 한국영어사학회의 초청으로 서울을 방문하여 서울대에서의 강연, 제주도에서 개최된 한국영어영문학회 정기 가을학술대회에서의 강연 등으로 바쁜 일정을 보내면서 한국의 학자들을 만나 친교를 나눈 적이 있던 터였다.

포스난 학회에서는 박충연 교수가 '중세영어 복수형태소의 유추 변화의 경향'이란 논문을, 권혁승 교수가 「초서에서 존슨에 이르는 부정 접사」란 논문을 발표하였다. 역사영어학 국제학술대회가 열릴 때마다 영어학 분야의 다양한 주제가 새롭게 발표되었는데, 이번 학술대회에서도 여러 나라에서 신진 중세 학자들이 많이 참석하여 새로운 주제의 참신한 논문을 발표하였다. 일본에서는 미치코 오구라, 미에코 & 윌리엄 왕, 마사유키 오카도Masayuki Ohkado 그리고 마사토모 우카지Masatomo Ukaji 교수 등, 4명이 참석하였는데, 오카도 교수는「고대영어의 격부여에 관하여」그리고 우카지 교수는「고대 및 중세문헌에 나타나는 영어의 부정어 상승negative raising」에 관한 논문을 발표하였다. 일본 학자들은 한결같이 모두 고대/중세문헌 자료에 나타난 언어 현상을 분석하는데 중점을 두었는데, 이번 학회에서도 예외는 아니었다. 나는 학회에 참석할 때마다 유럽과 일본의 중세 학자들이 초기 문헌(고대/중세)에 대한 광범위한 연구가 그동안 얼마나 면밀하게 이루어져 왔는가를 알게 되었고 한국의 중세 학자들이 앞으로 국제 학술대회에 참석하기 이전에 중세 문헌 자료의 광범위하고 치밀한 독해와 분석이 이론적인 논증에 앞서 먼저 극복해야 할 선결 과제라고 생각되었다.

역사영어학 국제학술대회에 참석하면서 영어학의 다양한 분야를 연구하는 학자들을 만나는 즐거움 이외에 나에게 또 다른 학문의 즐거움을 가져다 준 것은 이름있는 대학 출판사는 물론, 존 벤자민John Benjamins이나 블랙웰Blackwell과 같은 유럽의 여러 유수한 출판사의 책 전시와 이들 출판사에서 최근에 나온 영어학 관련 저서를 직접 접하면서 이 분야의 연구 동향을 누구보다도 먼저 접하게 될 수 있다는 점이었다. 이번 폴란드 학회에서도 예외없이 유럽의 여러 출판사가 참석하여 학회 등록 참석자에게 할인된 가격으로 구입할 수 있도록 했다. 역사영어학 국제학술대회는 덴마크의 오덴스(1981)를 시작으로 셰필드(1983)-암스테르담(1985)-캠브리지(1987)-헬싱키(1990)-발렌시아(1992)-에딘버러(1994)-포즈난(1996)-만체스터(1998)-산티아고 드 콤포스텔라(2000)-글라스고(2002)-비엔나(2004)-베르가모((2006)-뮌헨

(2008)에 이르기까지 2-3년마다 개최되어 온 역사영어학 국제학술대회에 나는 캠브리지학회부터 줄곧 참석해 왔으며 그 후에 열린 헝가리(2010 Pecs) 및 쥬리히(2012, 스위스) 학술대회에는 퇴임 준비와 일본학회 참석 등, 바쁜 일정으로 인해 참석하지 못하였다. 그럴 때마다 참석한 학자들과 학술정보 교환 및 개인적인 친교에 이르기까지 다양하게 교류해 오면서 10년을 주기로 역사영어학 분야가 세계 중세영어학계에서 어떻게 발전하고 연구되어 왔는가를 끊임없이 주목해 왔다.

만체스터 학술대회(1998)는 토론토대학에서 연구하고 있던 시기에 참석했던 학술대회이므로 제6장 제7절에서 언급하기로 하고 퇴임하기 전에 참석했던 베르가모(이탈리아, 2006) 및 뮨헨(2008) 학술대회에 관해 언급하고 유럽에서의 나의 학문 여정을 끝내기로 한다.

제14차 역사영어학 국제학술대회는 2006년 8월 21-25일까지 5일간 이탈리아의 베르가모Bergamo 대학에서 열렸다. 베르가모는 밀란(밀라노)에서 북동쪽으로 50km 떨어진 곳에 있는 롬바르디아 평원의 북쪽 끝에 있는 도시로 롬바르디아주 베르가모현縣의 주도主都이다. 고대 시기에는 갈리아인의 도시였다. 오늘날 이 소도시는 언덕 위에 성곽으로 둘러싸인 15세기 베네치아 시대(1428-1797)에 건설된 구시가지upper town와 최근 100년 동안에 철도역을 중심으로 저지대에 발달한 신시가지lower town로 구분되어 있고 이 두 시가지는 가파른 등산 전차climbing lift로 연결되어 있다. 베르가모 학술대회가 열린 곳은 구시가지에 있어서 내가 묵고 있던 호텔(Hotel Arli)을 나와서 등산 전차를 타고 올라가는 곳으로 이곳에 수도원 같은 베르가모 대학이 있었다. 1968년에 외국어문학부로 설립된 이 대학은 그 후 해를 거듭하면서 확장되어 왔고 오늘날 인문학, 법학, 경영, 공학, 경제학 등, 5개 학부를 가진 대학으로 발전하였다. 나는 이처럼 오랜 역사를 지닌 도시에 와서 구시가지 언덕 위에 마치 옛 수도원처럼 지어진 대학에서 열린 국제학술대회에 참석하면서 중세의 분위기를 마음껏 느꼈고 많은 여러 나라에서 온 신진 중세 학자들을 만나 전공분야에 관해 환담을 나눌 수 있었다. 이들은 주로 유럽의 여러 나라에서 온 젊은 박사과정에 있는 이들로, 학위논문에 관련된 논문을 발표하였는데, 나는 이들의 논문에서 장차 중세 영어학의 미래를 내다 보았고 한국의 중세영어학의 미래에 대해 고민해 보기도 하였다.

내가 정년(2010)을 앞두고 마지막으로 유럽 국제학술대회에 참석한 것은 2008년 8월 중순에 독일 뮨헨Univ. of Munich 대학에서 열린 15차 역사영어학 국제학술대회였다. 이 학회의 준비 책임을 맡았고 유럽 학회는 물론 일본에서 열린 학회에서 만나 나와 오랫동안 개인적인 교분을 나누었던 뮨헨대학의 한스Hans Sauer 교수는 뮨헨 학회에 참석하는 나와 미치코 교수를 학회가 열리기 전 날 자신의 집으로 초대하였다. 뮨헨 공항에는 한스 교수가 자신의 BMW 차를 몰고 와서 나를 기다리고 있었다. 그의 자택은 공항에서 한 시간 남짓 걸리는 조용한 주택가에 있었는데, 한스 교수의 부인이 반갑게 나를 맞아 주었다. 인자하신 모습을 한 그의 팔순 어머님도 함께 계셨는데, 나와 미치코 교수는 한스 가족과 함께 저녁을 함께 하면서 시간

가는 줄 모르고 즐거운 시간을 보냈다.

내가 한스 교수를 처음 만난 것은 1994년 4월 초, 폴란드의 작은 도시인 리지나Rydzyna의 오래된 성城 안에서 열린 중세영어학회에서였다. 주지하듯이 19세기 유럽의 역사언어학 분야는 독일 학자들의 무대였다. 인구어의 계보를 완성한 슐라이허August Schleicher를 비롯하여 그림의 법칙을 세운 야콥 그림Jacob Grimm, 그리고 최근 독일에서 역사언어학 분야의 권위로 손꼽히는 만프레드 궤어라크 Manfred Görlach에 이르기까지 인구어학과 게르만어학은 물론, 역사언어학과 역사영어학 분야의 수많은 학자를 배출한 곳이 다름아닌 독일의 학문적인 전통이었다. 한스 교수는 이런 학문적인 풍토에서 중세라틴어와 프랑스어 등, 6개 국어를 구사하면서 전공분야인 고대 및 중세문헌연구와 이 시기의 지명 및 식물명을 연구하는 한편, 중세영어학 분야의 수많은 논문과 저서를 내놓았다. 최근까지 그는 고대영어분야를 연구하는 학자들의 국제적인 모임인 국제앵글로색슨학회(ISAS)의 회장으로 매우 분주한 활동을 하기도 하였다. 나는 지난 20여 년간 유럽에서 열린 역사영어학 관련 국제학술회의에 참석하면서 한스 교수와는 야첵 교수 못지않게 학문적인 교류는 물론 개인적인 친분도 두텁게 쌓았다. 그는 역사영어학분야와 관련된 자신의 저서와 비중있는 논문이 나올 때마다 내게 보내 주었으며 논문에 넣은 간지間紙를 통해 관련 분야의 정보도 꼼꼼하게 알려 주었다. 나는 그의 학문적인 성과가 한국의 중세영어학계에 별로 알려져 있지 않은 점을 아쉬워하고 있던 차에, 한국영어영문학회의 회장으로 있던

2006년 6월 중순 서울(동국대)에서 열린 학회의 연례 국제학술회의에 한스 교수를 초청하여 중세영어 분야의 특강을 통해 이 분야를 연구하는 한국의 중세 학자들과의 교류를 마련하기도 하였다.

뮌헨대학에서 열린 역사영어학 국제학술대회에는 많은 학자들이 참석하여 성황을 이루었는데, 특히 일본에서 온 학자들이 많았고 박사학위 논문을 준비하는 미래의 젊은 일본학자들이 여러 명이나 참석하였다. 한국에서 참석한 학자는 이번에도 내가 유일하였다. 학회가 열리는 중간에 잘츠부르크Salzburg 관광(one-day tour) 프로그램이 있었는데, 뮌헨 학회에 온 김에 나는 이 여행에 참가하기로 하였다. 여행 가이드는 한스 교수의 부인이 맡기로 하였는데, 그녀는 전에 아일랜드 주재 독일 대사관에 근무한 적이 있고 영어는 물론 여러 언어를 유창하게 구사하는 멋진 여성이었다. 미치코 교수도 잘츠부르크 여행에 동참하였다. 우리는 독일과 오스트리아 국경 근처에 있는 편의점에 버스를 세우고 간단하게 점심을 먹은 다음 잘츠부르크에 도착하여 모짜르트의 생가를 비롯하여 대성당, 아름다운 장미 정원, 영화 「사운드 어브 뮤직」Sound of Music 코스를 답사하는 등, 하루를 유쾌하게 보냈다. 이 여행에서 옥스퍼드대학 사전편찬실에 근무하는 필립 더킨Philip Durkin 박사를 알게 되었는데, 그는 내가 귀국한 후에도 영어 어원 및 어휘 차용과 관련된 귀중한 논문 여러 편을 내게 보내 주었다.

나는 역사영어학 국제학술대회에 20년 넘게 꾸준히 참석해 온 덕분에 유럽은 물론 미국과 일본의 많은 중세 영어학 분야의 학자들을 만났고 이들을 통해 정보와 자료가 부족한 한국의 중세영어학계에서 이 분야의 세계 연구 동향을 끊임없이 파악하고 중세 학문의 맥을 따라가는데 많은 도움이 되었다. 그 뿐만 아니라, 학술대회에서 해외 중세 학자들이 내놓은 최신 저서와 이메일을 통해 보내준 귀중한 정보 자원을 적절하게 활용할 수 있게 된 것 또한 나에게는 매우 가치 있고 소중한 연구자료가 되었다.

여기서 한가지 언급해야 할 학회가 있다. 나는 80년대 중반부터 국민대 대학원에서 「영어사」뿐만 아니라 「역사비교언어학」이란 과목도 여러 해 동안 강의하면서, 김방한 교수가 쓴 『역사비교언어학』(민음사, 1988)을 비롯하여 시모미야 타다오下宮忠雄 교수(일본 학습원대학)의 『역사비교언어학입문』(개척사, 1999)는 물론, 해외 학자들의 여러 저서를 사용해 왔다. 그 가운데 한스 호크Hans H. Hock가 쓴 『역사언어학의 제원리』(Mouton, 1986)는 700쪽이 넘고 20장까지 이어지는 방대한 저서로 역사언어학의 각 부분이 매우 꼼꼼하게 정리된 뛰어난 역작이었다. 국내에서 나온 김방한 교수의 저서는 역사언어학 강의에 많은 도움이 되었는데, 내가 강의를 진행하면서 역사비교언어학에 관한 국제학술대회에 한번 참가해 이 부분에 대한 견문을 넓혀 보고 싶다는 생각이 든 것은 책을 통해서만이 아니라 이 분야를 연구하는 해외 여러 학자들을 직접 만나서 그들과 직접 대화를 나누고 최신 정보를 얻고 싶은 마음이 간절했기 때문이었다.

그런데, 마침 역사언어학 국제학술대회에 참가할 수 있는 기회가 나에게 찾아왔다. 유럽의 여러 대학에서 열린 역사영어학 국제학술대회에서 오랫동안 나와 인연을 맺은 호주국립대학의 엘런C. Allen 교수가 오스트레일리아의 멜보른에 있는 라트로브대학La Trobe Univ.에서 15차 역사비교언어학 국제학술대회가 2001년 8월 13-17일까지 멜보른의 아이비스 호텔에서 열린다는 소식을 메일로 전해온 것이었다. 이 대학은 언어유형론 연구센터를 운영할 정도로 이 분야에서는 세계적으로도 널리 알려진 대학이라는 것을 나중에 알게 되었다. 멜보른 학회에는 25개국에서 무려 192명(참석자 명단)이 참석하여 대성황을 이루었다. 일본에서는 여러 명의 학자들이 참석하였고 한국에서는 내가 유일한 참석자였다. 이곳에서 나는 뜻밖의 한국인 학자 한 분을 만났는데, 뉴질랜드의 남섬에 있는 오타고Otago 대학에서 온 송재정이란 분이었다. 그는 이미 영국의 유명 출판사에서 『언어유형론:형태론과 통사론』(Longman, 2000)을 출판한 언어학자로 이 분야에서는 널리 알려진 한국인이었다. 라트로브대학은 1964년에 설립된 짧은 역사임에도 2만 명이 넘는 재학생과 빅토리아주에 8개의 캠퍼스를 가진 대학으로 천 명이 넘는 해외 학생들이 이 대학의 다양한 학과에서 공부하고 있고 아시아, 유럽 및 아메리카 대륙에 있는 85개 대학과 연계하여 연구와 강의 프로그램을 수행하고 있다는 얘기를 듣고 놀라움을 금치 못하였다.

이 학회에서 발표된 논문의 주제는 매우 다양하였다. 그 중에는 관계사로 쓰인 인구어의 $^{*}k^{w}i/o$-, 언어접촉의 비교연구, 중세영어의 모음변화, 언어변이에 대한 사회언어학적인 제약, 영어 대명사의 접어화한 주어, 크리올어creole와 관련한 언어변화, 중세영어의 두운頭

韻, 프랑스어와 라틴어의 재분석구조 등, 흥미로운 주제를 다룬 논문들이 발표되고 열띤 토론이 이어졌다. 역사언어학자인 브라이언 조셉Brian D. Joseph(오하이오 주립대)교수는 음변화에 대한 흥미로운 논문을 발표하였는데, 음변화의 정전canons을 다룬 기존 학자들(Bloomfield, Labov, Wang, J. Milroy, Milroy and Milroy, etc.)의 논문을 비판하면서 논제 그대로 자신의 음변화에 대한 빅뱅이론을 발표하였다. 논문의 상당수는 고대영어에서 현대영어 문헌의 용례를 준거準據로 한 비교분석과 논증이 많았다. 브린턴Laurel J. Brinton(캐나다, 브리티시 컬럼비아대학) 교수는 내가 유럽에서 열린 국제학회에서 자주 만났던 학자로, 그가 발표한 '접어화'논문은 고대영어에서 현대영어에 이르는 대명사의 접어화한 주어가 어떤 과정을 통해 진행되어 왔는지 각 시기의 문헌을 통해 문법변화 및 음운변화와 연결하여 분석한 명쾌한 논문으로 주목을 끌었다. 폴 로베르쥐Paul T. Roberge(미국, 노스캐롤라이나 대학)교수는 게르만어학과의 교수로 아프리칸스어Afrikaans에 관한 흥미로운 논문을 발표하였는데, 티타임에서 나와 논문에 관한 대화를 나누다가 그는 이 언어를 연구하기 위해 아프리칸스어가 쓰이는 아프리카에 가서 6개월간 그곳의 주민들과 함께 생활하였다는 얘기를 들었다. 그와 함께 나타난 어린 딸이 예사롭지가 않아서 내가 물었더니 한국에서 어릴 때 입양했다는 놀라운 이야기를 해주었다. 작은 키에 콧수염을 기른 그가 딸을 데리고 학회장에 나타난 것이 나에게는 그저 신기하게만 보였다. 엘런 교수(호주 국립대학)도 이 학회에 참가하여 영어 속격의 변천에 관해 유형론적인 분석을 내놓았는데 그는 나의 화갑논문집에 옥고를 기고한 언어학자였다. 송재정 교수는 '앉다sit, 눕다lie, 서다stand'와 같은 한국어의 위치 동사posture verbs를 공간적 확장과 시상적 문법화라는 개념으로 분석한 흥미로운 논문을 발표하였다.

5. 일본의 중세영어학회와 일본 학자들

내가 폴란드에서 열린 중세영어학회에 참가하고 귀국한 지 얼마 되지 않아서 아키오 교수는 일본 동지사同志社 대학에서 열리는 교토 영어사연구회(Kyoto Conference on English Historical Linguistics and Philology: 이하 교토학회)에서 한국의 중세영어연구에 대해 발표를 해달라는 서신을 내게 보내왔다. 나는 폴란드 학회에서 아키오 교수와 처음으로 만나 양국의 영어학연구 현황에 관해 얘기를 나눈 적이 있었기 때문에 그가 일본으로 돌아간 뒤에 나와 나눈 얘기를 기억하고 발표를 요청한 것으로 생각되었다. 당시 나는 1993년 1월에 창립한 한국영어사학회에서 총무로 활동하고 있었기 때문에 이 기회에 일본 학자들에게 한국의 영어학 연구 현황을 소개하고 한국영어사학회를 알릴 수 있는 좋은 기회라고 생각되어 발표를 쾌히 수락한다는 답장을 보냈다. 아키오 교수는 내가 발표하려는 논문을 미리 보내주면 좋겠다는 얘기와 나의 발표 예정논문은 동경대학 부설 중세영어연구소(Centre for Medieval English Studies)에서 발간하는 소식지인 *Medieval*

English Newsletter (MESN No.31 December 1994)에 'Medieval English Studies in Korea'란 제목으로 게재될 예정이라는 것도 알려 주었다. 년 2회(6, 12월) 발행되는 이 소식지는 일본을 비롯하여 전 세계 대학의 중세영어 분야의 전공 학자들의 글을 게재하고 각종 학회 소식과 전공 분야의 유용한 정보, 저명한 학자들의 부고(訃告 Obituary)와 추모사를 실어 전 세계 대학의 유관 연구소와 학자들에게 인쇄물로 배부해 왔는데, 2000년부터는 웹을 통해서도 배부하였고 그 후로는 경비 절감으로 웹을 통해서만 배부하고 있다.

나는 발표 예정논문을 미리 발송한 후 다음 해인 1995년 11월 3-4일 일본 교토에 있는 도시샤Doshisha 대학에서 열린 교토학회에 야첵 휘샥J. Fisiak 교수와 함께 초청되어 참석하게 되었다. 1박 2일이라는 짧은 일정이었으나 나에게는 잊을 수 없는 매우 뜻깊은 연구회였다. 이 연구회는 명칭에서 알 수 있듯이 단순히 발표하고 토론하는 연구회가 아닌 교토 역사영어학회의 성격을 띤 학술모임이었다. 도시샤대학은 간사이 지방의 4대 명문 사립대학의 하나로 1875년에 설립되었고 우리에게는 윤동주 시인과 정지용 시인이 유학했던 학교로 널리 알려져 있었다. 이 대학은 빨간 벽돌로 지어진 그리 높지 않은 건물이 매우 인상적이었는데, 아키오 교수가 우리를 안내하여 대학 건물을 잠시 둘러 보았는데, 4층 건물에 교수 전용 엘리베이터가 있다는 사실이 나를 매우 놀라게 하였다. 교토시에 있는 이마데가와 캠퍼스에는 두 시인의 시비詩碑가 세워져 있다고 들었는데, 바쁜 연구회의 일정상 두 시인의 시비를 미쳐 둘러보지 못한 것이 못내 아쉬웠다. 야첵 교수와 내가 머물렀던 게스트 하우스는 대학 바로 옆에 있는 목조로 지어진 오래된 건물이었다. 교토학회에는 나의 발표 사회를 맡은 도쿄대학 영문과의 요시오 테라사와(Yoshio Terasawa 寺澤芳雄) 명예교수를 비롯하여 도쿄대학 중세영어연구소의 소장인 도쿄대 영문과의 타다오 구보우치(Tadao Kobouchi 久保內端郎) 교수, 나고야대학의 유지 나카오(Yuji Nakao 中尾祐治) 교수, 지바千葉 국립대학의 미치코 오구라(Michiko Ogura 小倉美知子) 교수, 도쿄학예대학의 마사토모 우카지(Masatomo Ukaji 宇賀治正朋) 교수 및 규슈대학의 마쓰지 타지마(Matsuji Tajima 田島松二) 교수 등, 일본 영어사학계의 저명한 학자 38명이 교토학회에 참석하였다. 나는 교토학회가 끝나고 귀국한 뒤에도 오랫동안 일본의 여러 학회의 초청으로 주제 발표와 강연을 하면서 이 학회에 참석한 유수한 일본 학자들과 꾸준히 문통文通을 계속하면서 퇴임 후에도 이들과의 친교를 꾸준히 유지해 왔다.

다시 교토학회에 대한 이야기로 돌아가서 - 교토학회가 진행되는 동안, 점심은 연구회에 참석한 일본 학자의 부인들이 준비해 온 도시락으로 연구회가 열린 장소에서 해결하였는데, 점심을 먹기 위해 밖으로 나가서 오후 발표 시간을 낭비하지 않으려는 일본 측의 세심한 배려가 나를 다소 놀라게 하였다. 그런데 나를 더욱 놀라게 한 것은 식사를 하는 중에도 참석한 학자들이 옆 사람에게 방해가 되지 않게 조용히 대화를 나누는 모습이었다. 나를 이 연구회에 초청해준 아키오 교수는 발표는 하지 않았으나 도시샤대학에 온 일본 학자 및 초청 학자인 야첵 교수와 내가 교토학회에 참석하는 동안 불편하지 않게 여러 가지로 배려해주는 역할을 잊지 않았다. 나는 둘째 날에 열린 연구회에서 첫 번째로 발표를 하였는데, 내가 발표한 원고는 이미 도쿄대 중세영어연구소의 소식지에 게재되었기 때문에 연구회에 참석한 일본 학자들은 그 내용을 이미 잘 알고 있었을 것으로 생각하였다. 이들은 아마도 한국에서 이 교토학회에 처음으로 참석한 유일한 한국의 영어사 전공 학자인 내가 어떤 사람이며, 어떻게 생겼는지, 발표하는 영어 실력은 일본 학자와 비교해서 어느 정도인지 등, 여러 가지로 궁금한 점을 알아보기 위해 교토학회에 참석했을 것으로 나름대로 생각하였다. 나는 교토학회를 통해 일본의 영어학계에 처음으로 나의 이름을 알리며 한국의 중세영어학을 알리는 계기가 되었고 그 후 20년 가까이 일본 중세영어학계에서 활동하는 일본대학 및 일본 내 외국 학자들과 교류하게 된 기회를 갖게 된 것이다.

나의 발표 사회를 맡은 요시오 교수는 내가 1994년 9월 중순 영국 에딘버러대학에서 열린 역사영어학 국제학술회의에 참석했을 때 처음으로 만났는데, 요시오 교수의 아들인 준 테라사와Jun Terasawa 교수도 부친과 함께 이 학회에 참석하였다. 준 교수는 미국 브라운대학에서 학위를 받고 귀국한 30대 중반의 젊은 학자로, 1994년 가을 내가 영국 에딘버러대학에서 열린 국제학술대회에서 만났던 당시에는 도쿄여자기독교대Tokyo Woman's Christian Univ.에서 가르치고 있던 때였다. 그는 후에 부친의 뒤를 이어 도쿄대 영문과로 옮겨 재직하다가 최근 도쿄대를 조기 퇴임하고 아오야마 가쿠인대(靑山學院大)로 옮겨 강의를 계속하고 있다. 나는 요시오 교수에게서 일본의 전형적인 귀족의 면모를 갖춘 노학자로서, 학자로서의 위엄과 인간적인 품격을 갖춘 온화한 모습을 지닌 인상을 동시에 느꼈다. 일본 영어학의 태두로 도쿄대 명예교수인 그는 경성제국대학의 교수로 있다가 해방 후 일본 도쿄대학의 영문과 교수가 된 후미오 나까지마(Fumio Nakajima 中島文雄) 교수의 제자였으며 한국의 조성식 교수(고려대 명예교수, 2009년 사망) 또한 나까지마 교수의 제자로 경성제국대학 시절 그의 가르침을 받았다.

요시오 교수는 줄리어스 시저가 갈리아Gaul를 정복한 기원전 58년부터 1991년까지 영어사, 영어학사, 영미문학사, 그리고 외면사에 등장한 역사상의 사실史實을 사건, 등장인물, 당대의 한 획을 그은 저서를 비교, 개관하는 800쪽이 넘는 방대한「英語史綜合年表」(1991)를 펴낸 바 있었다. 그는 한편으로 언어학, 영어사, 역사영어학을 비롯하여 영어학 전반을 다룬「英語學文獻解題」(2003)를 펴냈으며, 17년에 걸친 오랜 노력 끝에 1997년 방대한「英語語彙事典」(1685쪽)을 펴냈다. 이 목록에는 영어사 및 역사영어학의 문헌해제 서지와 문헌목록 서지(제3권)를 편집한 아키오 교수의 역작도 포함되어 있었다. 나는 한국영어사학회의 초창기부터 7년간 (1993- 2000) 총무와 회장으로 활동하면서 이 학회의 고문으로 계시던 조성식 선생과의 인연으로 요시오 교수와 가깝게 지내게 되었고 선생의 추천으로 일본 중세영어영문학회에 두 차례 초청을 받아 일본에서 주제 발표를 하기도 하였다. 이에 관한 자세한 이야기는 뒤에서 설명하기로 한다.

교토학회에 참석한 규슈대학 영문과의 마쓰지 타지마Matsuji

Tajima 교수는「日本の英語學 100년」(2000) 및 1195쪽의 방대한「日本英語學硏究文獻書誌, 1900-1996」(1998)를 펴낸 일본 영어사학계의 중진 학자였다. 그는 도쿄대 중세영어연구소의 부회장을 역임하기도 하였다.(소장은 구보우치久保內端郞 교수). 타지마 교수는 2004년 내가 한국중세영문학회의 회장으로 있던 2004년, 학회의 초청으로 서울에 왔을 때 2002년에 그의 화갑을 기념하여 펴낸 논문집인 *Essays on Medieval English* (Tokyo, Kaibunsha)를 나에게 전해 주었다. 이 논문집에는 국내외의 저명한 학자들의 주옥같은 논문이 실려있다. 그는 퇴임 후에도 20년 넘게 제자들과 함께 이끌어 온 규슈대학 영어사연구회에서 연구발표와 연구회 회보會報를 통해 영어사를 전공하는 일본의 학자 및 제자 교수들과 함께 일본의 영어사연구를 발전시키는 노력을 계속하고 있다.

1995년 11월 도시샤대학에서 처음으로 일본의 영어학계에 진출한 이후 나는 일본중세영어영문학회, 교토학회, 일본영어사학회, 히로시마학회, 나고야학회, 지바학회 등, 여러 학술 모임에 초청을 받아 발표나 주제강연을 하면서 일본 영어학계의 저명한 학자들과 오랫동안 학문적인 교류뿐만 아니라, 개인적으로도 두터운 교분을 쌓을 수 있는 기회를 갖게 된 것을 매우 다행스럽게 생각하고 있다. 다음에, 위에 언급한 여러 학회에 참석하여 논문 발표 및 일본 학자들과 친교를 나누게 된 것에 대해 잠시 이야기하려고 한다.

무엇보다도 내가 일본중세영어영문학회(Japan Society for Medieval English Studies)의 초청으로 두 차례(2003, 2004)나 일본을 방문, 주제 강연을 하면서 이 학회의 회장인 미츠노리 이마이(Mitsunori Imai 今井光規 1938-) 교수를 학문적, 개인적인 교분을 나누게 된 것은 내가 걸어온 학문의 길에 풍요로움을 한층 더해 준 좋은 기회가 되었다. 2003년 12월 13-14일 양일간 도쿄 교외에 있는 도쿄외국어대학에서는 일본 각 대학에서 온 중세영어영문학 전공 학자들이 참석한 가운데 이 학회의 19차 학술회의가 열렸다. 영국에서의 중세Medieval Period는 5세기 중엽부터 16세기에 이르기까지를 가리키는데, 중세영어영문학은 이 시기의 영문학과 영어학의 여러 분야를 연구하는 학문을 일컫는다.

이번 19차 전국학술대회는 내년 학회 설립 20주년을 앞두고 많은 연구 업적을 쌓아 온 유럽의 학자를 초청해 강연회를 개최한 점과 시기에 맞는 주제를 선정했다는 점에서 중요한 의미를 부여할 수 있는 대회였다. 이 학회에서는 6월 초에 중세영어학 분야의 저명한 유럽 학자인 영국 만체스터대학의 데니슨D, Denison 교수와 암스텔담대학의 피셔O. Fischer 교수를, 그리고 11월에는 폴란드 미키에비츠대의 야첵 교수와 시코르스카L. Sikorska 교수를 초청하여 히로시마대 등에서 강연을 했다. 이들 학자는 당시 중세영어학 분야에서 주목할만한 연구 업적으로 1980년대 중반부터 오늘에 이르기까지 유럽 학계를 이끌어오고 있는 저명한 학자들이었다. 나는 한국영어사학회의 회장(1997-2000)이 된 이후 10년 넘게 유럽의 여러 학술대회에 참가하는 한 편으로 이들 가운데 사실상 유럽의 영어학계를 이끌어 왔으며 80년대 중반이후 나와 오랜 친분을 유지해 온 야첵 교수를 서울로 초청하여 한국의 영어사 전공 학자들에게 그를 알리고 서울대와 영어사학회 및 한국영어영문학회에서의 강연을 통해 한국의 영어학/영어사 분야의 학자들과 교류하도록 힘쓰기도 하였다.

강호江戶 시대인 1857년에 설립한 이래 150여 년의 오랜 역사를 지닌 도쿄외국어대(TUFS)에서 열린 19차 학술대회에는 일본의 저명한 중세 학자들이 많이 모였다. 이마이 회장을 비롯하여 타카미야 토시유키Takamiya Toshiyuki(Keio U.), 오가와 히로시Ogawa Hiroshi(도쿄대), 나카오 요시유키(히로시마대), 히데키 와타나베(오사카대), 사토 슈지Sato Shuji(中央Chuo 대), 미치코오구라(지바국립대) 등, 상당수의 중세학자들이 참석하였다.

이 학회에서 발행한 회보會報(MES JAPAN News, 2003/ 10/31)에는 당시 일본 중세영어영문학회의 회원 수가 529명(해외 4명 포함)이라고 명시되어 있었다. 실로 대단한 숫자였다. 이들이 일본 중세영어영문학계를 이끌어가고 있다고 생각하니 몹시 부러웠다. 한국에도 1993년 설립된 영어사학회가 있었으나 일본에 비하면 학회의 회원 수로나 연구 활동 및 학자들의 연구업적에 비해 아직도 갈 길이 멀다는 느낌이 들었다. 이 글을 쓰고 있는 지금, 한국영어사학회는 오래 전 한국영어학학회로 바뀌면서 역사영어학이나 중세영어학 분야를 전공하는 학자들의 연구 논문 게재 횟수는 해마다 점점 줄어들어 학회지의 극히 일부를 차지하는 수준이 되었다.

다시 일본 중세학회로 돌아가서 학술대회 첫날에는 중세영어 로만스에 관한 심포지엄과 논문 발표가 진행되었다. 심포지엄과 논문

은 고대와 중세영어 시기에 쓰인 시와 산문을 위주로 한 발표와 토론이었다. 고대 로만스 시詩 전집에 실린 톨킨Tolkien 판,'거웨인경과 녹색의 기사이야기 및 반지의 제왕에 끼친 영향'를 비롯하여 중세로만스의 회복 등, 여러 간행물을 집중 조명하면서 중세와 현대를 잇는 폭넓은 담론을 진행하여 중세시기의 로만스 문학을 새로운 관점에서 재발견하려는 노력이 엿보였다. 그러나 이 대회의 하이라이트는 둘째 날 열린 심포지엄이었다. 외국인으로는 내가 유일하게 초청된 이 대회의 심포지엄에는 4명의 발표자가 영어로만 발표를 진행했는데, 이 심포지엄의 주제는 영국 셰필드대의 번리D. Burnley 교수가 꼭 20년 전인 1983년에 출간한 그의 저서인『초서 언어연구』(*A Guide to Chaucer's Language*)를 기념하여 그가 세상을 떠난 후 그를 기리는 「チョ-サ-の言語 - Burnley's *Guide* から 20年」(Twenty Years from Burnley's *Guide*: Studies on Chaucer's Language)이란 주제하에 특별 심포지엄을 마련하여 제프리 초서의 언어를 어휘에서 문체에 이르기까지 다양한 관점에서 번리의 저서 이후 20년이 지난 오늘, 초서 언어연구를 다시 한번 재조명하려는 것이었다. 나도 그의 저서를 이미 읽고 대학원에서 강의를 해왔기 때문에 그 내용을 잘 알고 있던 터였으나 이 학회에 참석하기 위해 다시 한 번 정독을 하고 참석하였다. 나는 이 심포지엄에서 첫 번째 연사로 나와서 초서의「켄터베리이야기」필사본과 그 순서에 관한 논쟁에 관련한 논문(Manuscripts and Ordering Debate in the Structure of *The Canterbury Tales*)을 발표하였다. 특히 주목할만한 것은 히로시마廣島대학의 요시유키Yoshiyuki Nakao 中尾佳行 교수가 발표한 논문으로, 번리 교수의 업적을 다시 회고하면서 초서가 사용한 어휘인 *semely* 'suitable, fitting'의 의미와 화용론 간의 상호관계에 주목하고 광학적 관점에서 초서 언어를 분석하는 흥미로운 내용이었는데 나는 그의 논문이 매우 신선하다는 느낌을 받았다. 요시유키 교수는 일본의 여러 학회에서 나와 여러 번 만나 친분을 쌓았고 2004년 『Chaucerの曖昧性の構造』(*The Structure of Chaucer's Ambiguity*)라는 매우 훌륭한 저서를 출간하여 2005년에 나에게도 보내주었다. 나와 헬싱키대회 이후 학술 교류를 꾸준히 계속해 온 미치코O. Michiko 교수는 고대영어 산문인 보에티우스*Boethius*와 초서의 보에체*Boece*에 나오는 어휘를 비교 분석하는 논문을 발표하였다. 요시유키 교수는 2006년 6월 26-7일 양일간 한국영어학학회(전前 영어사학회)가 주관한 가을학술대회가 고려대에서 열렸을 때 나의 초청으로 이 학술대회에 참석하여 자신이 펴낸 위의 저서를 중심으로 초청 강연을 하였다. 미치코 교수도 나의 초청으로 요시유키 교수와 함께 이 학술대회에 참석하여 고대영어로 쓰인 「보에티우스의 운율」*Metres of Boethius*에 관한 주제 강연을 하였다.

2004년은 일본중세영어영문학회가 설립 20주년을 기념하는 뜻깊은 학술대회였다. 이 대회에서는 당시 이마이M. Imai 회장이 한국 영어학의 태두인 조성식 교수를 초청하여 20주년 기념 강연을 부탁하는 서신을 보냈다. 선생은 일본어에 능통하였을 뿐만 아니라 일본 영어학의 거목인 요시오 테라사와(도쿄대 명예교수, 작고)교수와 함께 경성제국대학 영문과에서 가르친 나카지마 교수의 선후배 사이로 요시오 교수는 조 선생의 후배이기도 하였다. 그런데 조 선생은 본인이 일본에 가는 대신 나를 이 학술대회에 추천하는 편지를 이마이 회장에게 보냈다. 그리하여 나는 이마이 회장에게 보낸 조 선생(학술원 회원)의 추천서에 힘입어 뜻하지 않게 2004년 12월 11-12일 양일간 고베에 있는 무코가와 여자대학(Mukogawa Women's Univ. 武庫川女子大學) 강당에서 열린 이 학회 설립 20주년 기념대회에 미국(Lee Patterson)과 영국(Jeremy J. Smith)에서 초청된 저명한 학자 두 명과 나란히 특별강연을 할 수 있는 소중한 기회를 다시 한번 더 갖게 되었다. 여기서 발표한 내 논문, 'Fifty Years of Medieval English Studies in Korea Retrospect and Prospect'는 2005년 7월에 발간한 이 학회(일본중세영어영문학)의 기관지인 *Studies in Medieval English Language and Literature* (No. 20, 2005: 17-34)에 게재되었다.

영어사와 영어학뿐만 아니라 중세영어 로만스 문학을 전공한 이마이 교수는 일본 중세영어영문학회의 회장(2003 & 2004) 및 일본 영어코퍼스연구학회Japan Association for English Corpus Studies의 회장(2001-2004)을 역임하였고 2002년 오사카대학에서 정년 퇴임한 후, 명예교수로 있으면서 일본 간사이 지방의 중심도시인 오사카 네야가와에 있는 사립대학인 세츠난Setsunan 대학의 총장으로 옮겨 재직해오던 터였다.

나는 2005년 6월 나의 화갑기념논문집 두 권(vols I & II)을 상재하였는데, 첫째 권에는 지난 20년 가까이 내가 일본을 비롯하여 영국과 캐나다, 핀란드, 네덜란드, 독일, 호주, 폴란드, 스페인, 스코틀랜드 등, 해외에서 열린 국제학술회의에 참가하면서 교분을 맺은 많은 학자들 가운데 20명의 논문이 게재되었고, 둘째 권에는 국내의 중세 영어영문학 전공 학자들의 논문 21편이 게재되었다. 이마이 교수는 나의 초청으로 2005년 7월에 서울에서 열린 나의 화갑논문집 기념식에 부인인 야수미Yasumi 여사와 함께 참석하였다. 그는 나의 화갑기념논문집에 중세영어 운문 로만스인 Catalogue and Repetition in *The Squyr of Lowe Degre*를 기고하여 중세 로만스를 연구하는 국내 중세영문학자들에게 이 분야를 소개하는 한편, 중세 로만스 연구에 대한 연구자들에게 신선한 자극을 제공하였다. 나의 회갑기념논문집에 관해서는 제8장 2절에서 상세하게 다시 언급하려고 한다.

이마이 교수는 서울에서 귀국한 지 3년이 지난 2008년 고희(古稀 70세)를 맞이하여 자신의 고희기념논문집 출판을 기념하는 모임에 나를 초대하여 인사말을 부탁하는 서신을 보냈는데, 나는 그의 제의를 쾌히 허락하였다. 그는 2009년 6월에 고희기념논문집인 *English Philology and Corpus Studies*를 상재上梓하였다. 나는 그의 요청을 받아들여 초서 관련 논문 한편(Some aspects of Chaucer's religious and philosophic world in his *Canterbury Tales*)을 기고하였고 파티 석상에서 그의 고희를 기리는 축하의 인사를 하였다. 그의 기념논문집 출판을 기념하는 모임이 열리기 하루 전, 나는 일본으로 건너가 간사이 공항에 내려 오사카행 기차를 타려고 하였으나, 놀랍게도, 그의 부인인 야수미Yashumi 여사가 공항까지 마중을 나와서 기다리고 있는 것을 알고 적지 않게 놀랐다. 그가 공항에서 나를 기다리겠다는 사전 약속이

전혀 없었기 때문이었다. 그의 부인인 야수미 여사가 공항에서 오사카의 한큐호텔까지 한 시간이 넘는 먼 거리를 택시로 나와 동승하여 호텔까지 가는 동안 여러 가지 이야기를 함께 나눈 기억을 아직도 여전히 기억하고 있다. 야수미 여사는 이전에 고교에서 영어 선생으로 있었기 때문에 간사이공항에서 오사카 시내까지 가는 동안 가족관계를 비롯하여 일본 중세학계 및 학자들에 관한 여러 가지 이야기를 나와 영어로 나누면서 이마이 교수의 학문과 가족사에 관해 더 많은 것을 알게 된 것은 나에게는 또 다른 즐거움이었다.

야수미 여사는 이전에 영어 선생을 한 탓인지, 활달하고 유쾌한 성격을 지니고 있었으며 그녀에게서 서구적인 인상을 풍기는 여성이라는 인상을 강하게 받았다. 이마이 교수의 고희기념논문집에 실린 국내외 학자들의 논문을 보면 그가 43년간 국내외에서 중세영어영문학 분야의 학자들과 얼마나 폭넓은 인간관계를 유지해왔고 그의 학문영역의 스펙트럼이 얼마나 넓고 깊은 것인지를 가늠할 수 있었다.

2005년 일본영어사학회가 창립되었을 때 나는 이 학회의 회장인 미치코(小倉美知子, 千葉大) 교수의 초청으로 일본에 건너가서 창립 기념 주제 발표를 하였다. 앞에서 이미 언급하였으나, 미치코 교수와는 1990년 헬싱키 학회이후 유럽에서 열린 여러 학술대회에 참석할 때마다 자주 만나서 한국과 일본의 중세영어학에 관해 이야기를 나눌 기회가 많았고 귀국 후에도 문통을 통해 중세영어학 관련 다양한 정보를 교환해오고 있던 터였다. 나는 2년마다 열리는 이 학회에 미치코 회장의 초청으로 빠짐없이 참석하여 논문을 발표해 오면서 일본 여러 대학의 원로 및 중진 학자는 물론 신진 학자들과도 한일 양국의 중세영어학 연구와 교육 현실에 관해 많은 이야기를 나눌 수 있게 되었다. 미치코 오구라 교수와의 오랜 학문적이고 개인적인 인연은 다음 절에서 좀 더 상세하게 이야기하려고 한다.

6. 일본영어사학회와 미치코 교수와의 인연

앞 절에서 이미 여러 번 언급한 미치코 교수는 도쿄 지바국립대학의 교수로 중세문헌을 연구해오면서 특히 이들 문헌(시와 산문)에 나오는 어휘의 구문과 의미에 관한 연구에 오랫동안 몰두하였으며 학위논문도 중세영어에 나오는 *quoth*와 현대영어의 *say* 및 *tell*의 통사 및 의미의 대립 관계를 규명하는 논문, 「The Syntactic and Semantic Rivalry of QUOTH, SAY and TELL in Medieval English(1980)」이라는 제목의 학위논문으로 일본 학계에 상재한 이후, 국내외에서 논문과 출판을 통해 놀라울 만큼 왕성한 연구 활동을 계속해오고 있는 보기드문 훌륭한 중세영어 학자이다. 나는 미치코 교수가 「고대영어의 '비인칭 동사'와 표현」(Old English 'Impersonal' Verbs and Expressions)이라는 제목으로 코펜하겐에 있는 한 출판사(Rosenkilde and Bagger)에서 간행하는 모노그라프인 *Anglistica* (Vol.XXIV(1986)의 학술논문 시리즈의 두툼한 책으로 출판한 자신의 저서를 내게 보내와서 이 책을 틈틈이 읽으면서 방대한 자료에 대한 그녀의 치밀하고 논리적인 분석과 그녀의 넘치는 연구열에 매우 큰 감명을 받은 적이 있었다.

앞에서 이미 언급하였지만, 내가 미치코 교수를 처음 만난 것은 1990년 5월 중순 핀란드의 헬싱키대학에서 열린 역사영어학 국제학술대회(5ICEHL)에서였다. 1987년 런던대학에서 방문학자로서의 연구를 끝내고 귀국한 지 3년 뒤에 열린 이 학술대회에서 나는 일본에서 온 자그마한 키의 중세 학자였던 미치코 교수를 컨퍼런스 파티에서 만나 첫 인사를 건네면서 짧은 대화를 나누었다. 나는 미치코 교수에게서 외국 학자들처럼 수다스럽지 않은 일본 여성 특유의 말씨와 자세를 지닌 학자라는 인상을 강하게 받았다. 그녀의 영국영어는 발음이 분명했고 듣기에 편안함을 주었다. 미치코 교수가 일본 중세학계와 유럽 학계에서 차지하는 학문적인 비중이 적지 않다는 것을 알게 된 것은 그로부터 한참 뒤의 일이었다.

내가 미치코 교수를 또 다시 만난 것은 교토의 동지사대학 아키오 교수의 초청으로 교토영어사연구회(교토학회)에서 논문을 발표한 1995년 11월 초, 연구회가 열린 동지사대학 발표회장에서였다. 이틀간 열린 이 학회에서 나는 미치코 교수와 대화를 나눌 시간이 그리 많지는 않았으나, 그녀는 유럽이 아닌 교토에서 나를 다시 만난 것에 대해 매우 반가워하는 표정이 역력하였다. 논문 발표 후에 질의응답 시간이 주어졌는데, 나는 일본 학자들이 한국에서 영어학 연구가 활발하게 이루어지고 있다는 사실에 호기심과 함께 놀라움을 느끼고 있다는 표정을 읽고 숙연한 생각이 들었다. 한국의 본격적인 영어학 연구가 10여 년 밖에 안 되는 상황에서 당시 일본은 한국의 영어학

연구보다 100년 가까이 앞서고 있음을 느꼈기 때문이었다.

1997년 이후 미치코 교수를 비롯하여 일본의 대학에서 중세영어학을 연구하는 학자들은 컴퓨터 스크린을 통해 논문 발표와 이에 대한 의견 및 논평을 서로 교환하는 작업을 계속해 왔다. 1990년 헬싱키에서 열린 6차 역사영어학 국제학술대회에 참석한 미치코 교수를 비롯한 일본 학자들은 영어사 연구에 당시 유럽에서 실험 중인 헬싱키 코퍼스Helsinki Corpus를 활용하는 방법을 면밀히 탐색하기 시작하였는데, 컴퓨터화한 코퍼스 활용에는 한계가 있다는 것을 알게 되었다. 나도 1994년 스코틀랜드의 에딘버러대학에서 주관한 역사영어학 국제학술대회에서 헬싱키 코퍼스를 처음으로 구입하여 한 때 영어사 연구논문에 활용한 적이 있었는데, 일정한 한계가 있음을 알고 있던 터였다. 그러던 중, 일본 학자들은 2-3년마다 유럽에서 열리는 역사영어학 국제학술회의(ICEHL)에 자극을 받아 일본에서도 이와 유사한 학회를 설립하려는 움직임을 보이기 시작하였다. 그 첫 번째 단계로 2001년 9월 처음으로 니혼Nihon(日本) 대학에서 영어사학회 설립을 위한 첫 번째 준비모임을 갖고 언어학과 문헌학의 두 가지 관점에서 중세문헌과 역사영어학(영어사)을 본격적으로 연구하는 학회 설립에 대해 논의하였다. 2003년 12명의 학회 설립을 준비하는 일본 학자들은 도쿄의 한 호텔에서 야첵 교수를 비롯하여 도쿄대 명예교수인 요시오 테라사와 교수, 도쿄 가쿠게이대學藝大 명예교수인 마사토모 우카지Masatomo Ukaji 교수를 자문위원으로 초청하여 일본 영어사학회를 공식적으로 설립하기 위해 다음과 같은 4가지 원칙을 정하게 되었다. 일본영어사학회(SHELL)는 (i) 학회 회원이 재직하는 대학 가운데 한 대학에서 격년마다 9월 첫째 주에 열린다. (ii) 영어의 역사에 관련된 모든 논문을 접수한다. (iii) 학회지를 발행한다. (iv) 년 신청비는 불필요하나 학회지에 게재하는 논문에 대한 등록비와 편집비로 운영한다. 이러한 원칙을 세운 일본 영어사학회는 1차 학술회의부터 국제적으로 저명한 학자를 2-3명 초청하여 국제학술대회로 시작하였고 학회지 또한 야첵 교수의 건의에 따라 처음부터 국제학술지로 발간하는 계획을 세웠다. 2005년은 내가 한국영어영문학회의 회장으로 활동을 시작한 해이기도 하였다. 이 학술대회에서 행한 나의 초청 강연 내용은 해외 저명 출판사 PeterLang에서 발행한 이 학회의 국제학술지에 게재되었다. 한국영어사학회는 일본에 비해 일찍 설립되어 주로 국내에서만 활동해 온 결과, 일본의 영어사학회와는 달리 세계 역사영어학계에 학문적인 네트워크를 형성할 준비가 여전히 미흡한 상태였다.

일본영어사학회는 위와 같은 준비과정을 거쳐 2005년 9월 Society of Historical English Language and Linguistics in Japan(SHELL)라는 명칭하에 공식적으로 창립되기에 이르렀다. 그리하여 학회 설립을 기념하는 1차 국제학술대회가 2005년 9월 1-3일까지 3일간에 걸쳐, 일본 지바국립대학에서 개최되었다. 나는 초대 회장인 미치코 교수의 초청으로 이 학술대회에 참석하여 「Teaching Medieval English in Korea in the Twenty-first Century」라는 제목의 주제 논문을 발표하였고, 이 논문은 학회의 해외 학술지인 *Textual and Contexual Studies in*

Medieval English (Peterlang, 2006, Vol. 13, pp. 147-160)에 게재되었다. 이 학술지의 부제副題는 일본 학자들이 학회를 창립하면서 맨 처음 역사영어학 연구에 도입하려고 기획했던 대로 '언어학과 문헌학의 재결합을 향하여'라는 소제목이었다. 나는 학회에서 발표한 논문에서 한국의 중세영어학 연구의 계보와 역사 및 현황을 소개하고 21세기 한국에서의 역사영어학 연구와 교육에 대한 전망을 일본 중세영어학계에 상세하게 소개하였다. 나는 이 학회에서 여러 저명한 일본의 중세 학자들을 만난 이후, 일본 학자들과의 끊임없는 학문 교류뿐만 아니라 개인적으로도 친밀한 관계를 맺게 되어 오늘에 이르고 있다.

일본영어사학회와 나고야대학 영문학회가 공동 주관하는 제2차 국제학술대회는 2007년 9월 7-9일 3일에 걸쳐 일본 나고야대학에서 Hermeneutic Study and Education of Textual Configuratioin(영어역사 텍스트의 문헌학적, 문법론적연구)라는 주제로 열렸다. 나는 이 학회에서 Is there a place for Medieval English Studies *per se* in Korean academic society?라는 논문을 발표하였다. 이 논문은 한국에서의 중세영어연구가 흥미있고 가치있는 연구 영역이 될 수 있는지, 그리고 이 분야가 장차 한국의 인문학 분야에서 전문적인 직종으로 미래의 유망한 분야가 될 가능성이 있는지 등, 두 가지 전제하에 내외적인 요인을 분석하여 그 가능성을 고찰하는 논문이었다. 이 학회에는 나를 포함하여 인스브루크대학의 저명한 방언학자인 마커스 만프레드Marcus Manfred 교수를 비롯하여 텍사스대 엘파소 캠퍼스의 역사언어학자인 찰스 일러릭Charles Elerick 교수, 한스Hans Sauer(독일 뮨헨대), 및 리버풀대학의 빅토리나 곤잘레스-디아즈 교수가 초청되었고 미치코 교수를 비롯하여 마사유키 오카도, 요시타카 코주카, 히데키 와다나베, 요코 이예이리 등 일본의 저명한 중세학자들, 그리고 박사과정에 있는 분들이 참석하여 학회 내내 성황을 이루었다.

이 대회에는 처음으로 한국의 중세 학자인 김유강 교수(한국외대)가 참석하여 베오울프*Beowulf*에 관련된 논문(The Prenominal Prefix *-ge* in *Beowulf*)을 발표하였다. 그는 고대 영시인 베오울프를 언어학적인 관점에서 오랫동안 꾸준히 연구해 온 역작인 『베오울프의 언어학적 이해(2013)』에 이어 『고대영어 파생 접사(2020)』 등, 두 권의 훌륭한 저서를 한국 영어학계에 상재하여 이 분야의 선두주자로 활동해 오고 있는 학자였다.

나는 이 대회가 열리기 전인 2007년 8월 8일 히로시마대학의 초청으로 48차 히로시마 영어연구회(English Summer Seminar of the English Research Association: ERA)에 참석하여 「Multilingulism in English Literature: Applicable to the Study of the History of English?」라는 논문을 발표하였다. 나는 이 논문에서 고대영어에서 초기현대영어에 이르기까지 여러 문헌이나 작가의 문학 작품에 쓰여진 여러 언어사용과 언어접촉의 결과로 나타난 언어변화의 특징 및 영어사에서의 응용가능성을 고찰하였다. 국내 학자들에게는 잘 알려져 있지 않으나, ERA는 1959년에 창립되어 해마다 해외의 저명한 학자를 한 명씩 초청하여 강연을 진행해 왔는데, 내가 초청을 받은 해는 이 연구회가 설립 48년을 맞이하는 뜻깊은 해였다. 내가 이 연구회에서 발표를 하게 된 데에는 히로시마대학의 나카오 요시유키中尾佳行 교수의 수고가 적지 않았다. 아마도 미치코 교수의 조언도 있었을 것으로 생각되었다. 나는 2007년 9월 7-9일에 열린 2차 일본영어사학회에서 회장인 미치코 교수의 양해를 얻어 히로시마대학에서의 발표 논문을 수정하고 보완한 논문을 이 학회의 해외 학술지인 *Historical Englishes in Varieties of Texts and Contexts: the Global COE Program* (2008, PeterLang, 371-386)에 게재하였다.

내가 헬싱키학회(1990)에서 미치코 교수를 처음으로 만나서 고분을 나누게 된 이후, 그녀는 일본 영어사학회는 물론 일본의 여러 학회에 나를 초청하여 외국의 저명한 학자들과 학문적인 교류를 할 수 있도록 적극적으로 소개해 주는 한편, 이들과 개인적으로도 소통하고 사귈 수 있도록 해 주었다. 미치코 교수와 함께 일본 영어학의 원로인 요시오 교수, 유지 나카오 교수, 이마이 교수를 비롯하여 요시유키 교수와 같은 중진 학자 그리고 이마하야시 교수(히로시마대) 와 같은 신진 학자 등, 내가 일본 학회에서 만나 사귄 많은 일본 학자들 가운데 여러 명이 나의 초청으로 한국과 일본을 오가면서 일본의 여러 학회와 한국의 영어사학회에서 논문을 발표하면서 일본과 한국의 영어학과 영어사 분야의 학자들과 서로 소통할 수 있는 기회를 갖게 된 것은 이 분야의 발전과 도약을 위해 매우 다행스러운 일이었다. 오사무 이마하야시Osamu Imahayashi 교수는 온양에서 열린 한국영어영문학회 봄 학술대회에서 찰스 디킨스Charles Dickens의 작품에 쓰인 어휘에 관한 논문을 발표한 적이 있었다. 나는 히로시마대학에서 열린 영어연구회(ERA) 및 일본영어사학회에 참석하면서 일본에서의 그의 눈부신 활약을 알게 되었는데, 한국의 김유강 교수와 같은 훌륭한 중세 학자라는 생각이 들었다.

2009년 8월 28-30일까지 3일간 히로시마대학에서 열린 3차 일본영어사학회에 나는 1차 및 2차에 이어 다시금 초청을 받아 참석하였다. 나는 이 학회에서 스칸디나비아 제국諸國에 흩어져 거주한 먼 옛날 게르만 부족이 사용한 가장 초기 고대 루운 알파벳Futhark의 기원과 고대영어 루운문자runes에 관한 논문을 발표하였다. 고대영어를 제대로 이해하기 위해서는 루운문자에 대한 이해가 선행되어야 한다는 것은 내가 런던대학 아시아-아프리카학 연구소(SOAS)의 방문학자로 있던 1986-7년, 런던대 영문과의 존 도지슨J. Dodgson 교수 연구실에서 유럽 루운학의 대가인 그로부터 매주 만나서 루운문자를 공부하면서 들은 얘기였다. 나는 이때부터 루운문자에 관심을 가지고 루운과 관련된 서적이나 자료를 모으기 시작하였는데, 그 후 토론토대학 중세연구소(Centre for Medieval Studies: CMS)의 연구교수로 있던 1997-8년『영어사(1998)』 및『앵글로색슨족의 역사와 언어(2001)』 등, 두 권을 집필하면서 루운문자에 관한 소중한 자료를 넣을 수 있는 계기가 된 것은 참으로 다행스러운 일이었다. 위의 저서에 관해서는 제8장에서 다시 설명하기로 한다.

미치코 교수와 나와의 인연은 내가 2010년 8월 대학에서 정년으로 물러난 이후에도 계속되었다. 나는 일본영어사학회의 회장을 맡고 있던 미치코 교수의 요청으로 2012년 9월 1-5일까지 열린 4차 영어사학회 국제학술회의에 참석하였다. 이 회의는 도쿄에 있는 게이오대학慶應義塾大 미타Mita 캠퍼스에서 9월 1-3일까지 논문 발표가 있었고 9월 4일에는 회의에 참석한 외국 학자들의 도쿄 관광 스케줄이 예정되어 있었다. 그리고 마지막 날인 5일에는 논문 발표가 아닌 컨퍼런스 이후의 강의 세션(Post-conference session)으로 14시부터 18시까지 해외에서 온 학자 3명의 강의와 토론으로 진행되었고 이후에는 미타 캠퍼스 교수 클럽에서의 리셉션으로 학술회의는 막을 내렸다. 토론이 포함된 강의 세션은 국내에서도 시도되지 않은 신선한 시도였다.

이 학회에는 야첵 교수와 부인인 시코르스카L. Sikorska 교수, 영국 리즈Leeds 대학의 조이스 힐Joyce Hill 교수, 독일 뮨헨대학의 한스Hans Sauer 교수가 참석하였다. 학회 진행은 3개의 주제별 논문 발표와 2개의 심포지엄, 그리고 참석한 학자들의 개별 논문 발표가 이어졌다. 참고로 주제별 논문을 발표한 해외 초청 학자들의 논문을 소개하면 다음과 같다.

1. L. Sikorska: Malevolent visitors: on hosts and hostiles in medieval romances
2. Joyce Hill: Naming the Liturgical Year: Reflections on Vernacular Practice
3. Han Sauer: Middle English Word Formation

심포지엄은 이틀에 걸쳐 진행되었는데, 9월 1일에는 "Anglo-Saxon Ways of Translating Latin Texts" 즉, 라틴어 교본을 앵글로색슨어(고대영어)로 번역하는 방법에 관한 주제로 일본 대학에 재직하고 있는 존 스카힐J. Scahill, 타다시 고타케Tadashi Kotake, 토모노리 야마모토Tomonori Yamamoto 등, 세 명의 교수가 주제와 관련된 논문을 발표하였다. 9월 2일에 진행된 심포지엄에는 "Old English Syntax after Bruce Mitchell"이란 주제아래 3명의 학자가 이와 관련된 논문을 발표하였다.

1. Young-Bae Park: Old English Syntax after Bruce Mitchell
2. Michiko Ogura: Ambiguity in Old English
3. Yoshitaka Kozuka: Element Order in Old English Translation

9월 5일(14:00-18:00)에는 이 학회의 마지막 강의를 진행하였는데, 시코르스카, 한스, 조이스 힐 교수가 각각 또 하나의 논문을 발표하고 이들 논문에 대한 토론이 이어진 뒤에 학술회의는 막을 내렸다. 특히 한스 교수는 베오울프와 베오울프를 다룬 영화에 관한 논문("Beowulf and Beowulf films")을 발표하였는데, 나와는 유럽에서 열린 역사영어학 학술대회에서 만나 인연을 맺게 된 학자로, 국제 앵글로색슨학회(ISAS)의 회장을 역임한 앵글로색슨연구에서는 세계적으로 이름난 권위자였다. 그는 내가 한국영어영문학회의 회장(2005-2007)으로 있을 때, 국제학술대회가 열린 2006년 6월 22-24일 학회의 초청으로 동국대에 와서 초청 강연을 한 적이 있었다. 한편, 나는 이번 일본에서 열린 게이오학회에서 일본의 중세 영어학 및 영문학 분야의 저명한 학자들이 많이 참석하여 일본의 신진 학자와 경륜이 많은 노老

학자들이 발표에 다른 열띤 토론과 열기를 이어가면서 학문적인 분위기기가 물씬 풍기는 학술대회를 보면서 한국의 중세 영어학의 미래를 머리 속에 상상해 보기도 하였다. 나는 이 학회에서 장차 일본의 중세 영어학을 이끌어 갈 유능하고 젊은 학자들을 많이 만났는데, 그 중에는 타다시 고타케, 아키노부 타니Akinobu Tani, 미치오 호사카Michio Hosaka, 히로노리 스즈키Hironori Suzuki, 요코 이예이리Yoko Iyeiri와 같은 뛰어난 이들이 있었다. 특히 히데키 와다나베Hideki Watanabe 오사카대 교수는 일본에서 베오울프 연구의 일인자로 문학적인 소양은 물론, 언어학적인 분석 능력도 탁월한 학자였다.

미치코 교수는 일본영어사학회 초창기부터 회장으로 상당한 기간 동안 활동하면서 해외 저명한 학자들을 초청하여 국제학술대회를 개최해 오는 동안 일본의 우수한 신진 및 중진의 중세 학자들과 해외 학자들을 학문적으로 연결하면서 일본 중세영어학의 지평을 크게 확장하는데 노력하였다. 그 뿐만 아니라 처음부터 학회지를 국내용이 아닌 해외 저명 출판사를 연결하여 국제 학술지로 발행하면서 전 세계 중세영어학계에 일본 영어학을 널리 알리는데 큰 기여를 하였다. 미치코 교수는 1986년 이후 해외의 저명 출판사에서 고대 및 중세영어 관련 학술서를 여러 권이나 출판하여 일본 중세영어학계의 존경의 대상이 되었다. 나는 20년 넘게 미치코 교수와의 인연을 이어오면서 일본의 저명한 중세 학자들과 개인적 또는 학문적인 교류를 하게 된 것은 나의 학문 여정에 큰 동력이 된 것으로 생각하고 있다.

7. 일본의 영어학, 영어사연구: 그 폭과 깊이

일본의 영어학과 영어사 연구는 언제 시작되었을까? 우선 고대영어의 시작부터 알아보기로 한다. 쉬퍼와 구보우치(W. Schipper and T. Kubouchi, 1990: 178-187)에 의하면, 일본에 고대영어 연구를 처음으로 소개한 이는 존 로렌스(John Lawrence, 1850-1916)로, 그가 일본에 도착한 이후 거의 90년의 세월이 흘렀다. 로렌스는 당시 도쿄제국대학(현재 도쿄대)에서 영어를 가르쳤는데, 오랜 세월이 흘러 오늘날 일본의 상당수 대학에 고대영어 또는 영어사를 전공하는 전공자가 적어도 한 명은 교수진에 포함되기에 이르렀다.

일본에서 영어 연구는 1854년 일본이 서양 문물을 받아들인지 2년이 채 안 되는 시기에 시작하는 오랜 역사를 지니고 있다. 그 시기로부터 1883년까지 영어는 도쿄제국대학의 많은 교과목의 강의 언어로 쓰였다. 그런데 고대영어 연구는 라프카디오 헌Lafcadio Hearn이 1904년 사망한 후 공석이 된 자리에 1906년 로렌스가 도쿄제국대학의 영어 강사로 임명되고나서부터 시작되었다. 로렌스는 런던대(B.A. 1890, D.Litt. 1893)와 옥스퍼드대(B.A. 1898)에서 조셉 라이트Joseph Wright 및 헨리 스위트Henry Sweet와 같은 당대의 뛰어난 석학들과 함께 게르만어학과 비교문헌학을 공부하였고 한 때 베를린의 주피짜Julius Zupitza 문하에서 공부하였다. 그는 도쿄에 오기 전 프라하대학과 런던의 베드포드 칼리지에서 가르쳤는데, 그곳에는 커W. P. Ker라는 친한 친구가 있었다. 로렌스는 도쿄제국대에서 베오울프,

셰익스피어와 밀턴은 물론 그리스어, 라틴어와 고대 프랑스어, 그리고 고트어Gothic를 가르쳤다. 도쿄제국대학은 그가 1916년 세상을 떠나기 직전 로렌스의 수제자 가운데 한 사람인 산키 이치카와(Sanki Ichikawa 市河三喜:1886-1970)를 기념하는 교수직教授職chair을 마련하였다. 이치카와 교수가 키운 제자들에 의해 오늘날 고대영어 연구는 도쿄대에서 그 명맥을 지켜오고 있다.

고대 및 중세영어 학문을 촉진하는데 영향력을 끼친 또 한 명의 학자는 니시와키J. Nishiwaki(1894-1982)였다. 그는 1922-25년 옥스퍼드의 뉴칼리지에서 공부하면서 엘리옷, 파운드 및 다른 문호들이 이끈 새로운 탐미운동의 영향을 받았으며 헨리 와일드Henry C. Wyld와 함께 고대영어를 공부하였다. 일본으로 돌아온 그는 게이오대학의 교수로 임명되어 고대 및 중세영어 연구의 토대를 마련하였으며 그의 학문적인 성과에 힘입어 게이오 대학은 오늘날까지도 계속되고 있는 중세영문학 분야에서 높은 수준의 학문을 유지하게 된 것이다. 일본에서 고대영어 학문 활동이 왕성하게 된 데에는 일본에서 발행된 중세영어 관련 논문과 저서의 논저목록에서 확인할 수 있다. 예컨대, 1982년 무렵까지 일본과 일본 학자들에 의해 발간된 논문과 저서는 585개 항목에 달하며 영어사 관련 서평과 논저 항목은 여기에 포함시키지 않았다. 그런데 논저 목록에 실린 논문과 저서의 상당수가 일본어로 쓰였거나 영어로 쓰인 것이라고 해도 발행 부수가 많지 않은 일본 학술지라는 한계가 있었다. 이러한 약점으로 인해 일본의 중세 학문이 서구 학자들에게 널리 알려지지 않았다. 그럼에도 고대

영어 학문은 꾸준히 계속되었는데, 이 분야에서 가장 왕성하게 활동한 학자는 베오울프*Beowulf*에 관한 수많은 논문을 쓴 게이오대학의 후미오 쿠리야카와Fumio Kuriyakawa 및 고대영어와 앨프릭 Ælfric 관련 논문을 쓴 쇼와여자대학의 시게루 오노Shigeru Ono 교수가 있었다. 이들의 뒤를 이어 많은 젊은 학자들도 활발하게 연구 활동을 하였고 이들이 쓴 논문이 빠르게 일본 중세 학계에 정착하게 되었다. 이들 젊은 세대 중에는 미치코 오구라 교수와 히로시 오가와Hiroshi Ogawa 교수처럼 해외로 진출하여 국제적으로 연구업적을 알리기 시작한 학자들이 나타나기 시작하였다. 지난 50년간 일본 대학에는 박사학위보다는 석사학위가 최종 학위로 훨씬 흔하였는데, 이것은 일본대학 교수직에 박사학위는 대체로 필수 조건은 아니었기 때문이었다. 그리하여 80년대 일본에서 박사학위는 10명이 채 되지 않을 정도로 극소수에 불과했다. 그 후 90년대에 들어오면서 일부 학생들이 영국이나 미국의 대학에서 박사학위를 취득하는 경향이 생겨나게 되었다. 한국도 70년대에 대부분 미국의 여러 대학에 진출하여 박사학위를 취득하는 경향이 점차 생겨나게 되었다.

고대영어를 연구하는 일본 학자들의 해외 진출에 걸림돌이 된 것은 언어 장벽과 함께 서구세계와 일본이 물리적으로 멀리 떨어져 있다는 점이 주된 원인이었으나, 더욱 중요한 것은 학자들에게 안식년을 제공하는 대학이 극소수에 불과했다는 점, 그리고 여행경비나 연구하려는 해외 대학에서의 생활비를 국가가 아닌 학자 자신의 비용으로 충당해야 하는 문제가 있었다. 당시 해외 연구에 가장 흔히 지급되는 비용은 일본 문부성이나 일본 과학진흥회에서 해외 진출 학자들에게 지급되는 것이 고작이었다. 아울러, 영국으로 진출하는 학자들에게는 브리티시 카운슬에서, 미국으로 진출하는 이들에게는 풀브라이트재단에서 경비를 제공하였다. 일본 학자들이 선호하는 대학은 영국의 옥스퍼드나 캠브리지였으며 미국은 대체로 하버드, 예일 또는 미시간대 그리고 최근에는 캐나다의 토론토대학이었다. 하버드대에는 장학금을 지급하는 하버드-옌칭 연구소가 있었고 미시간대학에는 중세영어사전 편찬실이 있기 때문이었다. 최근에는 토론토대학이 전술前述한 두 대학에 비해 고대영어 연구의 메카로 각광을 받아 왔는데, 이곳에는 고대영어사전 편찬을 위한 서고書庫와 최신 컴퓨터 시설이 완비되어 있기 때문이었다. 나는 1년 동안 토론토대학 중세연구소의 연구교수로 연구와 집필을 하면서 보냈는데, 이에 관한 이야기는 다음 절에서 상세하게 설명하기로 한다.

일본 학자들은 이런 방식으로 유럽과 북아메리카로 진출하여 그곳의 뛰어난 대학 도서관 시설과 풍부한 정보 자원을 활용하는 추세가 증가하였고 일본에 오는 서구의 학자들과의 교류에서도 많은 혜택을 얻게 되었으며 해외 여행을 주선하는 일본 정부 기관이나 학술재단 덕분에 외국의 학자들을 일본에 초청하는 일도 점차 가능하게 되었다. 이로 인해 1977년에는 캠브리지대의 피터 클래모즈Peter Clemoes교수를 비롯하여 1980년에는 앵거스 카메런Angus Cameron, 1981년에는 레이몬드 트립 2세Raymond P. Tripp, Jr., 칼 슈나이더 Karl Schneider와 같은 저명한 학자 및 1984년과 1989년에는 옥스퍼드대의 브루스 미첼Bruce Mitchell과 프레드 로빈슨Fred C. Robinson과 같은 고대영문학의 저명한 학자들이 일본에 초청되어 일본의 중세 학자들에게 연구 의욕과 활력을 불어넣어 주었다. 일본 대학 영문과의 경우, 학생들은 3-4학년에 영어사를 선택하게 되면 우선 고대영어를 공부해야 하고 대학원 과정에서는 고대영어만을 다루는 세미나를 이수하도록 되어 있었다. 1983-4년에는 대학원 과정에 고대영어 과목을 특별히 이수하도록 규정한 일본의 대학은 15개 대학 정도에 지나지 않았고 학생 수도 소수에 불과하였다. 그럼에도 대학원 과정에서는 학생들에게 세미나 형식의 수업으로 진행하면서 고대영어 개관과 고대영어 연구의 현안懸案 문제를 다루었다.

일본에서 이처럼 당시 고대영어 연구가 대학 영문과에서 활발하게 이루어지게 된 데에는 이를 지원하는 연구소와 저널 및 학자들의 활동이 크게 작용하였다. 게이오대의 후미오 쿠리야카와(1907-1978), 도쿄대의 키쿠오 미야베Kikuo Miyabe (1915-1981), 및 히로시마대의 미치오 마쓰이Michio Masui 교수들의 노력에 따라 1969년에 도쿄대 코마바Komaba 캠퍼스에 설립된 중세영어연구소Centre for Medieval English Studies는 일본에서는 여러 대학이 공동으로 협의하여 이루어진 유일한 연구소였다. 미야베 교수의 개인 서고 및 쿠리야카와 교수가 수집한 중세영어 필사본의 마이크로 필름과 팩시밀리(模寫) 컬렉션은 미야베 교수의 사후死後, 이 연구소의 핵심 정보자원 역할을 담당하였다. 이 연구소에서는 년 2회 소식지Newsletter를 발간하며 특별한 세미나를 위한 모임 장소로도 적극적으로 활용되고 있다. 이외에도 고대영어 사전 프로젝트로 편찬되는 컴퓨터 기반 고대영어 코퍼스를 활용하여 고대영어의 핵심어휘key-word 연구를 지원하는 프로젝트를 수행하여 그 결과를 부정기적으로 발간하는 일련의 회보會報bulletins에 게재하고 있다. 게이오대慶應義塾大는 일본에서 가장 오래되고 명성이 높은 사립대 중의 하나로 특별히 고대영어 연구를 위한 연구소는 갖고 있지 않았으나, 영문과에서는 준자부로 니시와키Junzaburo Nishiwaki 교수와 그의 제자로 베오울프*Beowulf*를 일본에서 맨 처음 일본어로 번역한 쿠리야카와 교수 덕분에 오랫동안 고대영어 연구에 적극적으로 활동하였다. 이밖에 고대영어 연구에 강한 대학으로 제2차 세계대전 직후에 설립된 도쿄 메트로폴리탄 대학이 있었다. 1953년 이치카와 교수의 제자 중의 한 사람인 시게타케 스즈키Shigetake Suzuki 교수가 이 대학 영문과의 첫 번째 교수가 되었고 뒤를 이어 시게루 오노Shigeru Ono교수(쇼와여자대학)가 그와 합류하였다. 1967년 타모츠 마츠나미Tamotsu Matsunami(현 아오야마 가쿠인대학) 교수는 스즈키 교수가 차지했던 교수직을 이어 받았다.

일본에서 영어연구의 가장 오래된 학술단체로는 1917년에 설립된 도쿄제국대학의 영문학회로, 이후 이 학회가 확대되면서 1928년에 일본 영문학회English literary Society of Japan(ELSJ)로 명칭을 바꿔 설립되었다. 이 학회는 매년 열리는 모임의 여러 세션 가운데 고대영어 세션을 정기적으로 포함시켜 왔으며 년 3회에 걸쳐 학회지인 「영문학연구」*Studies in English Literature*를 발간해 왔다(1회: 영문판; 2회; 일본어판). 이 학회의 해외판으로 널리 알려진 저널로는 *Poetica:*

*An International Journal of Linguistic-Literary Studies*라는 것이 있는데, 이 저널은 쿠리야카와, 미야베 및 마쓰이 교수에 의해 1974년에 창립되었고 지난 수십 년 간 해외 학자는 물론 저명한 일본 학자의 고대영어에 관한 논문을 영어판으로 간행해 왔다. 나 역시 일본 영어사학회에서 발표한 고대영어 루운문자 관련 논문을 이 저널 75호(2011:1- 28)에 게재한 적이 있었다.

일본에서 중세연구와 관련된 또 다른 학회로 일본중세영어영문학회가 활동해 오고 있는데, 이 학회에서 매년 1회 발간하는 *Studies in Medieval English Language and Literature*는 2005년(7월)에 20호를 발간하였다. 이 학회지에는 내가 2004년 12월 11-12일 이 학회의 초청으로 이 학회 설립 20주년 기념대회에서 발표한 논문이 게재되었는데, 이에 관해서는 이미 제4절에서 자세하게 언급한 바 있다.

1998년 봄, 유럽의 저명한 출판사인 Mouton de Gruyter(Berlin and New York)에서 출판된『일본의 역사영어학과 문헌학』(*English Historical Linguistics and Philology in Japan*)은 야첵 교수와 아키오O. Akio 교수가 함께 편집한 책으로 당시 일본의 영어학 연구의 현주소를 보여주는 주목할만한 연구서라고 볼 수 있다. 이 책에는 지난 100년 가까이 진행되어 온 일본의 영어사, 영어 문헌학과 관련된 여러 분야, 즉 문자론graphemics을 비롯하여 음운, 형태, 어형성, 통사, 어휘, 의미, 문체론, 운율론, 어원학, 방언학에 이르기까지 실로 영어학의 전 분야에 걸쳐 정선된 논문 24편 이외에 1950년부터 1995년까지 45년간 일본 중세학계에서 발표된 영어학 관련 논저목록의 조사연구서bibliographical survey가 그 서두에 연대순으로 일목요연하게 정리되어 있어서 일본 중세 영어학계가 영어학의 전 분야에 걸쳐 이룩해 온 학문상의 업적을 한눈에 조감할 수 있게 된다.

이제 일본의 중세영어 연구, 특히 제프리 초서 및 말로리 연구가 일본에서 집중적으로 연구된 상황에 국한해서 간단히 살펴보기로 한다. 60년대 초, 일본 영문학회의 연례 모임에서 처음으로 중세영어 연구Medieval English Studies를 위한 심포지엄이 조직되었고, 이 심포지엄의 주제는 「초서의 시」로 후미오 쿠리야카와 교수가 사회를 맡았는데, 토론자 중의 한 사람은 미치오 마쓰이M. Masui였다. 이 심포지엄에 참석한 인원의 수는 겨우 30명이었다. 세월이 흘러 60년대 말에 이르러서 이 학회에서 진행하는 고대 및 중세영어 관련 연구논문 발표에는 적어도 2개의 발표장과 각 발표장에 300명이 참석하는 규모로 확대되었다(Shinsuke Ando, 1990:188). 1995년 이후 2012년까지 나는 일본의 중세연구와 관련된 학회에 참석하면서 일본의 학자들과 교류한 경험으로 미루어볼 때, 30년이 지난 오늘날에는 고대 및 중세영어영문학을 연구하는 일본 대학의 중세 학자 그룹과 연구 인력(대학원 석박사과정 준비생)은 안도 교수의 논문에 나타난 1990년 이전의 숫자에 비해 한층 더 증가했을 것이라는 짐작이 간다.

일본 도쿄대의 중세영어연구소(CMES)에서 편찬한 「일본의 중세영어영문학 논저목록」*A Bibliography of Publications on Medieval English Language and Literature in Japan*(1983)에 의하면, 일본에서 발간한 초서 관련 연구논문과 연구서는 60년대 이후 20여 년간 대략

600여편에 이르고 있다.

일본에서 초서 연구가 활발해진 두드러진 특징 가운데 하나는 초서 텍스트가 지닌 문헌학적인 관심에 있다고 보아야 할 것이다. 즉, 1936년 도쿄대학의 영어 문헌학 교수였던 산키 이치카와市河三喜 Sanki Ichikawa가 「초서*Chaucer*」라는 소책자를 발간하였다. 안도 교수(Ando, 1990: 89)는 이 책이 나온 지 반세기가 지난 후, 이 소책자가 시대에 뒤떨어진 것이라고 비판할 수도 있었으나, 오늘날 일본의 많은 초서 연구 학자들 가운데 이치카와 교수의 경우처럼 초서의 시를 균형있고 일목요연하게 개관할 수 있는 이들을 찾을 수 있기가 쉽지 않다고 서술하고 있다. 오늘날 일본의 영어학 분야에서는 이치카와 교수의 카리스마적인 명성이 아직도 여전히 일본 학계에 남아 있는데, 그는 다양한 일-영日英사전의 편찬자인 동시에 『英語學-研究와 文獻』(1936, 三省堂)을 비롯하여 영어학에 관한 많은 저서와 논문을 남긴 인물이었다. 한편, 준자브로 니시와키Junzaburo Nishiwaki 교수는 1933년 「영미작가들」*English and American Writers*이라는 제목의 시리즈 가운데 하나로 *Langland* 라는 저서를 발간하였다. 그는 게이오대학에서 학위를 취득한 후 20년대 초 영국 옥스퍼드대로 건너가서 영어학과 영문학을 연구하였고 귀국 후에 모교의 영어학 교수가 되어 자신이 옥스퍼드에서 교육을 받은 것과 똑같은 방식으로 학생들에게 고대 및 중세영어를 소개하였다. 1982년 88세의 나이로 세상을 떠난 니시와키는 뛰어난 영어영문학자였으나 오늘날 그는 위대한 모더니스트 시인이며 유럽 문학을 연구한 학자로 더 잘 알려져 있다. 그는 1973년 영국 한림원의 명예회원으로 임명되었다. 또한, 그는 초서뿐만 아니라 조이스, 말라르메 등, 영국과 아일랜드, 프랑스 시인들의 작품을 번역한 학자로도 알려져 있고 그가 일본어로 번역한 초서의『켄터베리이야기』는 아직도 일본 학계에서 널리 읽히고 있다. 한국에서는 중세영문학자인 고故 김진만 교수(고려대)가 번역한『켄터베리이야기』(1976)가 한국 최초의 초서 번역서로서 오랫동안 초서 연구자들에게 읽혀왔다.

히로시마대학의 교수였던 미치오 마쓰이Michio Masui 업적의 탁월함을 인지한 사람은 앞에서도 잠시 언급한 후미오 쿠리야카와F. Kuriyagawa였다. 마쓰이가 쓴 초서의 수많은 저서 가운데 1964년에 발간한『초서의 압운 어휘의 구조: 초서의 시적 언어 탐구』(*The Structure of Chaucer's Rime Words: An Exploration into the Poetic Language of Chaucer*)는 그의 저작 중 가장 잘 알려져 있다. 마쓰이가 쓴 또 다른 중요한 저서는 1988년에 간행된『'켄터베리이야기'의 새로운 압운 색인』(*A New Index to 'Canterbury Tales'*)으로 초서 연구에 필수불가결한 기여를 한 역작으로 평가받고 있다. 마쓰이가 언어학적, 문헌학적인 분석을 통해 초서 시의 문체를 탐구하려는 것에 목표를 두었다고 한다면 시게루 오노Shigeru Ono는 초서의 시를 언어학적인 분석에 좀 더 치중하였다. 그는 자신의 논문집인『초기 영어 통사론과 어휘에 관하여(1989)』(*On Early English Syntax and Vocabulary*)에서 'shall'과 'will'의 분석을 통해 초서 시의 문체가 지니 특징을 분석하고 있다. 초서 언어와 중세영어 전반에 걸친 연구 업적에 뛰어난 일본 학자군으로는 고 미야케Ko Miyake, 아키오 오이즈미Akio Oizumi, 준 수도Jun Sudo 및 하루오 이와사키Haruo Iwasaki 등을 꼽을 수 있다. 오이즈미-이와사키 교수가 편집한『초서영어 연구: 몇 가지 방법과 문제(1989)』(*Studies in Chaucer's English: Some Problems and Methods*)는 초서 작품의 언어학적, 문헌학적 연구와 관련된 다양하고 중요한 논제에 관한 13편의 주목할만한 논문을 게재한 모음집으로 높이 평가받고 있다.

일본의 중세영어를 논하면서 빼놓을 수 없는 것이 있다. 그것은 다른 많은 나라에서처럼 일본에서 연구되기 시작한 말로리Malory의 작품인『아더왕의 죽음』(*Morte Darthur*)이다. 일본에서는 유진 비나버(Eug ne Vinaver: 1899- 1979)의 기념비적인『토마스 말로리 경의 작품집』(*The Works of Sir Thomas Malory*』(1947)이 일본에서 연구되면서 말로리에 관해 본격적인 연구가 시작되었다. 비나버는 러시아 태생의 영국 학자로 오늘날 말로리 경의 작품을 편집한 이로 가장 잘 알려져 있다. 70년대 중반 일본에서는 토모미 카토Tomomi Kato가 편집한『토마스 말로리 경의 작품 색인』(*A Corcordance to the Works of Sir Thomas Malory*(1974)이 출간되었다. 슈니치 노구치Shu-nichi Noguchi는 문헌학자로 말로리 연구를 시작하였지만 그의 문학적인 감각은 물론 문헌학적인 예리한 분석은 그가 말로리 연구를 깊이 있게 연구하는데 큰 역할을 하였다. 그의 이론은 필드P.J.C. Field의 독창적인 저서인『로만스와 연대기』Romance and Chronicle(1974)가 나오기 몇 년 전에 '말로리 언어가 지닌 특징의 역설'(The Paradox of the Character of Malory's Language) 이라는 논문으로 발간되었다. 말로리 연구에 천착한 또 다른 일본학자로 유지 나카오中美裕治 Yuji Nakao 교수를 들지 않을 수 없다. 그는 한층 전통적이고 문헌학적인 방법으로 말로리를 연구해 오면서 말로리 언어를 세밀하게 심층 분석하므로서 캑스턴W. Caxton보다는 말로리가 'Arthur and Lucius'의 텍스트를 수정했다는 제임스 스피삭James Spisak의 최근 이론을 대담하게 반박하였다. 이러한 유지 교수의 주장은 '말로리는 자신의 언어를 수정한 것이 사실인가? 몇 가지 부정적인 증거'(Does Malory Really Revise His Vocabulary?-Some Negative Evidence'(1987))라는 뛰어난 논문에 매우 명료明瞭하게 나타나 있다.

주지하다시피, 일본 중세영어학계는 우리보다 한 세기 앞서 유럽 영어학계의 학문을 받아들이면서 각 분야에 걸쳐 골고루 전공 학자를 양성해 왔으며, 제6장 3-5절에서 언급했듯이 일찍부터 해외 중세영어학계에도 활발하게 참여하여 연구의 최신성, 참신성, 창의성을 발휘함은 물론, 연구 인력의 양성과 해외 진출에까지 적극적으로 노력해 왔는데, 이러한 추세는 지금도 계속되고 있다. 그뿐만 아니라 도쿄대에 있는 중세영어연구소는 고중세 영어문헌연구로 세계적인 명성을 지닌 연구소로서, 여기에서 발행하는 소식지Newsletter는 년 2회 영문판으로 발행하여 전 세계 유관 대학 및 전공분야 학자들에게 꾸준히 배부해 오고 있는데, 이 소식지를 통해 일본 전역에 있는 각 대학의 매학기별 대학원 영어사 및 영어학 관련 석사 및 박사논문 그리고 교과과정을 빠짐없이 소개함으로써 교수와 대학원 학생들의 연구 의욕을 진작시켜 오고 있다. 한국에서는 1945년 이후 오늘날까지 중세영어분야를 연구하는 부설 연구소가 대학에 설치된 곳이 한

군데도 없었다. 그 대신 1993년부터 한국 영어사학회가 설립된 이후 이 학회에서 발간하는 소식지가 한국의 영어사, 영어학을 연구하는 이들을 위한 정보 전달의 매체 역할을 꾸준히 해오고 있었다. 그러나, 2000년대 초 영어학 이외의 다른 여러 분야(언어학, 언어교육 등)도 모두 포함하는 학회로 명칭이 바뀌면서 중세문헌 연구나 순수 영어학, 영어사연구 및 미래의 중세영어 학자 양성이라는 다양한 역할을 충실히 해오지 못하고 있는 것이 한국의 영어학 연구가 작금昨今에 처한 현실로 지금까지 이러한 현상은 계속되어 오고 있다. 지난 40년 동안 일본의 중세 학자들이 해외로 진출하여 부지런히 논문을 발표하고 한편으로는 저명 학자들을 초청하여 일본의 학자들과 긴밀하게 학문 교류를 해 온 것에 비해 한국은 지난 20년간 유럽과 일본의 역사영어학 관련 국제학술대회에 참석하여 활발하게 활동해 온 국내 중세 학자들의 수는 내가 알고 있는 한 거의 없거나 극히 적은 수에 지나지 않았다. 우리는 앞으로 영어학과 영어사의 전 분야에 걸친 서지학적인 정리는 물론, 역사영어학 연구 인력의 양성 및 국내외에서 역사영어학(고중세 영어문헌연구 포함)의 각 분야에 걸친 연구 논문이 활발하게 발표되는 시기가 속히 와야 할 것이다. 유럽에서는 이미 오래전 폴란드의 저명한 방언학자이며 영어학자인 야첵 교수가 영어사의 전 분야에 걸친 논문과 저서에 대한 논저목록(Mouton, 1987)을 펴낸 이래 해마다 수정과 증보를 거듭해 오고 있다.

지금까지 일본의 중세영어연구Medieval English Studies 특히, 고대-중세영어와 관련된 일본 중세영어학계의 오랜 역사와 동향을 자세하게 살펴보았다. 한국과는 달리, 거의 100년 가까운 세월 동안 역사영어학 연구가 활발하게 이루어져 오고 있는 일본의 예를 소개한 것은 한국 영어학계에도 타산지석他山之石이 될 것으로 생각되어 앞으로 한국의 역사영어학 연구의 발전을 위해서도 많은 참고가 될 것으로 생각된다. 나는 해방(1945) 이후 1990년까지 45년간 한국 영어학계가 영어사의 여러 분야에 걸쳐 이룩한 영어사 관련 논문을 분석(「영어영문학」 42권 3호, 1996)한 적이 있는데, 이 논문에서는 순수한 영어사 관련 논문뿐만 아니라 그동안 대학 영문과에서 언어학과 영어학 교육과 연구의 혼란 상태가 계속되어 온 한국 영어학계의 특성상 언어이론과 영어교육도 포함하여 분석하였으므로 위에 언급한 일본 영어학계의 순수영어학 연구논문과 비교하기에는 상당한 차이가 있을 것으로 생각한다.

8. 캐나다 토론토대학에서의 연구교수 시절

앞에서 나는 대학에서 퇴임하기 전까지 외국 대학(시드니대 및 런던대)에서 전공분야를 공부하고 연구했던 시절에 관해 이야기하였다. 이제 마지막으로 내가 90년대 후반에 마지막으로 보냈던 캐나다 토론토대학에서의 연구 생활과 토론토에 와서 보고 듣고 느낀 이모저모에 관해 이야기하려고 한다. 1997년 8월 나는 캐나다 토론토대학 부설 중세연구소(Centre for Medieval Studies: CMS)의 연구기금을 받아 1998년 7월까지 1년간 이 연구소의 연구 교수로 연구 활동을 진행할 수 있는 행운을 갖게 되었다. 이 연구소에서는 해마다 중세분야를 전공하는 전 세계 학자들 가운데 선정된 2명의 학자에게 소정의 연구기금과 연구실을 마련해주고 이 연구소에서 연구활동을 할 수 있는 기회를 제공해 왔다. 이 연구소의 펠로우로 선정되기 위해서는 세계적으로 저명한 학자 2명의 추천서가 필수 조건이었다. 다행히도 나는 여러 해 동안 학문적인 교분을 나누어온 옥스퍼드대학의 미첼 교수와 도쿄대 영문과의 구보우치 교수 등 두 분의 호의적인 추천서 덕분에 덴마크에서 온 교수와 함께 1997-8년 일년 동안 이 연구소의 펠로우로 선정되는 기쁨을 누리게 되어 이 연구소에서 전공분야인 '영어사'와 '앵글로색슨족의 역사와 언어'에 대한 연구를 순조롭게 진행할 수 있었다. 나는 1990년 5월 헬싱키학회에서 고대영문학의 세계적인 학자인 옥스퍼드대의 브루스 미첼B. Mitchell교수를 처음 만난 이후 그와의 문통을 계속해 왔고 언젠가 영국에서 열린 국제학술대회에 참석하는 동안 옥스퍼드로 직접 찾아가서 그를 만나 애쉬몰리언 건물에 있는 아담한 카페에서 함께 차를 마시면서 개인적으로 얘기를 나눈 적이 있었다. 한편, 나는 구보우치 교수가 도쿄대 중세영어연구소의 소장으로 있던 때인 1995년 11월 도시샤대에서 열린 교토학회에 참석하여 발표를 한 이후에 일본의 여러 대학에서 열린 중세관련 학회에서 자주 만나 교분을 쌓았다. 그는 일본에서는 중세문헌(특히, 필사본) 연구의 독보적인 학자로 옥스퍼드대에서 고중세 필사본을 연구하기도 하였다.

당시 토론토대학 중세연구소의 소장은 고대 문헌과 고대 노르웨이어 전공인 로버타 프랭크Roberta Frank 교수로, 훤칠한 키에 아름다운 갈색 눈매를 지닌 50대 중반의 여류 학자였다. 중세연구소(CMS)는 고딕 양식의 오래된 벽돌 건물이었는데, 내가 처음으로 중세연구소를 찾아 인사를 하러 갔을 때 프랭크 교수는 멀리 서울에서 온 나를 반갑게 맞아 주었다. 그녀는 나의 연구를 위해 교육기관인 중세연구소 근방에 있는 로마교황청 소속으로 모든 중세학문(철학, 역사, 언어, 문학 등)의 보고寶庫로 널리 알려진 교황청 중세연구기관(Pontifical Institute of Medieval Studies: PIMS)의 도서관(서고) 안에 나의 서재(study)를 마련해 주었다. 중세학문과 관련된 방대한 자료의 마이크로필름과 귀중한 필사본이 서고 안에 촘촘하게 들어선 이곳의 한 모퉁이에서 나는 거의 매일 컴퓨터로 고대 및 중세영어 관련 자료와 필사본을 들여다보며 마치 타임머신을 타고 기원 8세기에서 16세기에 이르는 먼 옛날로 돌아가서 이곳 저곳을 하염없이 여행하다가 문득 깨어나 다시금 현세現世로 나오는 일상생활을 반복하며 꿈과 현실 사이에서 세월을 보냈다. 프랭크 교수는 토론토에서 중세관련 학술모임이 있을 때마다 나를 초대해 주었고 나의 연구 분야와 관련된 많은 학자들을 소개해 주고 나의 연구를 격려해 주었다. 프랭크 교수가 중세연구소에서 코넬대학으로 옮긴 사실을 알게 된 것은 내가 토론토대학에서 연구생활을 마치고 귀국한 뒤 고대영어휘보(Old English Newsletter: OEN)에 난 기사를 본 이후였다. 2007년 8월 일본 히로시마대학의 역사 깊은 영어사연구회의 초청으로 주제발표를 준비하면서 오래 전에 프랭크 교수가 학술지(*Journal of English and German Philology*; Oct 1997; 96.4: 486-513)에 게재한 논문이 생각나서 오랜 만에 그녀가 쓴 방대한 논문의 복사본을 요청하는 메일을 보냈는데, 반갑게도 안부와 함께 복사본을 보내와서 논문 작성에 큰 참고가 된 것을 아직도 기억하고 있다. 그녀가 쓴 논문은 '문헌학자라는 것에 대한 참을 수 없는 가벼움'(The Unbearable Lightness of Being a Philologist)이란 흥미로운 제목으로 그 내용은 결코 가벼운 것이 아니었다. 나 또한 고대 문헌을 오랫동안 연구해 온 한 사람으로 그녀의 논문은 나에게 많은 것을 생각하게 해주었다.

나는 교황청 소속 중세연구소(PIMS)의 연구실과 토론토대학 도서관(Robarts Library)의 방대한 서고書庫 안에 마련해준 개인 연구실(carrel)을 오가면서 촌음寸陰을 아껴가며 방대한 『영어사』(한국문화사, 1998, 547pp) 및 『앵글로색슨족의 역사와 언어』(지식산업사, 2001, 437pp)를 집필하느라고 바쁘게 시간을 보냈다. 전자는 내가 귀국한 1년 뒤

문화관광부의 우수도서로 선정되었고, 후자는 토론토에서 원고를 출판사에 넘긴 지 3년 뒤인 2001년에 출판되었는데, 언론(동아, 조선, 중앙 등)에 크게 보도되었으며, 그로부터 2년 뒤인 2003년 나의 저서로는 최초로 학술원 우수학술도서에 선정되는 기쁨을 맛보았다. 이 학술서는 영어사 전공 학자들에게는 물론, 대학에서 영국의 역사를 전공하는 학자들에게도 많은 관심을 불러 일으키는 도서가 되었다. 나는 조성식 교수(학술원 회원, 2009년 작고)의 권고를 받아들여 이 학술서의 출판을 기념하는 출판기념회를 책이 나온 해인 2001년(5월 25일) 인사동에 있는 동덕아트갤러리에서 열었다. 이 자리에는 국민대학교의 많은 교수들과 대학원생들, 조성식 교수와 서울대 사범대학의 이맹성, 전상범, 문용, 김인숙 교수는 물론, 영어영문학계의 원로인 나영균, 김용권, 박병수, 박순함, 이환묵 교수를 포함하여 김준호, 김태진, 김유강, 김명숙, 임혜순, 최병정, 이범진, 정연선, 박주현, 오석현 교수 등, 서울과 지방 대학의 많은 교수들이 참석하였고, 이 책을 출판한 지식산업사의 김경희 사장도 참석하였다. 내가 20년 넘게 나가는 정릉감리교회의 교인들도 많이 참석하여 축하해 주었다. 이 책의 출판기념회에는 정성진 총장(국민대학교)이 바쁜 중에도 잊지 않고 참석하여 축사를 해주므로써 출판기념회를 한층 더 빛나게 해주었다. 장근철, 민동혜, 박민숙, 이주희, 구은혜 등, 대학원 제자들은 출판기념회를 준비하기 위해 동분서주하면서 많은 수고를 해주었다.

토론토대학 고대영어사전 편찬실의 책임자인 힐리Antonette diPaolo Healey 교수를 알게 된 것은 참으로 우연한 일이었다. 중세연구소(CMS)에서 나의 연구 펠로우 선정을 축하하는 다과회가 열렸는데, 이 자리에 참석한 학자들과 환담을 나누다가 우연히 힐리 교수와 얘기를 나누게 되었고, 그녀가 토론토대학이 오래전부터 추진해오고 있는 역점 사업인 고대영어사전Dictionary of Old English 편찬의 책임자라는 사실을 알게 된 것은 며칠 뒤 토론토대학 도서관 14층에 있는 고대영어사전 편찬실에서 힐리 교수를 만난 뒤의 일이었다. 토론토대학 도서관에 마련해 준 내 개인 연구실(carrel)에 나가고 있던 어느 날, 미리 약속을 하고 고대영어사전 편찬실로 찾아간 나는 그곳에서 책임자로 있는 힐리 교수와 아일랜드 출신의 조안 홀랜드Joan Holland 교수, 그리고 직원들을 만났다. 토론토대학의 고대영어사전 편찬은 토론토대학이 자랑하는 세계적으로 유명한 인터넷기반 프로젝트로 내가 토론토대학에 있는 동안에는 A에서 E까지 컴퓨터 입력이 끝난 상태였고 계속해서 알파벳순으로 입력 작업을 계속하고 있는 중이었다. 편찬실은 고대영어사전 편찬에 필요한 각종 자료와 고문헌으로 가득하였다. 토론토대학에서 연구하는 동안 힐리 교수는 고대영어사전 편찬실에 보관된 고대문헌을 언제든지 이용할 수 있도록 배려해 주었을 뿐만 아니라, 수시로 나와 만나 내가 당시 쓰고 있었던 책에 넣을 각종 고대 문헌의 필사본과 관련해서 필요한 여러 대학 도서관과의 연락을 원활하게 할 수 있는 편의를 제공해 주는 한편, 원고 작성시 필요한 문헌의 소재와 전거典據에 관해 상세하게 설명해 주는 배려를 아끼지 않았다. 2권으로 발간한 나의 화갑 논문집(2005, 1-2권)에 힐리 교수는 논문집 1권에 고대영어사전에 관한 귀중한 옥고('The Face of Text: The Dictionary of Old English Project in the Twenty-First Century' Vol I: 433-480)를 게재해 주는 수고를 아끼지 않았다. 그녀는 2009년 8월 중순 일본 영어사학회가 초청한 4명의 학자 중 한 사람으로 처음으로 일본을 방문하여 히로시마대학과 지바국립대학에서 나와 함께 주제발표를 하였다.

토론토에 간 지 몇 달이 지난 어느 날, 힐리 교수는 자신의 차로 저녁에 나를 그녀의 집에 초대해 주었다. 그녀의 자택은 시내에서 1시간 가량 떨어진 주택가에 위치한 아담한 이층 집이었다. 아늑하고 편안한 느낌을 준 실내에는 한 켠에 피아노가 놓여있었고 가족 사진이 벽에 걸려 있을 뿐 특별한 장식은 없었다. 나를 초대한 힐리 교수는 나를 위해 며칠 전부터 특별히 만든 요리를 만들었다고 자랑하며 식탁에 내놓았는데, 나는 그 요리가 어떤 것이었는지 기억이 나지 않았으나 그녀의 정성에 감탄하며 맛있게 먹은 기억이 난다. 얼마 후 나는 그녀를 토론토 번화가에 위치한 비교적 크고 분위기가 괜찮은 한국 식당으로 그녀를 초대하여 불고기를 곁들인 한식으로 대접하면서 한 시간이 넘도록 화기애애한 얘기를 이어가면서 한국의 고유한 맛에 대해 알려주는 것도 잊지 않았다. 토론토대학에서 5분 거리에 코리아타운이 있었고 이곳에도 한국 식당이 있기는 하였으나, 외국인을 초대하여 식사와 대화를 나누기에 그리 좋은 분위기는 아니었다. 나는 한국의 음식을 경험하지 못한 힐리 교수에게 제대로 된 한국의 음식과 음식문화를 소개하려는 것도 염두에 두고 있었기에 규모가 크고 분위기가 좋은 토론토 시내의 번화가에 자리잡은 한식당을 택하려고 했던 것이었다.

내가 연구하던 당시 토론토대학에는 동아시아학과(Dept of East Asian Studies)라는 것이 있었고 이 학과의 학과장으로 백응진 교수가 재직하고 있었다. 백 교수는 한국과 관련된 분야(언어, 문학)를 가르치고 있었는데, 내가 귀국한 몇 년 뒤 퇴임하였다는 소식을 들었다. 나는 토론토대학에 오기 훨씬 전부터 백 교수가 토론토대학에 재직하고 있다는 것을 알고 있었기 때문에 내가 토론토대학 중세연구소의 연구기금 교수로 선정된 뒤, 그에게 보낸 메일을 통해 토론토대학에 도착하는 일정을 알리고 그곳에 가기 전 잠시 필요한 도움을 요청하였다. 그는 토론토에 도착한 날 토론토공항에 차를 몰고 나와 토론토대학에서 잠시 묵을 수 있는 임시 숙소(Hart House)까지 안내해 주는 수고를 아끼지 않았다. 나는 임시 숙소에서 노스요크North York에 있는 교포 숙소와 대학 근처의 숙소로 옮겨 잠시 머물러 있다가 대학에서 도보로 5분 거리에 있는 학생 숙소인 타투칼리지(Tatoo College: Student Residence)로 숙소를 옮겨 토론토를 떠날 때까지 그곳에서 토론토대학 도서관과 중세연구소(PIMS)를 오가며 연구와 집필을 계속하였다. 사범대학 선배인 백 교수는 틈틈이 내게 연락을 해서 토론토대학 교수식당에서 식사를 함께 하기도 하였고 언젠가는 자신의 집으로 초대하여 식사와 환담을 나누는 시간을 갖기도 하였다.

나는 토론토대학에 온 지 반 년이 되는 시기에 그동안 이곳에서 보고 듣고 느낀 점을 국민대학교에서 발행하는 대학신문에 특별기고 형식으로 원고를 보냈다. 그 내용은 1998년 4월 13일자 국민대학보(688호)에 게재되었는데, 그 가운데 일부를 여기에 발췌, 소개하여 토론토대학에서의 연구 시절에 관한 내용을 마감하고자 한다.

내가 연구하던 토론토대학은 한국의 학생들에게는 미국의 대학만큼 그렇게 많이 알려진 대학은 아니나, 캐나다에서는 제일 가는 명문대학이고, 북미 대학 중 아이비리그에 속할 정도로 유명한 대학이었다. 이곳에서 발행되는 권위있는 잡지에 의해 캐나다 전체 대학에 대한 평가를 해마다 실시하고 있는데, 내가 연구하던 당시(1997-8)에도 토론토대학이 교수진과 시설, 학생지원시스템, 후생복지 등, 모든 면에서 으뜸가는 대학으로 선정되었다. 그러나 무엇보다도 토론토대학이 명문일 수 밖에 없는 세 가지 이유는 뛰어난 교수진과 시설, 그리고 교직원을 위한 후생복지를 꼽지 않을 수 없다. 내기 연구하던 당시(1997)를 기준으로 설립된 지 171년 째가 되는 토론토대학, 학생 수 5만 2천여 명에 만 명이 넘는 교수진과 28만 명이 넘는 졸업생을 배출한 명문, 대학의 일 년 예산이 8조 4천 억원이 넘고 천 만권이 넘는 장서와 북미 최대의 연구도서를 자랑하는 도서관 시설을 가진 토론토대학은 영국이나 미국에 비해 비교적 짧은 역사에도 불구하고 세계적으로 내놓을 자랑거리가 많다. 과학 분야에서는 북미에서 가장 우수한 우주항공연구소가 있고, 인문분야에서는 내가 연구교수로 있던 중세연구의 세계적인 연구소인 중세연구소(CMS, PIMS)와 노스롭 후라이홀(Northrop Frye Hall)이 있다. 노스롭 후라이(1912-1991)는 캐나다 퀘벡주에서 태어나 토론토대학을 졸업하고 후에 캐나다 연합교회의 목사가 되었으며 토론토대학에서 영문학 교수로 재직하면서 학자, 비평가로 활동한 인물이다. 그의 사후, 그를 기념하여 만든 노스롭 후라이홀에서는 문학비평은 물론, 각종 문학 세미나가 열린다. 그런가 하면, 당뇨병 치료약인 인슐린을 발견하여 1923년 노벨 생리.의학상을 받은 프레데릭 벤팅경Sir Frederick G. Banting이 토론토대학의 생리학 교수로 있었으며, 레이저의 발달에 기여하여 노벨 화학상을 받은 폴라니John C. Polanyi도 토론토대학의 교수였다. 헝가리 태생의 폴라니 교수는 1956년부터 토론토대학에서 강의를 시작하였으며 1974년 교수로 임용되었고 적외선 화학발광 기술을 개발함으로써 화학반응 중에 발생하는 과잉 에너지의 규명에 기여한 화학자였다. '행복한 내세'Sweet Hereafter란 영화를 만들어 캐나다 최고의 상을 탄 37세의 젊은 에고얀Atom Egoyan 감독도 이 대학 출신이다. 그리고 무엇보다도 세계적으로 유명한 고대영어사전 편찬이 바로 이 대학에서 이루어지고 있다. 이 편찬 작업의 책임자가 다름 아닌 힐리Antonette diPaolo Healey 교수였다. 나는 그녀를 만날 때마다 토니Toni라는 애칭으로 불렀다. 토론토의 로바츠 도서관에 일단 들어오면 아침부터 저녁 12시까지 밖에 나가지 않아도 공부와 식사 등, 모든 것이 해결되는 곳, 컴퓨터가 층마다 있어서 아무데서나 책을 검색할 수 있고 컴퓨터로 대출기간을 연장할 수도 있음은 물론, 인터넷으로 들어가서 각종 학술정보를 캐낼 수 있는 시설을 학생들에게 매우 저렴하게 서비스해주고 완벽할 만큼 잘 갖추어진 도서관 검색시스템은 나에게는 참으로 부러운 시설이었다. 그러나 그보다도 나를 한없이 부럽게 한 것은 도서관의 장서였다. 인문사회 분야를 비롯한 각 분야의 전문 사서司書가 수집하여 분류한 문헌들이 고대로부터 내가 연구하던 당시(1998)에 출간된 최근 문헌에 이르기까지 거의 빠짐없이 정리되어 서고에 보존되어 있었다. 나의 전공 분야인 고문헌연구나 영어사의 경우를 보더라도 우리나라 대학 도서관에서는 거의 찾아볼 수 없는 10-16세기의 귀중본인 고문헌을 위시하여 17세기 이후 최근에 나온 신간에 이르기까지 골고루 갖추어 놓아 연구서를 집필하는 과정에서 상당한 도움을 얻을 수 있었다.

서울을 떠나오기 직전, 영국의 출판사로부터 97년에 나온 신간 안내서를 받은 적이 있었다. 목차와 내용을 훑어보니 새로운 각도에서 영어의 역사를 다룬 매우 훌륭한 영어의 문화사였다. 책을 주문하는 일부터 시작하여 받아보는 데까지 적어도 3-6개월이 소요되는 터라, 후일로 미루고 토론토에 와서 혹시나 하고 도서 검색을 해보니, 이미 장서 목록에 포함되어 있었다. 그뿐이 아니었다. 97년에 나온 이와 유사한 분야의 문헌들이 모두 리스트에 올라와 있음을 알고 놀라움을 금치 못한 기억이 아직도 생생하다.

나는 토론토대학에서 연구 활동을 하는 동안 이 대학의 많은 학생들에게서 전체적으로 매우 검소하다는 인상을 받았다. 이것은 이 대학뿐만이 아니다. 70년대 중반 내가 시드니대학에서 공부하던 시절에도, 80년대 중후반 영국의 런던대학의 방문학자로 연구하던 시절에도 한결같이 느꼈던 일이다. 청바지에 티셔츠, 그리고 가벼운 스웨터 하나 걸치면 그만이다. 도서관 아무 데서나 편히 앉아 책을 볼 수 있고, 누구를 만나 얘기를 나눠도 옷에 신경을 신경 쓸 일이 없으니 오히려 공부에 더 전념하게 될 터이니까. 그런데, 공부도 중요하지만 이 대학에서는 과외 활동을 매우 중요시한다. 다양한 사회봉사 활동과 과외 활동을 통해 학생들이 대학과 사회를 보다 더 잘 이해하고 사회에의 적응력을 높이도록 힘쓰고 있다. 학점은 매우 엄격하여 해마다 입학생의 절반 정도가 2학년으로 올라가면서 자의반, 타의반으로 탈락하며 입학생의 오분의 일 정도가 졸업한다는 이 대학의 학사운영제도는 우수한 졸업생만을 배출시키는 유럽이나 미국의 대학제도와 별 다를 바가 없다. 다만, 차이가 있다면, 졸업 후의 좋은 직장이 보장된다는 점이다. 1979년 한국의 대학에 유럽식 졸업정원제도를 시행하려다가 끝내 실패한 적이 있었는데, 아마도 유럽이나 미국의 제도와는 다른, 한국 대학만이 지닌 독특한 문화 및 정서가 낳은 복합 현상이 아니었을까 싶다.

매일 어디선가 상연되는 연극에 많은 사람들로 혼잡을 이루는가 하면, 연중 각종 콘서트가 끊임없이 열리고, 캐나다 출신 감독인 카메룬이 만든 영화인 「타이타닉」이 「쥬라기 공원」의 흥행을 앞지르면서 아직도 영화관 앞에 사람들로 성황을 이루고 있는 도시, 토론토. 170여 개의 나라에서 모여든 이민들이 30여 개의 언어를 사용하면서 저마다 독특한 커뮤니티를 이루어 사는 복합문화 동네인 토론토. 이런 소지구촌에서 우리는 무엇을 배워야 할 것인지를 토론토에 와서 연구하고 생활하는 동안 나의 전공이외에 내가 만난 각계각층의 다양한 사람들로부터 많은 것을 배우면서 스스로를 곰곰이 생각해 보는 계기가 되었다.

내가 90년대 후반 해외에서 보낸 두 번째 나라인 캐나다의 토론토는 원주민인 모호크족이 사용한 어휘에서 유래하여 '물 속의 숲'이라는 뜻을 지닌 지명에서 나왔다고 한다. 17세기에 프랑스 탐험대가 'Lac Taronto'로 기록하다가 영어 표현인 'Lake Toronto'로 음차音借한 것이 이후에 지역 전체를 부르는 말이 되었다. 한편으로는 '만남의 장소'를 뜻하는 휴런Huron 족의 단어인 'Toronton'에서 도시 이름이 유래되었다는 설도 있다. 1867년 캐나다 연방 성립 당시, 프랑스계 인구가 많이 사는 몬트리올과 영국계 인구가 많이 사는 토론토 가운데 어느 쪽을 수도로 정할까를 가지고 갑론을박하던 차에, 국가의 균형 발전을 위해 인구 2만이 채 되지 않는 곳인 오타와Otawa가 결국 캐나다의 수도가 되었다. 실제로 영국과 프랑스 간의 갈등 이외에도 오타와 강의 상류 깊숙한 곳에 위치한 오타와가 미국의 공격에 대한 방어에 상대적으로 적합하다는 영국 빅토리아 여왕의 전략적 판단도 수도首都 결정에 한 몫을 했다는 이야기도 전해 내려오고 있다.

사진첩

헬싱키대학에서 만난 야첵 휘샥(Jacek Fisiak, 1936-2019) 교수. 캠브리지 학회(1987)에서 처음 만난 이후, 필자와 30년 가까이 유럽과 일본의 여러 학회에서 만나 학문적이고 개인적인 교분을 돈독하게 쌓아온 세계 역사영어사학계의 거목(巨木)이었다.

대학 신입생 시절(1965-6). 오른쪽 뒤로 이종수 학장, 피천득, 레이너, 장왕록, 전상범 교수. 앞줄 왼쪽에서 두 번째가 필자. 결혼식때(1973) 이종수 학장이 주례를 서 주셨다. 20살 전후였던 우리들의 옛 모습이 그리워지는 사진.

1960년대 초반, 성경반에서 함께 활동했던 그리운 얼굴들(3S멤버). 앞줄 맨 왼쪽이 필자. 오랜 세월이 흘러 이름은 모두 잊었지만 추억만은 남아 영원히 가리라.

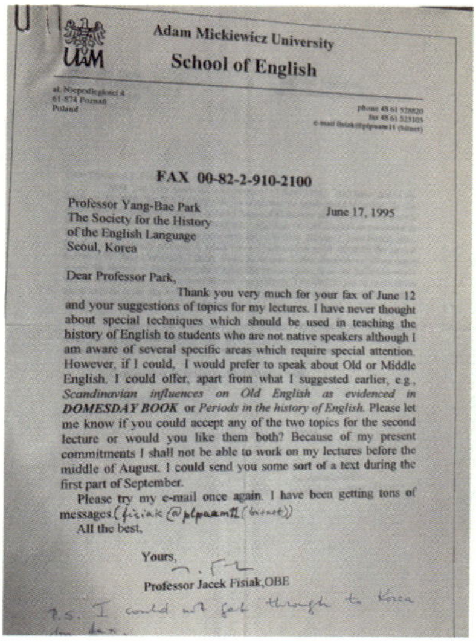

Adam Mickiewicz University

School of English

al. Niepodległości 4
61-874 Poznań
Poland

phone 48 61 528820
fax 48 61 523103
e-mail fisiak@plpuam11 (bitnet)

FAX 00-82-2-910-2100

Professor Yang-Bae Park
The Society for the History
of the English Language
Seoul, Korea

June 17, 1995

Dear Professor Park,

Thank you very much for your fax of June 12 and your suggestions of topics for my lectures. I have never thought about special techniques which should be used in teaching the history of English to students who are not native speakers although I am aware of several specific areas which require special attention. However, if I could, I would prefer to speak about Old or Middle English. I could offer, apart from what I suggested earlier, e.g., *Scandinavian influences on Old English as evidenced in* ***DOMESDAY BOOK*** or *Periods in the history of English.* Please let me know if you could accept any of the two topics for the second lecture or would you like them both? Because of my present commitments I shall not be able to work on my lectures before the middle of August. I could send you some sort of a text during the first part of September.

Please try my e-mail once again. I have been getting tons of messages.(fisiak@plpuam11(bitnet))

All the best,

Yours,

Professor Jacek Fisiak,OBE

P.S. I could not get through to Korea by fax.

야첵 교수가 나에게 보낸 편지와 사인(1995. 6월 17일) 영어사학회의 초청으로 서울과 제주에서 특강을 하였음.

케이코 이케가미 교수의 손편지

미치코 교수(지바국립대)가 보낸 편지와 엽서(2013. 9.26)

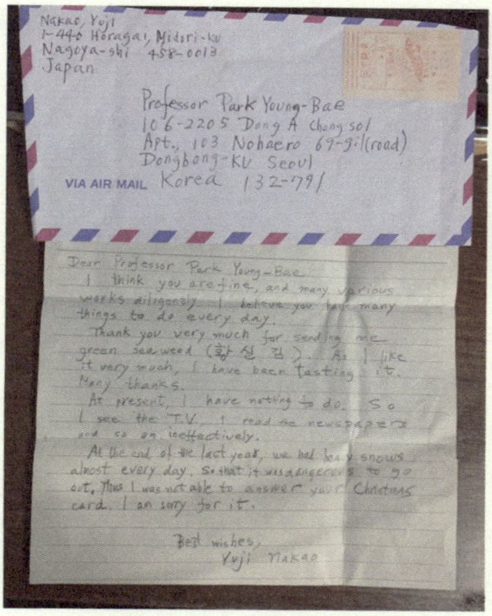
Nakao, Yuji
1-440 Horagai, Midori-ku
Nagoya-shi 458-0013
Japan

Professor Park Young-Bae
106-2205 Dong A Chong-sol
Apt., 103 Nohaero 69-gil(road)
Dongbong-ku Seoul
VIA AIR MAIL Korea 132-791

Dear Professor Park Young-Bae
I think you are fine, and many various works diligently. I believe you have many things to do every day.
Thank you very much for sending me green sea weed (황실 김). As I like it very much, I have been tasting it. Many thanks.
At present, I have nothing to do. So I see the T.V., I read the newspapers and so on ineffectively.
At the end of the last year, we had heavy snows almost every day. So that it was dangerous to go out. Thus I was not able to answer your Christmas card. I am sorry for it.

Best wishes,
Yuji Nakao

아키오 교수(도시샤대)와 필자(1994)

유지 나카오 교수(나고야대)가 보낸 손편지

준 테라사와 교수(도쿄대)가 보낸 편지. 아내와 외동딸 사진을 넣은 화려한 편지(2014.12) 준 테라사와 교수는 요시오 테라사와(도쿄대 명예교수)의 아들.

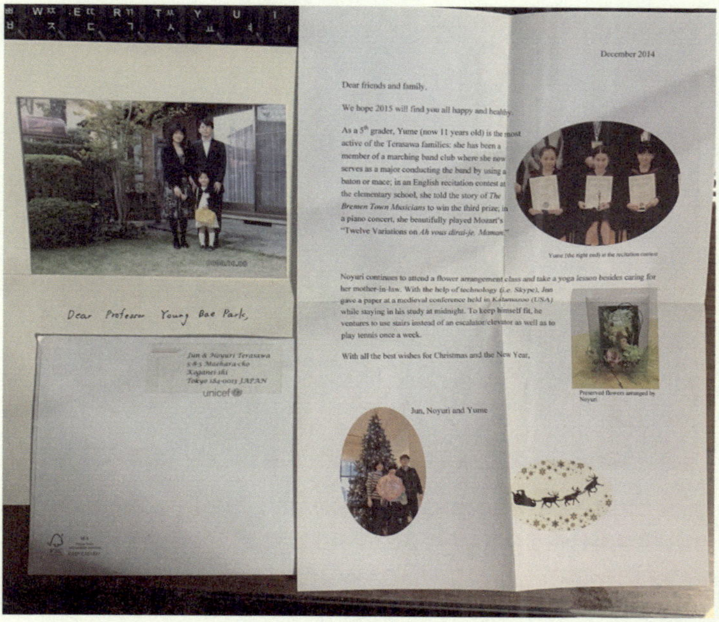
Dear Professor Young Bae Park,

Jun & Noyuri Terasawa

December 2014

Dear friends and family,

We hope 2015 will find you all happy and healthy.

As a 5th grader, Yume (now 11 years old) is the most active of the Terasawa families: she has been a member of a marching band club where she now serves as a major conducting the band by using a baton or mace; in an English recitation contest at the elementary school, she told the story of *The Bremen Town Musicians* to win the third prize; in a piano concert, she beautifully played Mozart's "Twelve Variations on *Ah vous dirai-je, Maman.*"

Yume (the right end) at the recitation contest

Noyuri continues to attend a flower arrangement class and take a yoga lesson besides caring for her mother-in-law. With the help of technology (i.e. Skype), Jun gave a paper at a medieval conference held in Kalamazoo (USA) while staying in his study at midnight. To keep himself fit, he ventures to use stairs instead of an escalator/elevator as well as to play tennis once a week.

With all the best wishes for Christmas and the New Year,

Preserved flowers arranged by Noyuri

Jun, Noyuri and Yume

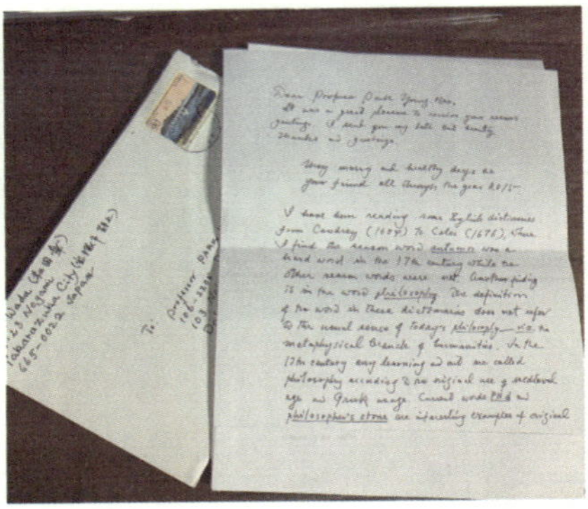

아키라 와다(Akira Wada) 교수의 편지.

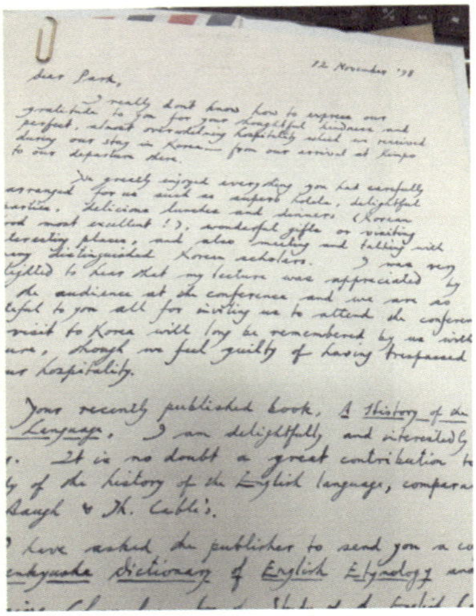

요시오(Yoshio) 교수가 보낸 편지의 일부

주한 폴란드 대사관저에서(1995). 왼쪽부터 박영배, 폴란드대사, 야첵, 김인숙, 조성식교수. 한국 영어사학회에 참석차 내한한 야첵 교수를 폴란드대사가 영접하였다. 야첵 교수는 폴란드 교육부 장관을 역임하기도 하였다.

이마이 교수 고희기념논문집 출판기념회(2009/오사카). 앞줄 가운데가 이마이교수, 바로 뒤에 있는 분이 이마이 교수의 부인 야수미여사. 필자는 이마이교수의 초청으로 이 기념회에 참석하여 논문집 출간을 축하하는 인사말을 하였음.

캠브리지학회(1987.4)에서 만난 드카이저(루벵대), 트로고트(스탠퍼드대), 야첵 교수

일본영어사학회가 열린 히로시마대학 참석 후, 고궁 앞에서(2007). 맨 왼쪽부터 리나 (헬싱키대), 요시유키(히로시마대), 한스(뮨헨대), 힐리(토론토대), 박영배(국민대)

한국영어영문학회(ELLAK) 회장 시절 국제학술대회에서(2006년 동국대) 인사말을 하는 필자.

영어영문학회 국제학술대회(2006. 6.22-24. 동국대). 왼쪽부터 김영민(총무), 한스(뮨헨대), 안토니 교수(서강대) 및 박영배(회장, 국민대)

토론토주재 한국총영사관에서 모인 한국 학자들(1998.5.22.).
박대원 총영사(fourth from left). 토론토대 연구교수로 있던 시절.

런던대 방문학자로 있던 시기(1986-7)에 만난 SOAS 한국학과의 스킬랜드(W. Skillend) 교수. 당시 런던에 유학중이던 강혜경-박종성 선생 내외와 함께. 스킬랜드 교수는 1950년대 초 서울대에서 한국의 시조문학으로 박사학위를 취득한 뒤, 런던대에 최초로 한국학과를 개설한 학자이다. 박선생은 충남대 영문과, 강선생은 열린 사이버대 교수로 재직하고 있다.

김방한 교수와 함께. 서울대 언어학과 박사과정 시절(1980-1982). 왼쪽부터 박주현, 윤만근, 김방한, 김기섭, 김경학 교수와 필자.

폴란드 미키에비츠대에서 열린 중세영어학회에 참석한 한국 학자들(1996). 뒷줄 왼쪽부터 이동국교수. 두 사람 건너 권혁승교수. 앞줄 왼쪽부터 박충연, 야첵, 필자, 장근철 교수. 야첵과 필자 사이에 있는 여성이 후에 야첵의 두 번째 아내가 된 릴리아나 시코르스카(미키에비츠대 교수).

일본영어사학회에서의 발표를 끝내고. 왼쪽부터 에비(고베대), 미치코(지바대), 한 사람 건너 요시유키(히로시마대), 한 사람 건너 필자, 마사토모 우카지(도쿄학예대), 앉은 분 왼쪽(유지 나카오 교수) 및 그 옆이 미츠노리 이마이 교수.

힐리Toni Healey 교수댁에서 남편과 함께(1997). 토론토대 중세연구소 연구교수로 있던 시절, 당시 힐리 교수는 컴퓨터기반 고대영어사전 편찬의 책임자로 있었다.

이탈리아 북부의 중세도시 베르가모(Bergamo) 학회에 모인 학자들(2006). 유럽과 북미권 중세 학자들이 한자리에 모여 사진을 찍다. 가운데 뒤쪽에 필자가 서 있는 모습이 보인다.

옥스퍼드대에서 미첼교수를 만나다(2002)

필자를 마중나온 미첼교수(2002)

『앵글로색슨족의 역사와 언어』 출판기념회(동덕갤러리)에서 만난 이맹성교수(2001). 옆에는 나의 아내.

출판기념회에 참석한 학계의 일부 원로 및 중진 학자들(2001). 김인숙, 박순함, 전상범, 조성식, 이맹성, 문용, 조병태, 김용권, 박병수, 이환묵 교수와 함께 학계의 중진 교수들이 참석하였다. 뒷줄에 정연선, 임혜순, 김태진, 김준호, 최병정, 이범진, 오석현, 박익두, 전재근(앞줄 오른쪽 끝) 교수. 필자 뒤에 김경희 (지식산업사) 사장도 보인다.

필자의 화갑논문출판회에 모인 국내외 학자들. 앞줄 왼쪽으로부터 유지 나카오, 요시오 테라사와, 야첵 휘샥교수 내외, 필자와 아내, 조성식교수. 뒷줄 왼쪽으로부터 요시오 교수의 부인(노부코 여사), 이마이교수 내외, 강혜경교수, 뒷줄 왼쪽에 윤종렬, 강영세, 장근철, 송민영 교수.

유지 나카오 교수 및 필자 내외와 함께. 기념회가 끝난 뒤 정동극장으로 가는 길에 서울 시청 근처에서 찍은 사진. 유지 교수는 필자가 일본 중세영어영문학회에서 강연할 때 필자에 대한 소개와 한국의 중세연구에 대해 상세하게 소개하기도 하였다.

경주에서 열린 한국영어영문학회에 참석한 요시오 교수 내외와 함께. 왼쪽부터 조성식, 오석현, 김명숙, 김준호. 요시오 교수 내외, 이필환, 김용권, 장영준, 이상옥(회장), 및 필자(부회장).

일본 지바대에서 열린 1차 일본영어사학회에서(2005). 왼쪽에서 다섯 번째가 힐리 교수, 그 옆이 미치코 교수, 뒤에 보이는 분이 한스 교수. 미치코 옆에 리나(헬싱키), 게이코 교수, 스즈키 교수가 보인다.

예스페르센 특강(원광대학교. 2012.4.18.) '시대를 앞선 영어학자의 생애와 언어세계'란 제목으로 원광대 고전강좌 시리즈의 하나로 진행된 강의. 예스페르센(O. Jespersen)의 문법세계, 그의 문법 철학, 언어관 및 영어학자의 생애를 조명한 특강.

한국영어학학회를 끝내고 코리아 하우스에서 초청 학자 및 국내 학자들과(2004. 6.). 앞줄 왼쪽부터 윌리엄 교수(라이덴대) 부부, 임혜순, 미치코(지바대), 김진우, 김명숙, 박충연, 필자, 이필환 교수. 뒷줄 왼쪽부터 준 테라사와(도쿄대), 마사토모 우카지(도쿄학예대), 이용재, 매티 리쌰넨 교수(헬싱키대) 부부. 맨 뒷줄 왼쪽부터 김인숙, 조성식, 고광윤, 손창용, 전상범, 김준호 교수.

서울대에서 열린 훈민정음학회에 참석한 외국 학자들.(2007) 오른쪽에서 두 번째가 필자. 왼쪽에서 7번째가 이 학회 회장인 김주원교수(서울대 언어학과). 필자는 이 학회에서 루운 문자(runes)와 고대영어의 관계에 관한 발표를 하였다.

대학 교재인 「영어학의 이해」의 저자들과. 앞줄 왼쪽부터 이맹성 교수와 김경희 사장 뒷줄 왼쪽부터 강영세, 박영배, 김영석, 박주현, 김경학, 윤종렬 교수.

인사동에 있는 찻집 '귀천'에서 왼쪽 앞줄에 천상병 시인의 미망인 목순옥여사. 오른쪽 뒤로부터 안토니 수사, 폴 샤마크(미국중세학회 회장), 필자. 목순옥여사는 1985년부터 '귀천'을 운영하였고 2010년 향년 75세의 나이로 별세하였다.

중세영문학회 창립총회 및 학술발표회에서(1993). 고인이 된 김진만, 이근섭 교수가 보임. 뒷줄 맨 왼쪽이 필자. 뒷줄 가운데 김재환 교수 옆에 안토니 수사(서강대)도 보인다. 이 학회는 후에 중세근세영문학회(MEMESAK)로 명칭을 변경하였다.

국민대에서 열린 영어사학회(2000) 가을학회가 끝난 후 정성진 총장(국민대)을 방문한 학자들. 왼쪽부터 시계 방향으로 필자, 김인숙 교수, 조성식 교수, 총장, 유지 나카오, 마사유키 오카도 교수.

히로시마 원폭공원을 찾은 학자들. 왼쪽부터 필자, 한스, 리나, 요시유키, 힐리 교수. 뒤에 보이는 건물이 히로시마에 원자폭탄이 떨어진 바로 그 자리에 남은 잔해殘骸로, 오늘날 이것을 그대로 보존하고 있다고 한다.(2009)

일본중세영어영문학회 설립 20주년 기념대회에서 초청 강연을 하는 필자(2004). 유지나카오 교수가 사회를 보면서 나의 이력과 경력 및 당시 한국영어학 연구 상황에 관해 일본어로 상세히 소개하였음.

학회가 끝난 뒤의 파티석상에서. 왼쪽부터 필자, 요시오 테라사와(도쿄대 명예교수), 유지 나카오 교수 및 요시오 교수의 아들인 준 테라사와(도쿄대 영문과) 교수.

Obituary

Bruce Mitchell, 1920-2010

An important era in Hall life came to an end on 30 January with the death of Bruce Mitchell, the last of the troika of English dons who collectively taught the subject for over 100 years. Much loved as a tutor, devoted chapel-goer and Tutor for Graduates, Bruce was one of the most distinguished and renowned scholars in his field. He inspired generations of students, not only with his enthusiasm for Anglo-Saxon, but with his practical good sense and generosity of spirit.

Raymond Bruce Mitchell (known as Bruce from birth) was born on 8 January 1920 in New South Wales. His father was a Minister, so family life was spent on the move. He went to school in Hobart, Adelaide, and Melbourne, becoming a teacher in Victoria while at the same time pursuing part-time studies in the University of Melbourne, where he graduated in 1940. During the war, he served in a tank regiment originally intended to go to North Africa, but after the fall of Singapore kept back in Australia for possible defence against Japanese invasion. Discharged in 1946, he remembered his army years as happy and valuably formative.

After a brief post-war period running a printing company in Melbourne, he returned to University in 1947 to complete an MA in English. It was while struggling to master Anglo-Saxon – a necessary qualification for his degree – that he became hooked by the language. Most people would have been deterred by the shortage of good textbooks on the subject, but this only acted as a spur to Bruce's perseverance and curiosity. The rest of his academic life was dominated by his passion for the rigorous discipline of Old English syntax. In 1952, he was awarded an MA with First Class Honours for a highly specialised thesis on Adverb Clauses in Old English Prose. This was a very happy period in his life, not least because he met his English wife-to-be, Mollie, with whom he came to Oxford when he was awarded a Scholarship for study abroad. He wrote his D.Phil thesis on Subordinate Clauses in Old English Poetry at Merton, and in 1953 he and Mollie were married in the Church of St Peter-in-the-East.

In 1954-1955, Bruce was a Lecturer at Merton College, and also at the Hall. In 1955 he was elected a Fellow and Tutor at SEH, partly on the strength of a superlative reference from JRR Tolkien. After successfully completing his D.Phil, he began *Old English Syntax*, a labour of love which lasted 25 years. In assembling this magnum opus, he had Mollie's unfailing encouragement, as well as her practical support as skilled typist and proof-reader. The massive two-volume work was published in 1985, and awarded the Sir Israel Gollancz Memorial Prize by the British Academy two years later. Bruce, with characteristic good humour, inscribed his advance copy: 'Requiem for a Misspent Middle Age 1959 – 1985.' Meanwhile, he also published, with Fred Robinson, his *Guide to Old English* (1967) – an essential textbook, now in its seventh edition – and many other scholarly works. Well into his retirement (which started in 1987) his productivity was formidable: his *Invitation to Old English and Anglo-Saxon England* (1994) proved immensely successful in reaching a wide readership and transforming the discipline. Complete with a map, 36 illustrations, a glossary, and two indexes, this vivid and erudite account of Anglo-Saxon society entices its readers with a 'menu' and 'five courses for you to make your choice' – evidence of the practical pedagogy which made Bruce so influential. A festschrift, *Inside Old English*, compiled in his honour in 2006, acknowledged that 'his impact on the study of Old English as both teacher and scholar is literally incalculable'.

Bruce was an inspirational tutor, who regarded his teaching as integral to his research. He earned his students' respect with his dedication to his subject, and won their undying affection with his [illegible] collection of anecdotes, jokes, aphorisms, and quotations – some of them in Latin and Old English. The tutorial system enabled him, as he himself put it, to 'drink from a living stream'. At the end of each day of tutorials he did just that – his personal tankard awaiting him in the buttery. The Hall suited him, and he gave generously of his time to college life, especially the chapel. He was a methodical man, who believed in maintaining strict routines. During his 'misspent' middle age, he got up early, working for several hours before breakfast and taking a brief nap in the early afternoons. He always sat in the same place at the foot of the table in Governing Body meetings, wearing a green eye-shade and delivering his opinions forthrightly. He served for many years as Tutor for Graduates – his hearty welcome and anti-English jokes securing his popularity with the Hall's overseas students. He was an active sportsman, keen on hockey, tennis, and beagling, and a fanatical supporter of Australian cricket. He wore his massive erudition lightly – for which, as for much else, he will always be remembered fondly. **Prof Lucy Newlyn**

Inside Old English: Essays in Honour of Bruce Mitchell **Edited by John Walmsley (1957, English)**

As so often happens with these things, the idea of a *festschrift* came to me as Bruce and I were musing in the buttery one evening over a pint. In view of his contributions to the study of Old English over 40 years, and his international reputation as a scholar of Old English, I asked Bruce whether anyone had thought of presenting him with a *festschrift*. His 'No, not so far' was the starting signal for a project which was to take five years to complete.

The authors of the papers are all scholars with whom Bruce had close connections over the years, as colleagues, as co-authors of works on Old English, or as former students. Colleagues from the United States and Canada, Australia and Japan offered contributions, as did scholars from Finland, Germany and of course the UK. The essays themselves cover topics from the whole spectrum of Old English philology – textual criticism, hermeneutics, grammar, and the lexicon – all of them areas in which Bruce made contributions of central importance. Each essay in its own way represents the state of the art in its chosen field.

In addition to the essays and other scholarly accoutrements, the volume contains a [illegible]

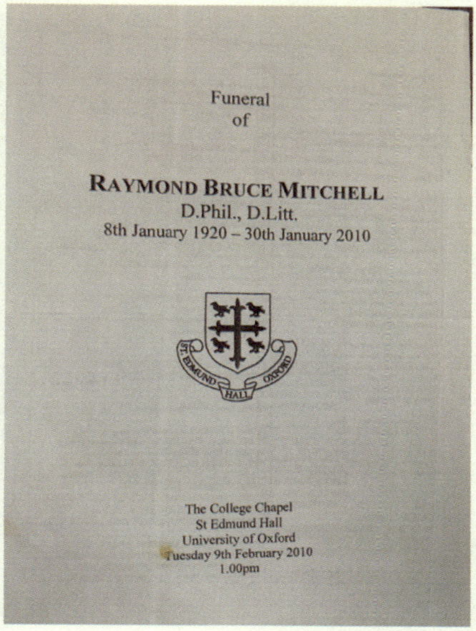

Funeral
of

RAYMOND BRUCE MITCHELL
D.Phil., D.Litt.
8th January 1920 – 30th January 2010

The College Chapel
St Edmund Hall
University of Oxford
Tuesday 9th February 2010
1.00pm

미첼교수(1920-2010)의 부음(訃音)을 알린 신문(*The Austraiian*)과 장례식 팜플렛 표지.

Bruce Mitchell(*Inside Old English*, 2006)

독일 뮌헨대학에서 열린 역사영어학 국제학술대회에 참석한 학자들(2008). 영어 방언학 발표 그룹. 맨 오른쪽이 필자.

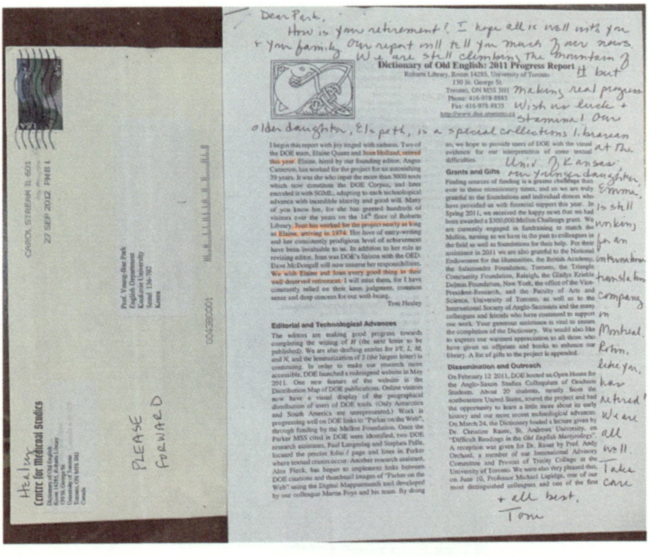

컴퓨터기반 고대영어사전의 책임 편찬자였던 힐리(Healey) 교수가 보낸 편지와 고대영어사전 소식지(2011). 힐리는 내가 퇴임한 뒤에도 오랫동안 소식지를 꾸준히 보내 주었다.

한국영어영문학회 회장 시절 상임이사들과 함께 학회 사무실에서(2005-7). 이 시기에는 학회의 사무실이 피어선빌딩 6층에 있었다. 이들 중, 김영민 교수(동국대)는 29대, 신문수 교수(서울대)는 30대, 여건종 교수(숙명여대)는 37대 회장이 되었다.

국민대 재직시절 가장 가깝게 지낸 제자들. 뒷줄 왼쪽부터 시계방향으로 장근철, 이지현, 서지영, 노윤아, 이자원, 필자, 유도형(유영아) 교수. 유 교수는 교양대학 영어과 주임교수로 재직 중에 있다. 필자의 저서인 『켈트인 그 종족과 문화』(2018) 사인회가 끝나고 찍은 사진.

간행물윤리위원회(문광부 산하기관)의 5분과 심의위원장으로 활동하던 시절 (2007-9). 당시 이 위원회는 국립국어원 건물(방화동)에 있었다.

미공보원에서 열린 「문학세미나」에 참석한 교수들. 왼쪽에서 네 번째가 공보원장. 앞줄 왼쪽부터 신정현, 권택영, 필자, 공보원장, 김용권, 정연선, 김재민 교수.

정년퇴임기념 강의(국민대 본관 4층, 2010)

정년퇴임기념 강의를 끝내고 교수 및 제자들과(국민대, 2010.8.). 앞줄 왼쪽부터 김태우(학과장), 강규한, 윤종렬, 강영세, 필자, 이일환, 김효영, 장근철 교수(교대원). (가운데 뒤쪽으로) 제자인 수락차, 채수진, 이주희 선생, 대학(원) 제자들이 보인다.

영어영문학회 회장(2005-7) 시절 영국문화원 관계자들과 함께(2006). 왼쪽부터 김영민 교수. 문화원장, 아시아국장, 안토니 수사(서강대), 필자.

정년퇴임식 및 환송회를 끝내고(2010.8. 프레지던트호텔). (맨 뒤쪽 왼쪽부터) 장근철, 문승철, 황인태, 권영국, 이범진, 윤종렬, 이병춘, 이필환, 김기호, 이종은, 윤명로, 최예정, 강지수 교수. (가운데 시계방향으로) 김경애 교수. 문안나, 김경학, 박주현, 이자원, 박충연, 강영세, 문승철, 여인천, 이광복, (맨 앞줄 왼쪽부터) 김찬묵, 이달표, 이경남, 유봉우, 정정호, 필자, 김경희 사장(지식산업사), 이영옥, 정연선, 신문수, 강혜경 및 김영민 교수,

닐 스미스(Neil Smith)교수가 서울에 왔을 때 코리아 하우스에서(2007.1). 런던대 교수로 영국언어학회 회장을 역임한 그는 필자가 런던대 방문교수(1986-7)로 있을 때 처음으로 만나 인연을 맺었다. 나의 제자인 강혜경 교수(열린사이버대)의 런던대 박사학위 논문 지도교수였다.

조성식 교수댁을 찾은 어느 날 그의 정원에서(2006). 한국영어사학회의 든든한 버팀목이 되었던 한국영어학의 거목이신 선생은 2009년 12월 23일 숙환으로 별세하였다. 향년 87세.

대학 졸업후 서울예술고교에서 영어교사로 처음 부임하던 시절(1972). 27세

대학 입학한 후 새내기 시절에 캠퍼스에서 찍은 사진(1965). 20세.

필자의 近影(2021)

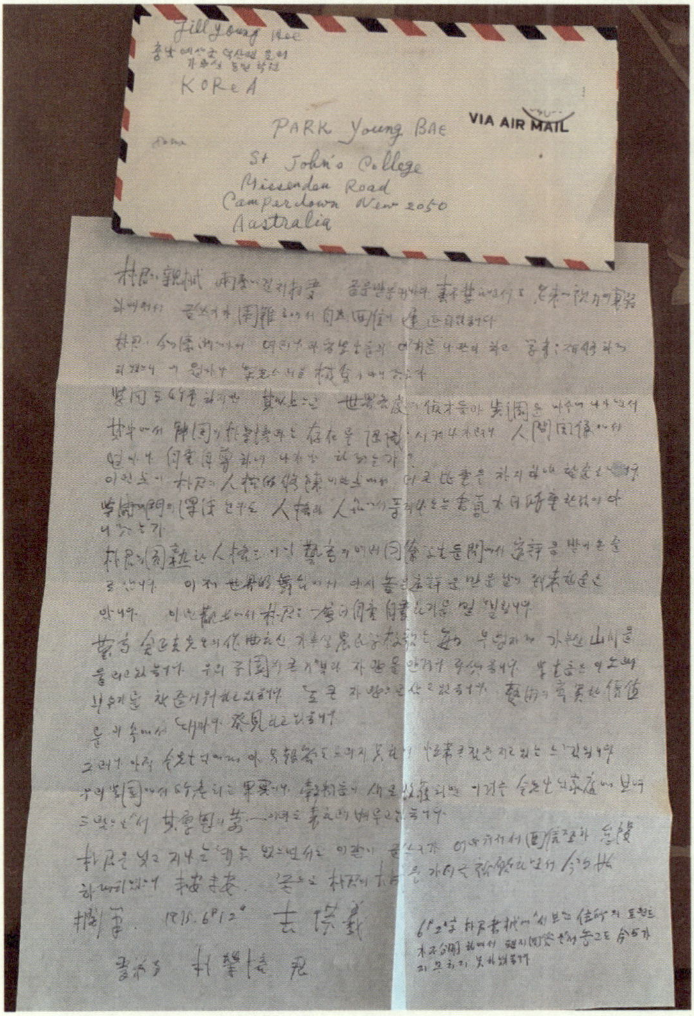

필자가 시드니대학에 있던 시기(1975)에 받은 길영의 교장(전 제물포고)의 손편지. 읽기에 난해한 국한문 필체임에도 필자에 대한 진심어린 격려와 분발을 촉구하는 내용임. (본문 1장과 2장의 후반 내용을 참조하기 바람)

런던대에서 연구하던 시기에 김방한 교수가 필자에게 달필로 써서 보낸 손편지(<1>과 <2>)(1986). <3>은 편지 겉봉. 보낸 날짜는 12월 6일로 찍혀있고 12일에 받아서 당일 답장을 보냈다고 적어 놓은 것이 보인다. 김 교수의 달필이 눈에 띈다.

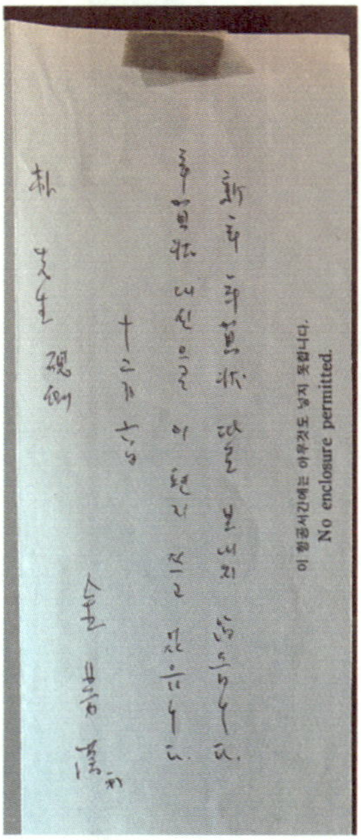

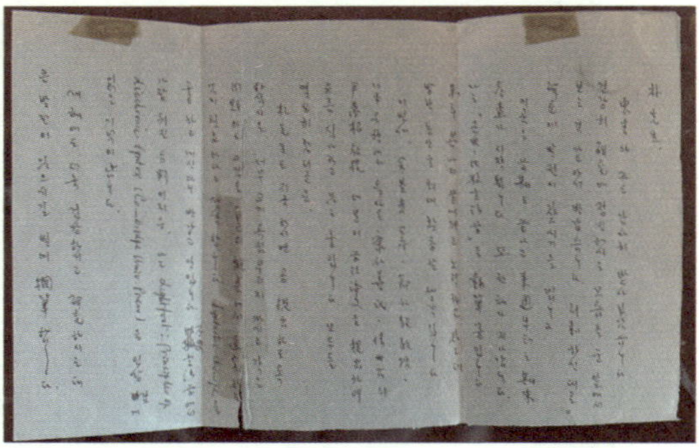

<1>

<2>

<3>

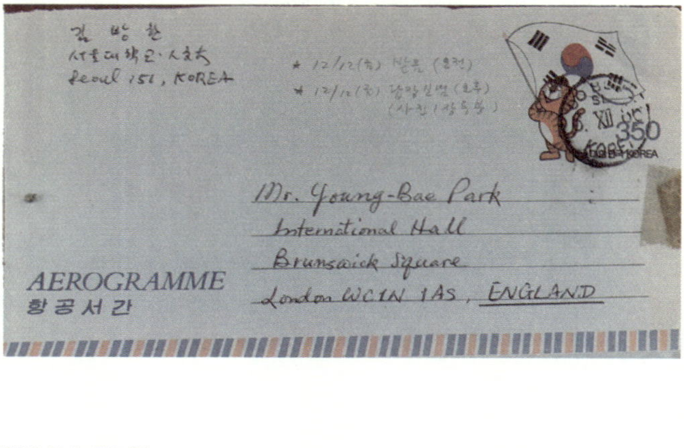

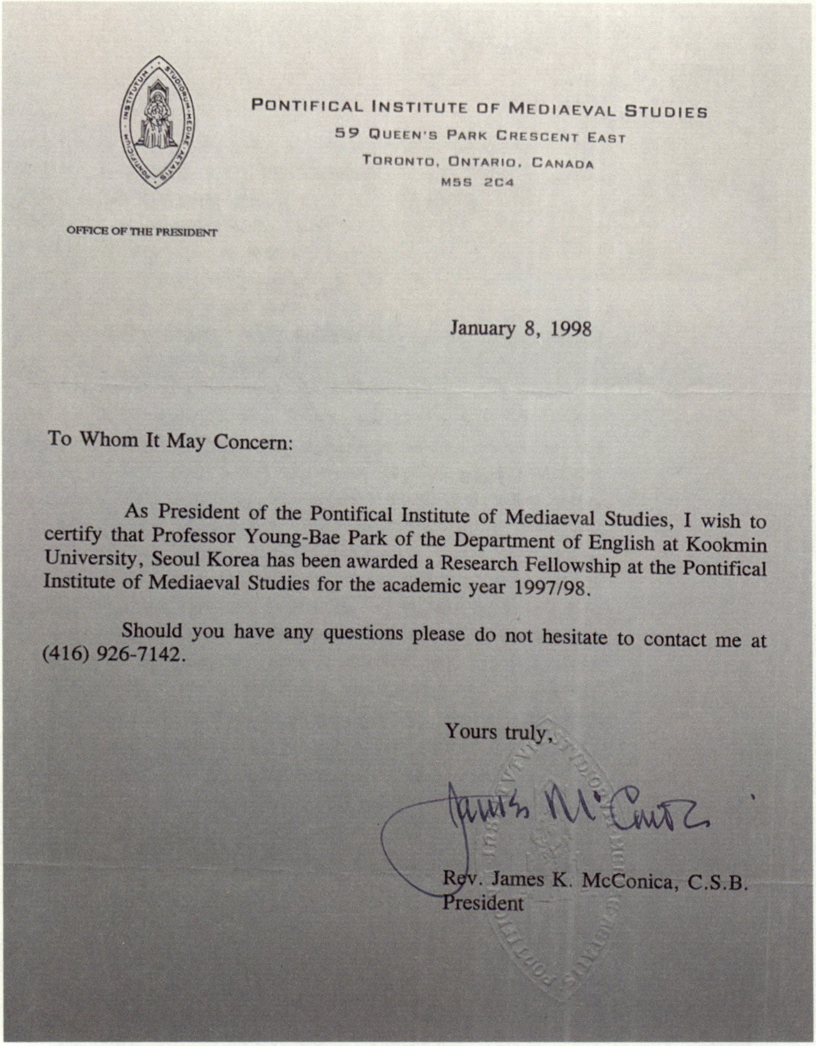

PONTIFICAL INSTITUTE OF MEDIAEVAL STUDIES
59 QUEEN'S PARK CRESCENT EAST
TORONTO, ONTARIO, CANADA
M5S 2C4

OFFICE OF THE PRESIDENT

January 8, 1998

To Whom It May Concern:

As President of the Pontifical Institute of Mediaeval Studies, I wish to certify that Professor Young-Bae Park of the Department of English at Kookmin University, Seoul Korea has been awarded a Research Fellowship at the Pontifical Institute of Mediaeval Studies for the academic year 1997/98.

Should you have any questions please do not hesitate to contact me at (416) 926-7142.

Yours truly,

Rev. James K. McConica, C.S.B.
President

토론토대 중세연구소(PIMS)의 연구 장학금(Research Fellowship)을 받게 되었다는 편지 (필자는 1997-1998년까지 중세연구소(PIMS 및 CMS)에서 연구함)

국민대 연구실(퇴임 전)

사직연구실-1(퇴임 後)

사직연구실-2(퇴임 後). 퇴임한 뒤에도 광화문연구실(2010/8-2013/2) 및 사직연구실(2013/3-021/1) 에서 모두 10년 4개월 간 연구, 강의 및 저술 활동을 하면서 지냈다.

제 7 장

교류교수 시절: 회고

<회고에 앞서> 나는 국민대학교에 재직(1981-2010)하는 동안 두 번에 걸쳐 지방에 있는 국립대학에서 각각 1년(1-2학기) 동안 교육부 산하 대학교육협의회의 심사를 거쳐 교류 교수로 선정되어 연구 활동을 계속하였다. 나는 늘 그랬듯이, 한 대학에만 있으면서 강의와 연구를 지속하는 것은 전공 학문의 경우 일정한 한계가 있다고 생각해오던 터였다. 유럽과 일본에서 열리는 전공 분야와 관련된 국제학술대회에 1987년 이후 20년 넘게 참석한 것도 나의 전공 분야 강의와 연구의 지평을 지속적으로 넓혀가려는 의도에서였던 것이다. 교육부 산하 대학교육협의회에서는 서울과 지방에 있는 대학에 교류교수를 상호 파견하는 프로그램을 운영해 왔는데, 나도 이 프로그램에 응시하여 서울 이외의 지역에 있는 국립 또는 사립대학에서 새로운 강의 및 연구 경험을 시도해 보겠다는 생각을 하게 되었다. 다행히도 내가 보낸 연구계획서Study Plan가 무난히 통과하고 강의하고자 하는 대

학의 영어영문학과(전남대) 또는 영어교육학과(충북대)에서 나의 교류 참여를 동의해 준 덕택에 무사히 교류 교수로서 연구 및 강의를 마칠 수 있게 되었다. 다음에 교류 교수로 있으면서 강의와 연구 그리고 교수들과의 교류에 얽힌 이야기에 관해 차례로 언급하고자 한다.

1. 충북대 교류 교수 시절

외국의 경우, 한 대학의 교수가 다른 대학의 방문교수visiting professor로 초빙되는 일은 흔히 있는 일이다. 나는 유럽이나 북미의 많은 교수를 만나 이야기를 나누면서 상당수가 이런 경력을 지니고 있음을 그들과의 대화 또는 내가 구해 본 이들의 저서나 리플렛에서 목격하였다. 이처럼 유럽이나 미국, 캐나다 등, 북미 여러 대학에 초빙되어 가는 학자들은 그들의 전공 분야에서 상당한 연구업적과 경력으로 학계에 이름을 널리 알린 경우가 대부분이었다.

내가 오랫동안 친분을 유지해 온 야첵 휘샥 교수의 경우를 보자. 1936년생인 그는 자타가 공언하는 역사영어학 여러 분야의 세계적인 학자이며 폴란드 학술원 회원, 교육부 장관을 역임하였고, 아담 미키에비츠A. Mickiewicz 대학 총장을 역임하면서 한편으로는 유럽의 수많은 학술단체의 수장守長으로 유럽의 중세학계를 사실상 이끌어 온 인물이다. 이 대학에서 펴낸 팜플렛에는 영어학부 교수들의 이력과 경력이 상세하게 열거되어 있다. 팜플렛에 나온 야첵 교수의 경력 가운데 유럽과 미국 여러 대학의 방문 교수로 활동한 횟수 및 초청 강연을 한 횟수는 1993년까지만 기록하고 있음에도 놀라울 정도로 셀 수 없이 많다. 그의 이런 공로 때문이었을까, 영국 정부는 중세영어학 분야에서 오랫동안 뛰어난 업적을 세운 그에게 대영제국 훈장(OBE: Order of British Empire)을 수여하였다. 내가 알고 있는 한, 이 훈장을 받은 중세 학자는 아마도 야첵 교수밖에 없을 것이다. 몇 년 전 그는 세상을 떠났으나, 전 세계에 걸쳐 중세영어학을 전공하는 학자치고 그와 한 번이라도 만나 얘기를 나누지 않은 이가 없을 정도로 그는 엘리트 영국인보다 표준 영국영어를 한층 더 유려하고 멋지게 구사하면서도 유머와 위트가 풍부하고 매우 사교적인 멋쟁이 신사이며 학자였다. 언젠가 유럽의 한 대학에서 열린 학술대회의 파티에서 카이젤 수염을 멋지게 기른 그가 참석한 학자들을 대표하여 인사말을 하면서 모국어(폴란드어)가 아닌 표준 영국영어를 구사하여 재치있는 유머와 위트로 좌중을 웃음바다로 만든 그의 놀라운 화술話術은 타의 추종을 불허할 정도였다. 친근한 할아버지의 인상을 풍기는 그의 곁에는 학술대회가 열릴 때마다 항상 학자들이 따라 다닐 만큼 그는 누구에게나 호감을 지닌 친화적인 멋쟁이 인물이기도 하였다.

나는 야첵 교수를 1987년 4월 캠브리지대학에서 열렸던 역사영어학 학술대회에서 처음으로 우연히 조우遭遇하면서 그와 첫 인연을 맺었다. 그곳은 캠브리지 대학 근처에 있는 유명한 서점(Heffer's Bookshop)에서 열린 조촐한 파티였는데, 나는 그곳에서 함께 자리한 몇 교수와 함께 야첵과 와인을 나누며 이야기를 나눌 기회가 있었다. 야첵 교수는 한국에서 온 학자인 나를 처음 만난 듯 호기심어린 눈으로 나와 이야기를 좀 더 나누고 싶어하였고 우리는 학회장으로 자리를 옮겨 티타임이 열리는 동안 여러 가지 이야기를 나누며 금방 친해졌다. 그 후 나는 유럽의 학회는 물론 한국과 일본에서 열리는 학회에서 수없이 그를 다시 만나 친분을 맺었다. 그는 1994년 폴란드에서 열린 중세영어학회에 나를 초청하였고 이 학회에서 나는 야첵의 소개로 유럽과 일본 등에서 온 많은 학자들을 만나 대화를 나눌 수 있는 기회를 갖게 되었다. 맨 처음 폴란드의 옛 수도인 포스난에 갔을 때 나는 그의 첫 번째 부인을 만나 인사를 나눈 적이 있었으나, 몇 년 뒤에 그곳에서 열린 국제학술회의에 참가했을 때 그의 제자인 시코르스카Sikorska 교수가 그의 두 번째 반려자가 되어 있는 것을 알게 되었다. 나는 그의 젊은 아내이며 동반자가 된 시코르스카 교수를 한국영어사학회에 야첵 교수와 함께 초청하여 뜻깊은 시간을 보낸 적도 있었다.

국민대학교에서 강의를 시작한 1981년 이후 10년이 거의 다 되어갈 무렵, 나는 교육부에서 다른 대학에 1년 동안 교류 교수로 갈 수 있는 프로그램이 있다는 소식을 들었다. 교육부는 해마다 서울 지역에 있는 대학에서 교류교수를 원하는 두 명의 교수를 선발하여 지방에 있는 대학의 교류 교수로 보냈는데, 여기에는 두 가지 조건이 있었다. 하나는 연구계획서였고 다른 하나는 내가 연구와 강의를 하기 위해 가고자 하는 대학의 학과 교수들이 동의하는 문제였다. 당시 교류 교수 프로그램은 교육부 산하 대학교육협의회에서 관장하고 있었는데, 나는 새로운 대학 분위기에서 강의와 연구를 해보겠다는 생각을 한 다음, 충북대학교를 염두에 두면서 이 대학 사범대학 영어교육과에 계신 박주현 교수에게 연락하여 나의 생각을 전하고 학과 교수들의 동의를 구하였다. 내가 충북대학교에 내려갈 생각을 한 것은 1970년대 후반 내가 청주사범대학에 잠시 재직하고 있는 동안 충북대학교에서 매우 가까운 거리에 있는 사창동의 작은 아파트에 살면서 당시 어린 두 아이들과 충북대학교 교내에서 자주 산책을 한 적이 있었는데, 그 때 충북대학교 캠퍼스에 대한 좋은 인상을 받은 것도 한 몫을 하였다.

영어교육과의 선배인 박 교수는 나의 교류 교수 제안을 쾌히 승낙하고 얼마 후에 학과 교수들과 상의하여 동의를 구했다는 연락을 받았다. 이런 과정을 거쳐 나는 1년 간(1992. 9. 1 - 1993. 8. 31) 충북대학교에서 교류 교수로 강의와 연구 생활을 계속할 수 있었다. 나와 함께 선발된 다른 한 명의 교류 교수는 중앙대학교에 재직 중인 교수로, 그는 현무암 연구가 전공이었으므로 제주대학교의 교류 교수로 가게 되었다는 소식을 나중에야 알게 되었다.

청주를 떠나 국민대학교로 옮긴 지 10여 년이 지난 1992년 가을학기에 나는 충북대학교의 교류 교수로 근무를 시작하였다. 이 대학교는 서울에서 가까운 거리에 있었으므로 청주에 오래 머무는 대신 1박 2일의 일정으로 연구와 강의를 지속하면서 국민대에서의 강의와 연구도 계속 이어 나갔다. 충북대학교에는 나의 전공분야인 영어사 특히 고중세 영어학을 전공한 교수가 없었다. 나는 대학원 석박사 과정에 있는 학생들에게 영어학과 영어사를 강의하였는데, 학부 강의와 달리, 고대 및 중세영어로 쓰여진 문헌을 중심으로 강의하면서 학생들이 이 분야를 쉽게 이해할 수 있도록 역사적인 배경과 기초적인 고대 및 중세영어에 대한 언어 및 문법 강의도 병행하였다. 당시 나의 전공 분야는 영어학의 다른 분야와는 달리, 역사언어학이나 영어학사 등, 영어학 전반에 걸친 연구가 선행되어야 하는 인내와 끈기 그리고 이 분야에 대한 깊은 관심과 천착穿鑿을 요구하는 학문이었으므로 서울과 지방을 막론하고 국내 연구자가 손꼽을 정도로 그리 많은 편이 아니었다.

충북대학교에는 월목회라는 테니스 모임이 있었다. 월요일과 목요일 오후에는 강의가 없는 교수들이 모여 테니스를 치면서 친목을 다지는 모임이어서 부르는 명칭이었다. 이 모임에는 박주현, 주자문 교수도 참여하였는데, 나도 출강하는 김에 이 모임에 임시 회원으로 참여하여 테니스를 치면서 다른 학과의 교수들과도 친목을 꾀하는 시간을 가졌다. 주 교수는 서울대 사범대학 동문 교수였는데, 충북대학교에 출강하면서 대학을 졸업한 뒤에 처음으로 주자문 교수를 그곳에서 반갑게 만나게 된 것도 나에게는 큰 즐거움이었다. 그는 나중에 충북대학교의 총장이 되었고 그 후에 한국학술재단(현 한국연구재단)의 이사장이 되어 활동하였다.

나는 충북대학교의 교류 교수로 청주에 머물고 있으면서 강의가 없는 시간에는 내가 맨 처음 청주에 내려와 청주사범대학에서 보낸 나의 젊은 30대 시절을 회상하며 청주 시내 여러 곳을 하염없이 돌아다녀 보기도 하였다. 그 사이 10년이 훌쩍 지난 청주는 많이 변해 있었다. 23만이던 당시 청주의 인구는 10년이 지난 뒤에는 어느새 50만을 넘는 도시로 탈바꿈하였고 그동안 새롭게 생겨난 건물들도 눈에 띌 정도로 많이 늘어났다. 그러나 청주 시내를 무심하게 흐르는 무심천無心川은 예나 지금이나 그대로였다. 4월이 되면 무심천 둑방에는 수양버들이며 벚꽃이 천변을 따라 흐드러지게 피는 모습을 볼 수 있었는데, 내가 처음 청주에 내려와 살던 수곡동 무심천 아래에는 전에 없던 멋진 카페도 생겨났다. 한때 무심천을 찾는 백로白鷺가 사람들의 눈길을 사로잡던 때가 있었다. 봄에는 무심천에서 벚꽃 축제도 열린다는 소식도 듣곤 했으나 당시에는 자주 가보지 못했다.

충북대학교에서 교류 교수로 있는 동안 충북대 신문에 기사 하나를 게재한 적이 있었다. 그 경위는 대강 이러하였다. 국민대에서 강의하던 때 전공 분야의 책을 인터넷으로 서핑하다가 책 하나가 눈에 확 띄었다. 데니스 프리본D. Freeborn이란 저자가 쓴 책으로 고대영어 필사본에서 초기현대영어 필사본에 이르기까지 방대한 문헌과 각종 자료를 발췌하여 주석을 달고 해설을 붙인 책으로 대학원 석박사과정 강의에 사용하기에는 매우 적절하다는 생각이 들어 곧바로 주문을 하였다. 얼마 후 그 책을 받아든 나는 책을 쓴 저자의 고전에 대한 해박한 지식과 놀라운 해설과 분석에 놀라서 그가 누구인지 몹시 궁금하였고 기회가 되면 한번 만나 이야기를 나누었으면 좋겠다는 생각을 하게 되었다. 마침 스페인에서 역사영어학 학술대회가 열리는 것을 계기로 나는 그 저자를 만나기로 하고 내가 읽은 그의 책에 관한 얘기와 함께 요크에 가면 한 번 만나보기를 원한다는 내용의 편지를 보냈다. 그렇게 해서 나는 스페인에서 열린 학술대회에 참석한 직후, 영국으로 날아와서 유서깊은 영국의 중세도시인 요크York에 있는 저자인 노신사를 찾아 그와 이야기를 나눈 것을 정리한 내용이 다름 아닌 충북대 신문에 실린 기사의 골격이었다. 영국의 요크라는 도시는 내가 꼭 한 번 가보고 싶던 곳이었는데, 영어의 역사를 가르치다 보면 요크는 반드시 한번쯤은 언급하지 않을 수 없는 도시로, 먼 옛날 바이킹 인들이 요크 시내를 흐르는 우즈강River Ouse을 따라 교역을 하던 곳이었을 뿐만 아니라, 이곳에는 바이킹 인들의 생활상을 그대로 재현한 바이킹 박물관이 있어서 고대 영국 시기에 요크에 들어온 바이킹 인들의 생활상을 한 눈에 조감할 수 있다. 그 뿐만 아니라, 로마제국의 번성기에 로마인들이 세운 높은 성벽의 일부가 그대로 남아 잘 보존되고 있는 곳이기도 하다. 요크를 에보라쿰Eboracum 즉, '로마인의 요크'라고 불리는 것은 바로 이런 이유 때문이다. 오랜 세월이 지난 뒤인 1605년 영국의 의회의사당을 폭파하려고 했던 가이 폭스Guy Fawkes가 요크 출신이었다는 것은 어찌보면 영국 역사의 아이러니였을지도 모를 일이다.

충북대학교의 교류 교수로 강의와 연구를 계속하면서 내가 느꼈던 것 가운데 하나는 다른 분야와 달리 고대나 중세 문헌을 연구하는 나에게 외국 학자들과의 빈번한 정보교환이나 교류는 매우 중요한 연구 활동의 하나임에도 연구실에만 안주하면서 창의적인 논문을 쓸 수 없다는 것이 지방대학에 있는 교수들의 연구가 지닌 한계라는 사실이었다. 나의 해외 연구 활동의 경험으로 볼 때, 일본의 경우는 학자들이 굳이 외국에 나가지 않아도 전국적으로 중세분야의 연구정보 네트워크가 매우 잘 되어 있어서 학자들의 연구 활동이 대학의 소재지와 무관하게 연구와 학술정보교환이 매우 활발하게 이루어지고 있다는 점이다. 영어사는 물론 역사영어학의 여러 분야 또한 여기서 예외가 아니다. 이 분야와 관련된 학회(일본영어사학회, 일본중세영어영문학회, 교토영어사연구회, 오사카 영어사연구회, 나고냐/히로시마 영어연구회 등)가 지금도 학자들 간에 수시 모임을 통해 상호간에 정보교류가 빈번하게 이루어지고 중세분야를 전공하는 대학원생들의 적극적인 참여와 활동이 활발하게 진행되고 있다. 그럼에도, 일본의 중세분야 학회에서는 관련 분야의 외국 학자들을 초청하여 미국과 유럽의 최근 연구의 동향을 듣는 활동이 수시로 이루어지고 있는데, 이러한 학술활동은 이 분야를 연구하는 대학의 교수나 대학원생들에게는 전공 분야에 대한 큰 자극이 되고 있음은 말할 필요도 없다. 일본의 중세 학자들과 대학원 박사과정에 있는 대학원생들을 유럽의 여러 전공관련 학회에서 만나는 일은 나에게 늘 신선한 충격을 주었던 것이 사실이다. 대학원생들은 유럽의 여러 학회에 참가하여 박사논문 예비 발표의 장으로 활용하면서 조언과 비판을 통해 전공 학문에 대한 자부심을 기르는 한편, 자신들의 논문을 다시금 재분석하고 정리하는 방법을 택하였다.

나의 충북대학교 교류교수 시절은 70년대 중후반 청주에 있었던 아련한 향수鄕愁에서 시작하여 보낸 시간이었으나 무엇보다도 대학에서 강의하는 두 학기 동안 타 학과의 여러 교수들과도 격의없이 대화할 수 있는 유익한 시간을 갖게 된 것이나, 목요일 오후에 교수들과 테니스를 치면서 모처럼 강의를 떠나 심신心身이 편안하고 여유로운 시간을 보낸 일 등, 나에게는 서울에서 느껴보지 못한 소중한 시간을 보낸 것은 지금 생각해도 첫 번째 교류 교수로 잘 선택한 대학이었다는 생각이 든다. 충북대학교 교류 교수로 있는 동안 진행한 연구과제는 한국영어영문학회의 기관지인 「영어영문학」(가을호 41권 3호, 1995:803-825)에 '통사상의 재분석에 관한 연구'라는 논문으로 게재되었다.

2. 전남대 교류 교수(2005-2006) 시절

나는 충북대학교의 교류 교수를 끝낸 지 12년이 되던 해인 2005년 봄 학기부터 1년간(2005.3.1-2006.2.28) 전남대학교 영어영문학과의 교류 교수로 대학원의 석박사과정 학생을 대상으로 영어사 분야 가운데 고대 및 중세영어 분야에 관한 강의를 진행하였다. 1952년에 개교한 전남대학교는 전남 광주지역의 거점대학으로 뛰어난 인재를 배출해 낸 국립대학교로 자리해오고 있던 터였다. 내가 전남대학교를 염두에 둔 것은 이 대학 영어영문학과의 명예교수로 있는 이환묵 교수의 배려 덕분이었다. 이 교수는 영어학과 언어학 분야에 적지 않은 업적을 남긴 분으로 퇴임 후에도 광주, 여수, 순천 등 전남 지역의 여러 대학에 있는 제자 교수들과 소통하며 지내고 있는 분이었다. 평소에 내가 잘 알고 있던 이 교수에게 전남대학교 교류 교수로 가고 싶다는 서신을 띄웠는데, 그는 나의 제안을 흔쾌히 승낙하고 학과 교수들과 상의한 끝에 허락을 받아 내게 알려 주었다. 이렇게 해서 나는 충북대학교 교류 교수 시절과는 다른 환경과 분위기에서, 2005년 봄학기부터 다음 해까지 1년을 광주에 내려가서 대학에서 마련해 준 캠퍼스 내의 외국인교수 아파트에 머물면서 강의와 연구를 계속하는 한편, 학과 교수들과의 교류도 계속해서 이어 나갔다.

2005년 봄 학기에는 「영어학연구방법론」을 강의 주제로 삼았다. 강의계획서에는 석박사과정 학생들이 읽고 발표나 토론해야 할 참고도서(Reading List)를 열거해 놓았다. 리스트에 나온 여러 원서原書가 전남대학교 도서관에 비치되어 있는지는 확인하지 않았으나 학생들이 준비해오지 못한 것으로 보아 아마도 구비되어 있지 않다는 인상을 받았다. 이 대학의 영어영문학과에는 영어사 전공분야의 교수가 없었으므로 나는 영어학연구와 방법에 관한 강의를 될 수 있는 대로 기초부터 자세하게 설명해 나가기로 하고, 1) 영어학이란 무엇인가 2) 영어학과 언어학의 관계 3) 연구방법 4) 영어학연구의 하위분야를 설명하면서 한국과 일본 및 유럽의 영어학연구 동향을 소개한 다음, 국내와 일본/유럽의 영어사관련 여러 학회의 활동에 관해 대강이나마 소개하는 순서로 한학기 강의를 끝내는 일정으로 진행해 나갔다. 이렇게 강의 일정을 정한 것은 국민대를 비롯하여 몇 개 대학에서 지금까지 내가 강의해 온 '영어학연구방법'에 관해 새로 수집한 자료를 포함하여 나름대로 총정리를 하고 싶은 나의 생각도 이 강의계획서에 반영되어 있었다.

2005년도 2학기 대학원 강의는 「통사론 특강」이라는 과목이었는데, 나는 석박사과정 학생들에게 대학원에서 촘스키 이론을 위주로 진행해 온 전통적인 통사론 강의 대신, 지난 학기에 강의한 내용의 연속으로 중세영어시기에 영시의 아버지로 불리는 제프리 초서G. Chaucer의 「켄터베리 이야기」의 서시序詩를 강의하였다. 중세영어로 쓰여진 문헌을 읽고 이 시기의 어형, 발음, 문법 및 의미 등을 이해할 수 있게 하는 한편, 초기에 쓰여진 영어의 특징과 역사적인 변천과정을 파악할 수 있게 하는 것도 대학원생들에게는 전혀 새로운 경험이 될 것이었다. 대학원 학생들에게 초서영어가 지닌 표현의 묘미를 알게 하고 초기영어의 특징과 구조를 현대영어와 비교 분석하면서 이들에게 현대영어를 더 잘 이해하도록 하는 것도 이 강의를 하게 된 또 다른 목적이 있었다.

이 강의는 주로 내가 강의를 진행하였는데, 학생들이 고대영어와 중세영어에 익숙하지 않은 이유도 있었지만, 어휘나 문법 및 문장의 구조가 현대영어와는 상당한 차이가 있어서 이들이 한 학기라는 짧은 기간에 이 모든 것을 이해하고 터득하기에는 다소 무리가 있었기 때문이었다. 나는 1997년 7월 중순 토론토대학 중세연구소의 연구기금교수로 선정되어 서울을 떠나기에 앞서 「고대영어문법(한국문화사, 1997)」이란 책을 써서 국내 연구자들에게 소개한 적이 있었기에 이 책에 나오는 내용을 대학원생들에게 강의하면서 고대영어를 소개하고 초서의 중세영어와 비교하면서 강의를 진행하였다. 14세기 후반에 중세영어로 쓰여진 초서의 「켄터베리이야기」는 국내에서는 김진만 교수(고려대 교수, 1926-2013. 작고)가 1976년에 펴낸 번역본(탐구신서 152)이 맨 처음 나왔고, 그 후 여러 군데에서 번역 내지 해설판이 나왔다. 일찍이 영국 런던대학에서 중세 영문학을 연구(1957-58)한 우리나라 최초의 중세영문학자로 일컫는 김 교수는 고려대 교수와 한림대 석좌교수를 지냈고 성공회 평신도 지도자로서 신학과 교리 교육에도 큰 역할을 해 온 분이었다.

나는 대학원 학생들에게 초서의 「켄터베리이야기」 전체 시 가운데 서시序詩General Prologue만을 강의하는 데에도 한 학기 일정이 빠듯하였다. 초서의 시에 담긴 사상과 철학, 그가 구사한 유머와 위트, 풍자 및 중세 말 교회의 타락상, 문학으로서의 초서 작품의 가치, 그의 능숙한 언어구사력, 그리고 초서 시에 흐르는 가톨릭적인 성격 등, 여러 요소들이 압축된 형식으로 서시에 나타나고 있는 것을 학생들에게 골고루 전달하기에 한 학기는 매우 턱없이 벅찬 일정이었다. 그럼에도 대학원생들이 초서를 통해 중세영국의 사회상을 조금이나마 이해할 수 있고 그의 시에 엿보이는 운율의 변화와 이로 인한 영어의 멋스러움을 발견할 수 있게 되기를 기대하였다.

전남대학교에서 봄학기 강의가 끝나갈 무렵으로 기억하는데, 어느 날 이환묵 교수에게서 내게 만나자고 연락이 왔다. 그 해 여름방학을 이용하여 전남 지역의 여러 대학에 재직 중인 그의 제자 교수들과 함께 고대-중세영어를 공부하면 어떻겠느냐는 제안이었다. 물론 나는 그의 제안에 흔쾌히 동의하였고 곧 공부하는 모임study group이 결정되었다. 이 모임에서 내가 주로 강의 텍스트로 사용한 것이 앞에서 언급한 프리본이 쓴 교재(*From Old English to Standard English*, 1992, 2006)였다. 나는 이 책의 초판에서 자료를 발췌하여 사용했다. 이 책은 초판이 나온 이후, 내용을 보강하면서 2판(1998), 3판(2006)이 계속해서 나왔으며, 책의 내용을 이해하기 위한 해설서(course book) 및 출판사 웹사이트에서 일부 자료를 내려받을 수 있는 MP3 파일도 공개하였다. 나는 이 책의 초판본을 영어사학회의 회보newsletter를 통해서도 소개한 적이 있었고 저자를 영국의 그의 자택에서 직접 만나 이야기를 나누기도 하였다(앞 절 참조).

우리 모임의 인원이 몇 명이었는지 정확하게 기억이 나지 않으나, 아마도 7-8명 정도가 되었을 것으로 생각한다. 나는 여름방학을 이용하여 이환묵 선생 휘하의 여러 제자 교수들과 함께 고대/중세영어 문헌을 읽으며 아침부터- 밤늦게까지 진지하게 강의를 진행하면서 타임머신을 타고 먼 과거로 돌아가서 그 당시에 살던 고/중세시기 영국인들과 유럽인들의 분위기에 마음껏 빠져 지낸다는 일은 생각만 해도 매우 유쾌하고 즐거운 일이 아닐 수 없었다. 강의가 끝나고 한참 지난 뒤인 1월 15-16일 양일 간에 걸쳐 당시 참석한 분들은 이환묵 선생 내외를 모시고 광주와 순천, 여수, 해남 및 목포에서의 긴 남도 기행을 떠났다. 구례 화엄사에 가서 경내 계곡 물에 수박을 담그고 모두들 바위에 걸터앉아 밤늦도록 별빛이 쏟아지는 밤하늘을 처다보면서 이 얘기 저 얘기를 나누며 하염없이 시간을 보내기도 하고 지리산 노고단 가까이에 있는 성삼재 휴게소에 들러 지리산 향취香臭가 물씬 풍기는 따뜻한 차 한 잔에 여행에 지친 몸과 마음의 피로를 풀기도 하였다. 때로는 함께 자연으로 돌아가서 속세의 묵은 때를 씻으며 모처럼 즐겁고 유익한 시간을 보낸 남도 기행은 순천을 거쳐 여수로의 긴 여로旅路에 나라 사랑하는 마음과 젊은이들의 먼 장래를 걱정하기도 하면서 소중한 추억을 남긴 잊지 못할 여행이었다. 아! 광주, - 광주는 어머니의 품처럼 아늑하고 따사로웠다. 매캐한 매연으로 둘러싸인 서울에 오니 어느 날 잠이 들었다가 깨어보니 20년이 흘러갔다는 립 밴 윙클Rip van Winkle의 한 장면이 불현듯 떠올라서 잠에서 깬 듯한 느낌과 함께 다시금 느긋한 광주의 여유로운 아다지오에서 손가락을 건반에 놓고 세차고 빠르게 눌러대는 프레스토의 세계로 급히 들어온 듯한 마음이 들었다.

얼마 후 내 강의를 들은 배문숙 선생(광주대 영어과)으로부터 한 통의 편지를 받았다. 나는 선생의 편지를 받고 그 기쁨을 공유하고 싶어서 함께 공부한 모두 이들에게 그의 편지를 이메일로 보냈다. 마침 내 컴퓨터에 당시 선생의 편지가 보관되어 있어서 다음에 그 편지 일부를 그대로 인용하기로 한다.

> 선생님을 사흘 뵈면서, 영어사 이외에도 많은 것을 배웠습니다. 우선 강의를 지루하지 않게 잘 이끌어 가시는 거, 배우고 싶었구요, 저희 문외한들에게 쉽게 찬찬히 짧은 시간 내에 쫘악 훑어 주셔서 참 좋았습니다. 또 어쩜 그렇게 철저하세요? 꼭 필요한 부분만 잘 다듬어 만드신 강의

노트 주실 때부터 놀랐는데요, 공부뿐만 아니라 생활의 면모나 사시는 매 순간을 철저하게 준비하시면서 보내시는 걸 보며, 느끼는 바가 많았습니다.
이번 방학 중 가장 큰 수확은 공부에서나 인생에서도 참 닮고 싶은 "스승"을 또 한 분 뵙게 되었다는 것입니다. 선생님과의 인연을 귀하게 간직하겠습니다.
앞으로도 저희들 많이 이끌어 주세요. 참, 사진요, 선생님 기술이 좋으신가요, 사진기가 좋은가요? 사진기 렌즈가 제 얼굴 균형을 잘 알아보는 탓에 저는 십여년내 사진을 잘 안 찍는답니다. 그런데 이번엔 제 얼굴이 아주 이쁘게(?) 나왔어요. 자랑삼아 제 연구실 게시판에 딱- 붙여놓았어요. 내내 건강하시고, 새학기도 힘차게 시작하시길 빕니다.

광주대학교 배문숙 올림

나는 서울로 올라온 뒤에 전남대학교 교류교수로 강의와 연구를 지속할 수 있도록 힘써주었을 뿐만 아니라 그의 제자 교수들과 공부 모임을 주선해주고 남도기행의 멋진 추억을 마련해준 이환묵 교수에게 감사의 편지를 보냈는데, 그 내용의 일부를 아래에 소개하고자 한다.

제 일생에 수많은 사람들을 만나 친분을 쌓아 오면서, 그 노정路程의 길목에서 선생님을 가까이 만나 뵙고 선생님이 키우신 제자 선생님을 또한 만나 가시밭길 같은 학문과 변화무쌍한 인생을 슬기롭게 헤쳐 나가는 지혜智慧를 함께 진지하게 생각해 볼 수 있는 여유로운 시간을 가질 수 있게 된 것은 저에게 매우 큰 행복이자 기쁨이었습니다. (중략) 선생님과 사모님께서도 해를 거듭할수록 부디 건강하게 오래 사셔서 행복한 일생을 누리시기 바랍니다.

癸未年 정월에 박영배 드림

나는 전남대학교의 교류 교수로 강의와 연구를 계속할 수 있게 해 주었을 뿐만 아니라 여름방학을 이용하여 그의 제자 교수들과 함께 뜻하지 않은 옛 문헌강독(고대/중세영어) 모임을 마련해 준 이환묵 교수(2018년 작고. 향년 79세)의 깊은 배려와 호의를 오랜 세월이 흘러갔음에도 지금까지 머릿속에서 늘 잊지 않고 기억하고 있다.

이 글을 끝내면서 문득 이환묵 선생의 근황이 궁금해졌다. 내가 전남대 교류교수를 끝낸지 어느덧 15년이란 세월이 흘러갔고 퇴임 후에도 바쁘게 지내다보니 그의 안부를 묻는 일조차 미쳐 생각지도 못한 것이었다. 노승희선생(전남대 영문과)을 통해 그의 근황을 알게 되었을 때 나는 갑자기 마음 한 구석이 텅 빈 것같은 느낌을 받았다. 나는 그가 산수傘壽를 미쳐 채우지 못하고 타계했다는 것이 몹시 안타까웠다. 훌륭한 인품의 소유자로 언제나 반갑게 나를 대해주던 그가 이제 다시는 만날 수 없는 먼 곳으로 떠났다고 생각하니 인생이 참으로 무상함을 다시 한번 느끼게 되었다. 이환묵 선생은 오랫동안 영어문법이론과 언어학 전반에 관해 깊이있게 연구해온 이 분야의 뛰어난 학자로 후학의 존경을 받아온 이 시대의 훌륭한 분이었다.

제 8 장

학문의 숲: 길 없는 길

1. 나의 저서와 번역서

내가 맨 처음 책을 펴낸 것은 청주사범대학의 전임으로 있던 1977년 이후로 서울의 성심여자대학(현 가톨릭대 성심교정)으로 옮기기 전까지 2권의 번역서를 펴냈다. 당시는 미국의 MIT대학의 언어학자로 독특한 언어이론인 변형이론을 주창한 촘스키 열풍이 전국 대학의 영문과/영어과 학부 및 대학원생들 사이에서 거세게 불고 있던 시기이기도 하였다. 이에 따라 학부와 대학원에서는 촘스키 이론을 금과옥조처럼 추종하여 영문학이나 영어학을 전공한 학생들이 대학원에 진학한 다음에도 언어학을 택하여 그의 이론을 논문의 분석 틀로 활용하던 때였다. 이런 분위기가 팽배하고 있던 시기에 촘스키 이론이 심리학에도 깊은 관련을 가지고 있었기 때문에 나는 이 부분을 한 번 깊이 공부해 보고 싶던 차에 런던대학의 심리학 교수였던 그린 J. M. Greene 박사가 쓴 *Psycholinguistics: Chomsky and Psychology*

를 정독하였다. 심리학자들의 의식 속에 '인간이 실제로 무한한 수의 가능한 문장을 만들어낼 수 있는 근본 원인은 어디에 있을까'하는 질문을 던진 촘스키의 이론은 언어학뿐만 아니라 심리학에도 큰 반향을 불러 일으켰다. 그린 박사는 촘스키 언어학 이론을 설명하면서 「심리언어학」이란 새로운 학문 분야를 도입하여 언어학적인 양상과 심리학적인 양상이라는 두 국면에 대한 심층분석을 한 것이 다름 아닌 그의 이 저서였다. 나는 강의 틈틈이 이 저서를 번역하여 『심리언어학: 촘스키와 심리학』(한신문화사, 1978, 232pp.)이라는 제목으로 펴냈다. 이 책은 언어학 전공자뿐만 아니라 국어학을 전공한 학자들 사이에서도 널리 사용되었고 후에 2판을 찍기도 하였다.

그 당시 내가 가르친 과목 가운데 '언어학입문'이라는 것이 있었다. 언어학 전반에 걸친 입문과정을 가르치는 과목이었다. 내가 학부의 교양필수과목 강의교재로 선택한 텍스트는 *Introduction to Linguistics*(2판, McGraw-Hill, 1977)였다. 이 책의 초판은 1972년에 나왔으나 나는 제2판을 구해 가르쳤다. 이 교재는 당시 토론토대학의 워드호R. Wardhaugh 교수가 쓴 저서였는데, 학생들이 필요로 하는 언어학의 기초적인 지식을 요령있게, 간단명료하고 종합적으로, 어느 한 분야에 치중함이 없이 소개한 개론서였다. 나는 여러 저자가 쓴 언어학 개론서를 강의 교재로 사용해 보았으나 영어가 모국어가 아닌 우리 학생들에게 워드호 교수의 교재는 다른 저자들(랭애커, 볼린저, 프롬킨 & 로드먼 등)과 달리, 내용이 학생들이 이해하기 쉽게 정리되어 있는 반면, 각 장의 내용이 상당히 요약 정리되어 있어서 보충 설명을 해야 할 부분이 많이 있다는 점을 고려하여 번역과 함께 자세한 역주를 붙여『언어학입문』(지음사, 1979, 369pp.)이라는 제목을 달아 펴냈다. 워드호 교수가 이 책을 쓸 당시에는 미시간대학의 언어연구소 소장으로 있었으나, 그 후 토론토대학으로 옮겨 언어학과 주임교수가 되었다. 나는 토론토대학 소속 중세연구소의 연구기금 교수(1997-8)로 토론토대학에서 연구하던 때 워드호 교수를 만나려고 연락하였다. 그러나 그는 내가 토론토대학에 오기 전 이미 퇴임한 후에 빅토리아 섬에 안착하여 그곳에서 여생을 보내고 있다는 소식을 들었다. 이 번역서는 내가 국민대학교 교수로 부임한 지 2년 뒤에 현대영어교육총서 25권 가운데 제 3권인『언어학개론』(학문사, 1983, 469pp.)이란 새로운 제목으로 출간되었다. 학문사學文社에서 펴낸 총서는 일선 교사 및 대학과 대학원에서 영어를 가르치거나 연구하는 교수들을 위한 것으로 영어학습지도, 영어사, 미국영어, 영작문, 영문법, 영문학의 배경, 영미 단편소설, 영미시, 영미 희곡 등, 영어교육과 영어학, 영미문학 전반에 걸친 방대한 분야에 걸쳐 현대영어교육서의 정수精髓를 모두 포함한 총서였다.

1980년 3월 초 나는 청주에서 경기도 역곡에 있는 성심여자대학 영문과로 자리를 옮겼다. 이 대학에서는 베이컨의 영수필 및 영어학을 강의하였다. 이 대학에 있는 동안 영어학 교재로 영국 리즈대학의 찰스 바버Charles Barber 교수의 *The Story of Language*(5판, 1972)를 강의하면서 틈틈이 이 책의 번역을 끝내고 을유신서 시리즈(003)의 하나로『英語史序說』(초판, 을유문화사, 1981, 369pp.)이란 제목으로 출간하였다. 이 책은 처음에 이름없는 영국의 출판사에서 나왔으나, 후에 캠브리지대학 출판부에서 1993년과 2000년에 *The English Language: A Historical Approach*란 새로운 제목으로 출판되었다. 내가 이 책을 펴낼 당시만 해도 영국에서는 벌써 5판을 거듭하고 있던 터여서 우리 영어학계에는 잘 알려지지 않았으나 영어사를 이해하기 위한 기본서로는 매우 훌륭한 텍스트였다. 이 책은 전반부에 언어학에 대한 일반적인 지식(언어의 기원에서 인구어족과 게르만어족 등)을 소개하는데 중점을 두었고, 후반부에는 영어학 내지 영어사(고대-중세-초기현대영어)를 연구하려는 이들에게 꼭 필요한 영어의 역사적인 변천과정을 분야별로 세분하여 간명하게 기술하였다. 이 책을 펴내는데 있어 이상옥 교수(서울대 영문과, 한국영어영문학회 회장 역임)의 추천이 큰 도움이 되었다. 나는 이상옥 회장 밑에서 영어영문학회의 부회장으로 일하였는데, 그 후에 영어영문학회의 회장(2005-7)이 되어 2년 동안 학회 일로 분주하게 보낸 기억이 떠오른다.

서울대 대학원에서 박사과정을 밟고 있는 동안 김방한 교수에게서 인구어학과 게르만어학에 관한 강의를 들으면서 영국 레딩대학의 게르만어학과 인구어학 교수인 록 우드W. B. Lockwood의 *Indo-European Philology*(인구어학)을 읽으면서 인구어학이라는 새로운 분야에 큰 호기심을 느끼고 감명을 받은 적이 있었다. 나는 역사영어학 분야를 연구함에 있어서 언어연구의 폭넓은 시야가 필요하다는 사실을 절실히 느끼고 언어학의 사적史的인 개관을 한번 정리해 둘 겸해서 언어학사에 관해 쓴 책들을 탐색하던 중, 시카고 대학 출판부에서 나온 존 워터먼John T. Waterman이 쓴 *Perspectives in Linguistics*(언어학의 전망, 1963, 1970)을 접하게 되었다. 물론 본서 이외에도 이비츠(M. Ivić, 1965), 로빈스(R. H. Robins, 1967), 비어비시(M. Bierwisch, 1971) 등과 같이 훌륭한 언어학사가 있기는 하였으나, 앞의 두 저서는 분량이 다소 많은 반면, 비어비시의 저서는 지나치리만치 간단히 설명해 놓아 사적인 개관을 하기에는 아무래도 미흡한 데가 많았다. 내가 워터먼 교수의 저서에 특히 매력을 느낀 것은 무엇보다도 이 책이 고대 인도와 그리스의 언어연구에서부터 중세와 근세를 거쳐 19세기의 역사비교언어학 연구의 발전, 20세기의 구조언어학의 동향, 그리고 20세기 후반의 퍼스John R. Firth와 촘스키의 언어관에 이르기까지 언어연구사에 기여한 학자들을 빠짐없이 열거하고 이들의 중요 논문, 저서, 언어관 및 여러 언어이론과 학파에 관한 소개를 어느 한 편에 치우침이 없이 매우 간결, 명료하고 정확하게 구체적인 실례를 들어가며 일목요연하게 설명, 평가해 놓은 점에 주목하였다.

워터먼 교수는 남가주대학 산타바바라 캠퍼스에서 게르만어학을 강의한 교수로, 초판이 나온 해인 1963년은 비교언어학의 아버지로 일컫는 야콥 그림Jacob Grimm의 사후死後 100년이 되는 뜻깊은 해이기도 하였다. 나는 이 책의 2판(1970)을 틈틈이 읽고 번역하여 『언어학사; 현대언어학의 성립배경』(학연사, 1986, 187pp.)이라는 제목으로 출간하였다. 이 책의 저자인 워터먼 교수가 초판 서문에 라틴어로 쓴 짧막한 두 줄에는 '학문'을 하는 이들에게 전하는 상징적인 내용이 나와 있어서 소개한다.

Scientiae enim per additamenta fient, non enim est possibile eundem incipere et finire.
(학문이란 실로 쌓아 올라감으로 해서 이루어지는 것이며 어떤 일을 새로 시작하거나 다 이루어 놓는다는 것은 참으로 가능한 일이 아니다.)

나는 이 번역서의 맨 뒤에 「참고문헌 해설」을 붙여 언어사를 연구하는 이들에게 좋은 길잡이 구실을 하도록 하였다. 부록으로 넣은 「언어학사 연표年表」 또한 원문에는 없는 것이나, 이 책을 활용하려는 이들을 위해 처음으로 작성한 것으로, 이 책에 인용한 학자와 중요 저술을 총망라하여 간결하게 정리한 것이어서 이것 또한 언어사 연구에 많은 참고가 되도록 하였다. 내가 번역한 워터먼의 『언어학사』는 1986년 4월에 출간되었는데, 그 해 7월 런던대학의 방문학자로 가게 되었고 그곳의 영문과에서 고대 및 중세영어 그리고 중세영문학 강의를 듣고, SOAS 언어학과에서 역사언어학과 언어학사 강의를 들으며 영어사연구에서 지금까지 소홀하게 다루어 온 통사변화에 큰 관심을 가지게 되었다. 이 고중세분야의 통사변화 즉, 통시적 통사변화diachronic syntactic change 연구는 당시 국내에서는 거의 전무한 실정이었다. 귀국 후에 국내 학회지에 고대 및 중세영어 관련 논문을 게재하였고 이 논문들을 한데 모아 책으로 낼 생각을 하였다. 다행히 대학원 박사과정으로 공부하던 당시 유행하고 있던 촘스키 언어학이 아닌 영어학이란 학문을 나에게 적극 권하시던 김방한 교수가 나의 제안을 흔쾌히 받아들이고 동향同鄕인 김경희金京熙 사장(지식산업사)에게 나를 적극 추천해 주었고 책의 서문까지 써주는 호의를 베풀어 주었다. 그렇게 해서 1991년 8월에 『영어의 통사변화: 고대 및 중세영어연구』(지식산업사, 1991, 267pp.)라는 화려한 양장본으로 된 책이 탄생하게 되었다. 이 책으로 인해 나는 학술지 전문출판사로 50년 넘게 명성을 쌓아 온 지식산업사와 인연을 맺게 되었다. 나중에 알게 된 사실이지만 김경희 사장은 해방 전 김방한 교수가 목포의 한 중학교에서 교편을 잡고 있던 당시 학생으로 배운 적이 있는 사제지간師弟之間이었다. 김 사장은 서울대 사학과 출신으로 오랫동안 문화예술인으로 활동해 온 출판계의 원로이자 역사에 조예가 깊은 지식인이기도 하였다.

당시 우리나라 대학 학부과정에서 사용하는 영어학개론 교재는 거의 대부분 외국 대학의 교수들이 쓴 언어학 텍스트였다. 나는 이러한 교재를 영어학 텍스트로 사용하면서도 우리 학자들이 펴낸 영어학 개론서가 절실함을 늘 마음 속에 간직해오고 있었다. 언어의 기본적인 소개는 최소로 하고 영어 자료에 의한 음성, 음운, 형태, 통사, 의미, 화용에서 영어의 역사에 이르는 전 과정을 한 학기에 마칠 수 있는 기본 텍스트를 구상하기 시작하였다. 은사인 이맹성 교수를 찾아뵙고 이 구상에 대해 의논한 끝에 다음과 같이 전공별로 집필할 필자를 구성하였다. 총론은 이맹성 교수가 맡기로 하고, 음성, 음운(김영석, 서강대), 형태론(박주현, 충북대), 통사론(강영세, 윤종렬, 국민대), 의미화용론(김경학, 수원대) 및 영어의 역사(박영배, 국민대)로 배분하여 집필에 들어갔다. 각 분야의 저자들과 이맹성 교수 및 김경희 사장과도 몇 번 만나서 책의 내용과 집필 그리고 책의 제목을 정하는 것 등,

여러 가지 일에 관해 진지한 대화를 나누었다. 이런 구상을 토대로 집필과정을 거쳐 1993년 1월 『영어학의 이해』(지식산업사, 1993, 343pp.)라는 제목의 초판이 나오게 되었다. 이 책의 초판이 나온 지 6년 만에 수정 증보판(제2판 1쇄), 그 후 제2판 3쇄(2002)까지 찍었다.

나는 토론토대학 중세연구소의 연구교수로 선정되어 캐나다로 출국하기 3개월 전인 1997년 5월에 한국문화사에서 『고대영어문법』(*A Grammar of Old English*, 273pp.)이라는 제목의 책을 펴냈다. 대학원에서 고대영어 강의를 해오면서 학생들이 쉽게 배울 수 있는 텍스트가 필요함을 늘 생각해 오면서 토론토로 가기 전에 이에 관한 책을 펴낼 생각으로 그동안 모아놓은 자료를 토대로 펴낸 것이 이 책이었다. 당시 한국에서는 이 방면의 책으로는 처음으로 나온 것이어서 학술지에 여러 학자들이 서평도 게재해 주어 한국의 중세영어 학계에 고대영어라는 분야를 널리 알리는 계기가 되었다. 이 책은 '문법'편과 '문헌강독'편 및 '보충 연습문제' 편 등, 세 부분으로 나누어 대학원생들이 고대영어의 성립에서부터 고대영어의 문자, 발음, 어형, 통사, 어형성에 이르기까지 주요 항목에 관한 지식을 요약, 정리할 수 있게 한 다음, 주기도문에서부터 신구약 성경의 여러 구절, 베오울프의 한 대목, 몰든 전투, 십자가의 꿈 및 루운 문자로 된 루운시 등, 15편의 짧막한 고대영어로 쓴 글을 공부한 다음, 배운 내용을 기초로 하여 연습문제를 통해 심화 학습하는 단계로 구성하여 학생들이 한 학기에 고대영어에 관한 기본적인 지식을 대략이나마 정리하도록 하는데 중점을 두었다.

캐나다 토론토대학 중세연구소의 연구교수로 있으면서 심혈을 기울여 집필한 두 권의 책 가운데 『영어사』(1998, 547pp.)는 조성식 교수의 제안에 따라 한국문화사에서 신영어학총서 시리즈 3권으로 나왔다. 이 시리즈는 애초에 12권으로 기획하였으나, 1998-1999년까지 11권이 간행되었다. 나의 『영어사』는 2000년에 2판이 나왔고, 내가 퇴임한 직후인 2010년 9월 초에 책 내용의 일부를 수정하고 한 장章을 추가한 개정증보판이 나오기에 이르렀다. 토론토대에서 집필한 또 다른 저서인 『앵글로색슨족의 역사와 언어』(지식산업사, 2001, 439pp.)는 토론토대에서의 연구 생활이 끝나고 영국 만체스터대학에서 열리는 역사영어학 국제학술대회에 출국하기 전 집필을 끝내고 지식산업사로 보낸 원고였는데, 내가 귀국한 후 3년 만에 나온 전공 분야의 저서로 한국에서는 이 분야의 저서로는 처음으로 한국의 영어학계와 역사학계에 상재上梓하게 된 전공서였다. 이 책이 나온 이후에 조성식 교수가 출판기념회를 여는 것이 좋겠다고 제안을 해서 고심 끝에 시내 인사동에서 출판기념회를 열게 되었다. 여기에 관해서는 제8장 2절에서 별도로 이야기하려고 한다.

1991년에 출판한 『영어의 통사변화』 이후 나는 여러 학술지에 꾸준히 논문을 발표해 왔는데, 특히 런던대학에서 연구하던 당시, 유럽 루운학의 대가인 도지슨 교수로부터 루운문자runes를 체계적으로 공부한 이후에 깊은 관심을 가지고 해외 학술대회에 참석할 때마다 루운문자와 관련된 서적과 자료를 부지런히 수집하면서 북유럽과 고대 영국에서 쓰인 루운문자에 대한 연구를 부지런히 해왔다. 이와 함께 영어사 또는 역사영어학에 속하는 여러 분야에 대한 연구도 소홀히 하지 않고 논문을 통해 학계에 알리기 위해 노력하였다. 예컨대, 고트어Gothic, 고대 고지독일어, 고대색슨어 등을 비롯하여 초기 중세영어 시기의 어순변화, 초서영어, 통사상의 재분석, 캐나다영어, 성서번역의 역사, 영어의 정자법 등이 그것이다. 캐나다영어에 관한 논문은 토론토대학의 연구교수로 있을 때 도서관 서고에서 찾아낸 캐나다 영어 관련 자료를 기초로 하여 구성한 것이다. 영역성서가 영어사 연구에 매우 중요한 것은 성서가 영어에 끼친 영향이 매우 컸음을 반영하고 있기 때문이다. 나는 여기에 주목하고 영역 성서의 역사를 역사적으로 살펴보고자 한 것이다. 스칸디나비아어가 영어에 끼친 영향, 영어 철자의 변천과 철자 개혁 논쟁을 역사적으로 분석하는 일도 영어사 연구에는 빼놓을 수 없는 한 분야임에는 이론異論의 여지가 없었다. 나는 1993년 3월부터 2001년 2월까지 8년에 걸쳐 여러 학회지에 게재했던 위에서 설명한 영어사의 하위 분야에 속하는 이들 논문을 한 곳에 묶어 펴내기로 하고 작업을 진행하여 2001년 5월 『영어사연구』(한국문화사, 2001, 446pp.)라는 제목의 책을 펴냈다. 이 논문집에는 일본 도쿄대 부설 중세영어연구소 및 교토영어사학회에서 각각 발표한 두 편의 논문을 실었고 <부록>에는 한국의 영어학 연구와 교육에 관한 논문을 게재하였다. 이 논문은 전국 113개 대학의 영어학 및 영문학 전공자 수를 비교한 수치數値를 제시하고 한국에서의 영어사와 영어학 연구와 교육의 과제와 전망을 제시하였다.

앞의 5장에서도 잠시 언급하였으나, 나는 유럽 영어사연구의 산

實産室 가운데 하나인 폴란드 포스난에 있는 명문 미키에비츠대학의 야첵 휘샤 교수와는 캠브리지대학에서 열렸던 역사영어학 학술대회 이후 20년 넘게 유럽과 일본 등, 여러 나라의 대학에서 열린 학술대회에서 만나 두터운 교분을 쌓아 왔다. 한국영어사학회의 초청으로 서울에 온 그는 서울대에서의 강연, 한국영어사학회, 한국영어영문학회 학술대회(제주) 등지에서 영어학 관련 주제 발표를 하면서 한국의 중세 학자들과도 학문적인 교류를 할 수 있는 기회를 가졌다. 그가 미키에비츠대 학생들을 위한 텍스트로 1992년에 저술한「영어사」 *Outline History of English*는 영어의 전반적인 외면사를 일목요연하게 서술한 텍스트로 손색이 없었다. 이 책은 이미 3판(2000)까지 인쇄할 정도로 폴란드에서는 각 대학에서 영어사 교재로 널리 쓰이고 있었는데, 일본에서는 1995년 아키오 오이즈미Akio Oizumi 교수(일본 도시샤대)에 의해 이 책의 일본어판 주석서가 이미 나온 터였다. 이 시기에 나는 폴란드 중세영어학회에서 만난 아키오 교수의 초청으로 야첵 교수와 함께 도시샤대에서 열린 교토영어사학회에 참석하여 논문을 발표한 뒤에 그가 주석을 붙여 출판한 야첵 교수의 일본어판「영어사」한 부를 기증받은 적이 있었다. 그 때 나는 한국에서 영어학 주석 시리즈 발간이 구체화 되어가고 있던 터라 이 책의 한국어판이 나왔으면 좋겠다는 생각을 하고 귀국 후에 주석 작업을 본격적으로 시작하게 되었던 것이다. 주석서가 거의 마무리 되어갈 즈음 야첵 교수는 나의 요청에 의해 내가 펴낼「영어사」주석서의 한국어판 서문을 기꺼이 써주는 수고를 아끼지 않았다. 이런 과정을 거쳐 야첵

교수의 「영어사」 한국어판 주석서는 2004년 2월 신영어학 주석 시리즈 2권으로 한국문화사(2004, 223pp.)에서 초판이 나왔으며 5년 뒤인 2009년에는 초판 2쇄를 찍었다. 이 책은 여러 대학 및 대학원에서 영어사 텍스트로 널리 쓰였다.

2. 김경희 사장과 『앵글로색슨족』 출판기념회

앞에서 언급한 『켈트인, 그 종족과 문화』라는 학술서에 관해 이야기하기 전에 이 책을 출판한 지식산업사의 김경희金京熙 사장과의 인연에 관해 먼저 이야기하려고 한다.

내가 런던대학에서의 연구 생활(1986-1987)을 마치고 귀국하여, 여러 학술지에 쓴 논문을 모아 책으로 낼 생각을 하고 있던 차에 김방한 교수의 추천으로 지식산업사에서 한국 최초의 『영어의 통사변화 고대 및 중세영어연구』(1991, 268pp.)라는 전공 저서를 출판하였는데, 당시만 해도 고대 및 중세영어에 관한 논문을 모아 펴낸 책이 출판사에 재정상 도움이 될리는 만무하던 때였다. 그럼에도 지식산업사의 김 사장은 흔쾌히 나의 저서를 출판해 주었다. 그것이 인연이 되어 김경희 사장과 나는 학문적으로 인연을 맺게 되었다. 그 일이 있은 뒤에도 몇 권의 책이 지식산업사에서 나왔고 내가 대학에서 정년을 맞아 퇴임한 2010년 이후에도 김 사장과의 인연은 계속되었다. 나는 퇴임 후 광화문에 사무실을 마련하여 잠시 그곳에 있다가 사직동으로 사무실을 옮긴 뒤에도 대학 강의 및 서울과 지방의 대학 강연, 그리고 저술 활동 등으로 바쁘게 지내면서 여러 권의 책을 펴냈는데, 김 사장은 내가 집필한 전공 분야의 학술서인 『켈트인, 그 종족과 문화』(2018, 447pp.) 및 일반인을 위한 교양 서적인 『흠정역성서와 영미문화』(2019, 368pp.)를 지식산업사에서 출판해 주었다. 앞의 책은 고대 영국 이전의 역사를 다루고 있어서 주제가 다소 무겁고 전공자들을 위한 책이었음에도 책이 나온 이후 서울대 총동창신문에 「화제의 책」으로 크게 소개되었고, 뒤의 책은 일간 신문과 잡지에 서평이 실려서 그나마 다행으로 생각하였다. 이 두 권의 책은 내가 정성을 들여 집필한 책으로 많은 애착이 갔는데, 출판사에는 재정적으로 어느 정도 도움이 되었는지 책이 나온 뒤에도 걱정을 많이 하였다.

이제 지식산업사에서 2001년에 나온 『앵글로색슨족의 역사와 언어』(지식산업사, 2001, 439pp.)와 관련하여 이 책의 출판기념회를 열게 된 사연에 관해 이야기를 해보기로 한다. 캐나다 토론토대학 중세연구소에서 1년간 연구교수로 있으면서 심혈을 기울여 집필한 이 책은 이미 출국 전에 김 사장과의 약속에 따라 출판 계약이 되어 있었다. 나는 토론토대에서의 연구 생활이 끝나갈 때쯤인 1998년 8월 영국 만체스터대학에서 열리는 역사영어학 국제학술대회 참석을 위해 이 책의 집필이 끝난 원고를 서둘러 지식산업사로 보낸 뒤에 토론토를 떠나 영국으로 떠났다. 영국에서의 학술대회가 끝나고 토론토로 다시 돌아와 토론토 국제공항에서 서울로 귀국한 뒤, 같은 해 가을에 영어사학회 가을 학술대회가 대전에 있는 한남대학교에서 열렸는데,

학회 및 여러 가지 바쁜 학사 일정으로 토론토에서 지식산업사에 넘긴 원고에 대해 한동안 잊고 지냈다.

『앵글로색슨족의 역사와 언어』는 나에게는 하나의 모험과도 같은 책이었다. 그것은 앵글로색슨족의 역사가 참으로 방대한 기록이었기 때문이었을 뿐만 아니라 앵글로색슨족이 브리튼(현재 영국을 가리킴)에 들어오기 훨씬 오래전인 후기 구석기시대 영국에 살던 선사민족 즉, 원거주민인 켈트인의 역사 이전의 민족부터 이야기를 시작해야 했기 때문이다. 토론토에 도착한 날부터 이 책을 본격적으로 구상構想하면서 연구 기간 안에 한 권의 책으로 집필을 끝낼 수 있을까 하는 걱정이 한동안 머릿속에서 사라지지 않았다. 그뿐만 아니라, 이 책을 쓰기 위해 수많은 문헌과 자료를 찾아서 읽어야 함은 물론 원고에 넣을 지도, 그림 및 사진의 출처를 찾는 일도 쉬운 일이 아니었다. 해당 출판사에 일일이 편지를 써서 허락을 받아내야 하는 일 또한 만만치 않았기 때문이었다. 그러나 다행히도 학술서적이라는 이유로 출판사들이 나의 요청을 허락해 주었기 때문에 수많은 그림과 지도 및 사진이 이 책에 실리게 된 것은 매우 다행스러운 일이었다. 한편 중세연구소의 서고書庫 및 토론토대학 도서관 14층에는 앵글로색슨족의 역사를 쓰기에 매우 방대하고 귀중한 문헌과 필사본을 보유하고 있었기 때문에 주어진 연구 기간 내에 나의 집필 작업이 차질없이 진행될 수 있었다.

이 책은 토론토에서 원고를 지식산업사에 넘긴 지 3년 뒤인 2001년 5월에 나온 이후 당시 대부분의 주요 일간 신문에 간단한 책 소개와 함께 고대 영국 시기의 수도승이었던 비드Bede가 영국 북부에 있는 수도원에서 앵글로색슨족의 역사를 쓰고 있는 책 표지의 인상적인 사진을 신문에 소개하였다. 이 책이 나오면서 영어학계뿐만 아니라 역사학 특히 영국사 또는 서양사를 연구하는 대학의 사학과 전공자들에게도 많은 도움이 되었을 것으로 생각한다. 이 책의 출판을 앞두고 영어학계의 원로인 조성식 교수를 찾아뵙고 책에 넣을 추천사를 부탁드린 적이 있었는데, 선생께서 흔쾌히 추천사를 써 주셨다. 선생께서는 나에게 책이 출판되면 출판기념회를 열어 영어학계에 널리 알리는 것이 좋겠다는 조언을 해주었다.

나는 조 선생이 한국에서 중세분야, 특히 앵글로색슨족의 역사 및 언어를 심도있게 파헤친 학술서의 책으로는 처음으로 학계에 상재된 것인 만큼 이 기회에 널리 알리는 것이 좋겠다는 의도로 이야기를 하신 것으로 생각하였다. 그리하여 나는 조 선생과의 회동會同 후에 이 책의 출판기념회를 준비하기 위해 대학원 제자들과 함께 안내장과 초청장을 만드는 한편, 출판기념회를 가질 장소를 물색하여야만 하였다. 마침 당시 나의 후임으로 영어사학회의 회장이 된 김준호 교수(동덕여대)의 주선으로 인사동에 있는 동덕갤러리에서 출판기념회를 가지는 것으로 결정되었다. 출판기념회가 열리기 전까지 국민대 대학원에 재학 중인 박민숙은 출판기념회에 참석하는 분들을 위해 예쁘고 멋진 명찰을 자비自費로 제작해 주는 수고를 아끼지 않았고 나의 제자들인 강혜경선생(열린사이버대), 장근철 선생(국민대), 대학원생인 이주희, 민동혜, 박민숙, 김소연, 김윤경은 출판기념회 준비를 위해 많은 수고를 해주었다. 나는 지식산업사의 김 사장에게도 연락하여 출판기념회 당일 참석하는 분들을 위해 『앵글로색슨족의 역사와 언어』를 한 권씩 기증하도록 하고 김 사장도 이 출판기념회에 참석해 줄 것을 부탁하였다.

2001년 5월 25일 저녁 6시, 인사동 동덕갤러리에서는 국민대학교 예술대학의 현악사중주단 학생들이 연주하는 아름다운 선율로 멋진 분위기를 띠우는 가운데 출판기념회가 열렸다. 이 자리에는 국민대 영문과에 재직 중인 교수(박익두, 전재근, 강영세, 윤종렬)는 물론, 대학 은사인 이맹성, 전상범, 문용 교수를 비롯하여 영어영문학계의 원로인 김영권(서강대), 나영균(이화여대), 이상옥(서울대), 김인숙(서울대), 박순함(한국외대), 조병태(서울대), 김병옥(인하대), 박병수(경희대), 이환묵(전남대) 교수도 참석하였다. 그 뿐만 아니라, 안선재(Brother Anthony, 서강대), 김재환(한림대), 박주현(충북대), 정연선(육사), 김태진(한서대), 임혜순(한림대), 김준호(동덕여대), 최병정(청주대), 이범진(원광대), 이장송(육사) 등, 한국영어영문학계의 중견 교수들뿐만 아니라 일일이 열거할 수 없는 서울과 지방대학의 많은 교수가 참석하였다. 출판기념회의 사회는 나의 대학 후배인 국민대의 강영세 교수가 맡아 진행하였다. 당시 국민대 총장이었던 정성진 교수는 매우 바쁜 일정에도 불구하고 출판기념회에 참석하여 특유의 멋진 기념사를 해 주므로써 출판기념회를 한층 더 빛나게 해주었다. 이맹성 교수는 특유의 유머와 위트로 좌중을 웃겨가며 인사말을 통해 책의 출판을 축하해 주었다. 이 책을 출판한 김경희 사장은 그동안의 출판과정을 얘기하면서 이 책이 한국의 영어영문학계와 사학계에 크게 기여할 수 있게 되기를 바라는 인사말을 해주었다. 김준호 교수(동덕여대, 영어사학회 회장)는 출판기념회가 열리게 된 과정을 설명하였다. 나는 인사말에서 3년 전에 지식산업사에 보낸 원고를 정성껏 다듬고 아름다운 표지와 디자인으로 훌륭한 책으로 만들어준, 학술서적과 양서만을 전문으로 출판하는 지식산업사의 김경희 사장에게 깊은 감사를 드린다는 말을 남겼다. 당시 출판기념회에서 내가 내빈들에게 전한 인사말 가운데 일부를 다음에 인용하기로 한다.

> 오늘 평소 존경하는 학술원 회원이신 조성식 선생님과 국민대학교 정성진 총장님, 한국영어영문학회의 전 회장을 지내신 나영균, 이상옥, 김용권 선생님과 한국영어영문학회를 대표하여 참석해 주신 정연선 부회장님, 한국영어학 연구와 교육의 견인차 역할을 해 온 영어사학회 전 회장이신 김인숙 선생님과 김준호 현 회장님, 한국중세영문학회의 전 회장을 지내신 안선재 선생님과 김재환 현 회장님, 저의 대학 은사이신 이맹성, 문용, 전상범 선생님과 평소 저를 아껴 주시던 학계의 원로, 선배 선생님, 동학과 후배 선생님들을 모시고 문화의 거리 인사동에서 뜻깊은 출판기념회를 가지게 된 것을 무한한 영광으로 생각합니다.
>
> 4년 전, 토론토에 있을 때 끊임없는 서신으로 저를 격려해 주시고 이 책의 추천사까지 기꺼이 써 주신 조성식 선생님께 항상 감사드립니다. 제가 토론토에 있던 당시 마침 미국에 와 계시던 전상범 선생님께서 편지와 엽서로 저의 작업을 격려해 주신 일을 아직도 기억하고 있으며 선생님께 감사드립니다. 영어사학회 초대 회장을 지내신 김인숙 선생님께서도 미국에 와 계시면서 서신으로 많은 격려를 해주셔서 저에게 많은 힘이 되어 주셨는데, 이 자리를 빌어 선생님께 다시 한번 감사를 드립니다. 또한, 3년 전에 보내드린 원고를 정성껏 다듬고 아름다운 표지와 디자인으로 이처럼 훌륭한 책으로 만들어주신, 학술서적과 양서만을 전

문으로 출판하는 지식산업사의 김경희 사장님께도 이 자리를 빌어 깊은 감사를 드립니다.

인문학의 위기를 부르짖고 있는 요즘과 같은 상황에서 이러한 책이 과연 얼마나 한국 영어영문학계에 기여할 수 있을는지 저도 잘 모르겠습니다만, 제 짧은 생각으로는 인문학 전공자들을 위해 우리 학계에 이런 잘 팔리지 않는 책이 하나쯤은 있어야하지 않을까 하는 생각을 했습니다. 우리 속담에 溫故知新이라고 했는데, 요즘처럼 옛 것을 버리고 새로운 것만 유행처럼 좇는 현상은 적어도 학문의 세계에서는 없어져야 하지 않을까 생각합니다. 일본은 100년의 영어학 연구 역사를 가지고 있습니다. 이에 비하면, 우리는 30여 년의 매우 짧은 역사에다 전공 인력도 턱없이 모자라는 형편입니다. 이야말로 인문학의 위기라고 할 수 있습니다. 이제 우리도 말로만 인문학의 위기를 부르짖을 것이 아니라, 인문학자들 스스로 새로운 시대 흐름에 적응하면서 자신의 전공 분야에 대한 끊임없는 지적탐구知的 探究를 통해 인문학 발전에 기여할 수 있는 토대를 부단히 마련해야 하지 않을까 생각합니다.

끝으로 병환으로 인하여 부득이 이 자리에 참석하지 못한 영어영문학회 회장이신 이영걸 선생님의 쾌유를 빕니다. 감사합니다.

이 책은 나온 지 2년 뒤인 2003년 학술원 인문사회분야에서 우수학술저서로 선정되는 기쁨을 누리게 되었다.

3. 화갑기념논문집과 출판기념회

앞에서도 잠시 언급한 바 있으나(6장 4절), 나의 화갑논문집 발간에 관해서는 그 경위에 관해 여기서 좀 더 자세하게 설명해야 할 것 같다. 2권(Vols 1 & 2)으로 발간된 이 논문집 발간을 위해 1년 넘게 국내외 학자들과 수많은 메일과 논문이 오고 간 것은 물론, 해외 학자의 논문 청탁과 관련해서 몇 가지 일들이 일어난 것을 여기서 좀 더 상세하게 밝히기 위해서이다.

나는 앞에서 유럽의 여러 국제학술대회 및 일본의 중세영어 관련 학회에 참석하면서 논문도 발표하고 학회에 참석한 여러 나라의 학자들과도 학문적인 교류뿐만 아니라 개인적으로도 친분을 맺어왔다는 이야기를 해오면서 유럽과 일본의 학자들이 회갑回甲을 기념하는 논문집을 펴내는 모습을 지켜 보면서 나도 언젠가는 이런 기념논문집을 펴냈으면 하는 생각을 하게 되었다. 그것은 단순히 그동안 내가 발표한 학문 분야의 성과나 결실을 한 곳에 모으는 것뿐만 아니라 이런 작업을 통해 역사영어학이나 중세영어학 또는 중세영문학 관련 분야를 연구하려는 후세대 연구자들이 나의 논문집을 통해 하나의 성취 동기나 학문에 대한 연구 의욕을 조금이라도 갖게 하려는 것도 내 나름대로의 이유에서였다. 당시 나는 한국중세영문학회의 회장과 한국영어영문학회의 회장으로 활동하고 있던 중이어서 이 기회에 한국의 중세학자들Medievalists이 서로의 연구 분야를 공유하고 연구할 수 있는 터전을 마련해 줄 수 있다는 생각도 아울러 갖게 된 것이다.

화갑기념논문집 간행을 위해서는 사전에 준비해야 할 일이 많았다. 우선 논문집 간행을 위한 해외 및 국내 공동 편집자가 필요했다. 해외 학자들에게 논문 청탁을 하기 위해서는 유럽과 미국 및 일본 등지에서 활동해 온 영어학 분야의 저명한 해외 학자가 공동 편집자가 되어 그의 이름으로 해외 학자들에게 논문을 청탁하는 것이 무엇보다도 중요하였다. 나는 주저하지 않고 내가 오랫동안 교분을 맺어 온 야첵 교수에게 메일을 보내 나의 화갑논문집의 공동 편집자가 되어줄 것을 요청하였고 그는 나의 제의를 쾌히 허락하였다. 국내 학자들의 논문 청탁은 나의 제자인 강혜경 교수(열린 사이버대)가 야첵 교수와 함께 공동 편집자로 논문집 간행에 필요한 일들을 도맡아 수고해 주기로 하였다. 그리하여 2004년 4월 공동 편집자의 명의로 국내외 학자들에게 논문을 청탁하는 이메일을 내보냈다.

그런데 해외 학자들에게 논문을 청탁하는 과정에서 몇 가지 재미있는 공방이 이어졌다. 그 첫 번째는 올가 휘셔Olga Fischer(암스텔담대 교수)였다. 올가 교수는 역사영어학 분야에서 괄목할 만한 연구 업적을 낸 학자로 유럽에서 열린 학술대회에는 빠짐없이 참석하였고 나는 여러 학술대회에서 그녀를 자주 만나 함께 이야기를 나눌 때마다 훌륭한 학자라는 생각을 하곤 하였다. 그리하여 나의 화갑논문집 준비에 즈음하여 그녀의 논문을 게재하기로 하고 논문을 청탁하는 이메일을 보냈는데, 뜻밖에도 올가 교수는 써야 할 논문이 밀려 있어서 논문을 기고할 수 없다는 짤막한 메일을 보내왔다. 편집자는 올가에게 답메일을 보내면서 새로 논문을 쓰는 대신 다른 저널에 이미 게재한 논문의 수정본을 보내주는 것이 어떻겠느냐는 의견을 제시하였다. 편집자가 답메일을 보낸 뒤 하루 만에 올가는 프랑스의 한 심포지엄에서 발표하여 프랑스어 저널에 실렸던 논문의 수정본을 보내겠다는 메일을 보냈다. 그녀는 아마도 유럽의 여러 학회에서 나와 만나 맺어온 인연을 생각하면서 자신의 논문을 보내려고 했던 것이 아닌가 하는 생각이 들었다.

일본 학자들에게 요청한 논문게재 청탁은 마사토모 우카지Masatomo Ukaji (도쿄 학예대)교수에게서 어렵게 동의를 받아낸 것을 제외하고 모두 순조롭게 진행하였다. 우카지 교수는 일본에서는 손꼽히는 저명한 중세 학자로, 나와는 유럽의 여러 학술대회에서 만났고 일본에서 열린 중세 관련 학회에서도 자주 만나 이야기를 나누던 분이었다. 그는 매사에 꼼꼼하고 빈틈이 없는 학자로 일본 학자들 사이에 정평이 난 분이었다. 그는 논문 한 편을 쓰기 위해서는 적어도 1년이 걸리고 써놓은 논문도 없다는 이유로 처음에는 편집자의 요청을 정중하게 거절하였다. 우카지 교수는 당시 조성식 교수의 팔순 기념논문집에 기고할 예스페르센 관련 논문을 쓰고 있던 중이었다. 나중에 알게 된 일이지만 그는 파제트병(일종의 암성 질환)으로 입원했다가 퇴원했는데, 다시 입원해야 할 것 같다는 메일을 보내와서 나를 놀라게 하였다. 내가 그에게 무리하게 부탁한 것이 아닌가 몹시 걱정이 되어 답메일을 보냈더니, 그는 나에게 보내려고 생각 중인 논문은 오래 전에 미노루 야수이Minoru Yasui 박사 고희기념논문집에 일본어로 쓴 논문을 영어로 바꿔 약간의 수정을 가미해서 다시 쓴 논문인데, 영어로 기고하면 영미권 학자들에게 널리 읽힐 수 있을 것 같다는 얘기였다. 그의 영어 논문은 몇 년 뒤에 올가 교수가 다른 자료를 분석하여 우카지 교수와 똑같은 결론에 이르게 된 논문으로 영어권 학자들에게 크게 평가받게 되었다. 그는 내가 퇴임한 후 얼마 지나지 않아 그를 괴롭혀 온 지병(사타구니에 난 림프절 악화)으로 인해 결국 세상을 떠났다.

올가 휘셔 교수처럼 편집자의 논문 게재 요청을 거절했다가 번복한 또 다른 학자로 신시아 엘런Cynthia Allen(호주 국립대) 교수가 있었다. 조그만 체구에 늘 미소를 띠고 활달하고 사교적인 성격으로 학자들 사이에 인기가 있었다. 나와는 유럽 학회에서 만나 개인적으로 Cindy라는 애칭으로 이메일을 주고 받으며 매우 가깝게 지내게 된 학자였는데, 야첵 교수와도 격의 없이 지낸 사이였다. 그녀는 70년대 중반 이후에 널리 유행한 촘스키 초기 이론을 분석의 틀로 활용하여 고대 및 중세영어 문헌에 나오는 자료를 통시통사론적인 관점에서 분석한 뛰어난 논문(1977)을 써서 매사추세츠대학에서 박사학위를 받은 이후 언어학 분야에서도 세계 언어학계에 이름을 널리 알린 학자였으며 언어학 또는 영어학을 전공하는 국내 전공자들에게 그녀의 학위논문은 통시통사론을 연구하기 위한 필독서가 될 정도로 인기가 있었다. 엘런 교수가 90년대 중반 옥스퍼드 출판사에서 펴낸 고대영어와 초기현대영어 문헌을 바탕으로 분석한 격표지와 재분석에 관한 저서는 당시 학자들 사이에서 큰 반향을 불러 일으킬 정도로 주목을 받았다. 엘런 교수는 처음에 편집자의 논문 청탁 요청에 시간이 촉박하여 논문을 기고할 수 없다는 메일을 보냈으나, 편집자의 재요청에 논문을 기고하기로 허락하여 호주 언어학회에서 발표했던 자신의 논문을 다소 수정하여 보내주었다.

이렇게 해서 해외 학자들의 논문을 모은 1집(Vol 1)이 나오게 되었는데, 논문집에 실린 학자들의 면면을 잠시 살펴보기로 한다. 윌리엄 Wim van der Wurff(라이덴대, 네덜란드)교수는 내가 런던대학의 방문학자도 있던 1986-7년에 캠브리지 학회에서 처음으로 만났는데, 당시 그는 라이덴 대학에서 박사학위를 끝내고 그 대학에서 강의를 하고 있던 30대의 젊은 학자였다. 그는 고대 및 중세문헌에 나오는 자료를 토대로 통사변화에 관련된 논문을 주로 썼는데, 초기 문헌(고대 및 중세영어) 자료를 제시하여 논지가 명확하고 이론異論의 여지가 없는 논문 발표에 감탄한 적이 여러 번 있었다. 그는 한국과 유럽 사이에 놓인 학문의 끈을 이어가려는 나의 노력에 큰 관심을 가졌는데, 나는 훗날 고려대에서 열린 한국의 영어사학회의 학술대회에 윌리엄 교수 내외를 초청하여 한국의 중세 학자들에게 그를 소개하는 것도 잊지 않았다. 히로시 요네쿠라Hiroshi Yonekura(교토부립대학) 교수는 내가 1995년 11월 초 도시샤대학에서 열린 교토학회에서 만나 인연을 맺은 학자로 여러 권의 저서와 번역서를 낸 중견 학자이기도 하다. 그는 특히 성서 연구에 대한 조예가 깊어 위크리프성서Wycliffe Bible에 대한 역작을 낸 학자로도 유명하였다. 크리스마스 때에는 어김없이 내게 카드를 보내 가족의 안부를 전할 정도로 학문과 인성人

性을 두루 겸비한 학자였다. 그는 나의 기념논문집에 자신의 논문을 기고할 수 있는 기회를 준 것에 감사하다는 메일을 보내 편집자를 즐겁게 하였다. 그가 교토학회에서 열린 논문 발표 오후 세션에서 사회를 보면서 영어로 전달이 잘 되지 않자 급히 일본어로 안내를 해서 장내를 잠시어리둥절하게 만든 이야기는 일본 학자들 사이에 유명한 일화로 남아 있다. 매티 리싸넨Matti Rissanen(핀란드 헬싱키대) 교수는 내가 1990년 5월 헬싱키대학에서 열린 역사영어학 국제학술대회에서 처음으로 만나 인연을 맺은 학자이다. 그는 주로 방대한 초기현대영어 문헌 자료를 활용하여 영어학의 여러 분야에 관련된 논문을 학술지에 꾸준히 발표해 왔다. 그 뿐만 아니라 그는 사교에도 능숙하여 야첵 교수처럼 역사영어학계에서는 모르는 이가 없을 만큼 사교적이고 친화적인 인물로도 유명하였다. 그가 사용한 핀란드식 영어는 잘 알아들을 수가 없을 만큼 빠른 데다가 언뜻 이해하지 못하는 경우가 많이 있음에도 학술지나 기념논문집에 기고한 뛰어난 논문으로 인해 그가 구사하는 영어와는 달리, 학자들의 존경과 신망을 받았다. 1994년 8월 스코틀랜드의 명문 글라스고 대학에서 열린 역사영어학 학술대회에서 헬싱키 코퍼스Helsinki Corpus를 그의 동료 교수들과 함께 처음으로 소개한 장본인도 다름 아닌 매티 교수였다. 후에 나는 매티 교수 내외를 영어사학회에 초청하여 한국의 학자들과 교류할 수 있도록 주선해 주기도 하였다. 편집자가 그에게 나의 화갑기념논문집에 논문을 기고해 달라는 메일을 보냈을 때 그는 쾌히 허락하면서 나의 안부를 묻기도 하였다.

요시유키 나카오Yoshiyuki Nakao(히로시마대학) 교수는 오랫동안 초서의 어휘 분석에 천착해 온 학자로 일본에서 열린 중세영어 관련 학회에서 만나 나와 인연을 맺었다. 나는 고려대에서 열린 한국영어사학회에 그를 초청하여 함께 시간을 보냈는데, 원만한 성격에 사람을 좋아하는 타입인 그는 서울에 머무는 동안 한국의 학자들과 잘 어울렸다. 요시유키 교수도 편집자의 논문 청탁 제안에 논문 제목까지 미리 이메일로 보내줄 정도로 흔쾌히 허락하였다. 언젠가 내가 히로시마대학에서 열린 히로시마 영어연구회에서 발표를 끝내고 그의 제안에 따라 연구회에 참석한 여러 학자들과 함께 히로시마 원폭공원을 방문한 적이 있었다. 이 공원에는 히로시마에 원자폭탄이 투하된 바로 그 장소에 공원을 조성하여 기념관을 만들고 희생자를 추모하는 기념비를 공원에 세워 놓았다. 요시유키 교수는 나에게 원폭 당시 희생당한 한국인 기념비에 대해 언급하면서 나에게 매우 송구스럽고 미안하다는 이야기를 하였다. 공원 밖에 한국인 희생자 기념비를 내놓지 못한 것에 대한 미안한 심정으로 인한 일본인의 죄책감때문이었다.

무엇보다도 나의 화갑기념논문집을 빛낸 것은 요시오 테라사와 교수와 그의 아들인 준 테라사와 교수가 기고한 주옥같은 논문이었다. 요시오 교수(도쿄대 영문과 명예교수)는 성서에 관한 책을 낼 정도로 성서 연구에 깊은 안목을 지닌 학자였으며 준Jun 교수는 부친의 뒤를 이어 도쿄대 영문과 교수가 되었고 세부전공인 음운론 분야는 물론 역사영어학의 여러 분야를 꾸준히 연구해 온 중견 학자였다. 요시오 교수는 흠정역성서에 나오는 관용어구에 관한 논문을 기고해 주었고, 준 교수는 고대영어 어휘를 주제로 분석한 논문을 나의 화갑기념논문집에 기고해 주었다. 일본 중세영어영문학회의 회장을 지낸 미츠노리 이마이Mitsunoi Imai (세스난대 총장, 오사카대 명예교수)는 그의 전공인 중세영어 운율 로만스에 관한 옥고를 기고해 주었다. 미치코 오구라 교수(지바국립대학)는 내가 헬싱키대에서 열린 역사영어학 국제학술대회(1990년 5월)에서 처음으로 만나 학문적인 인연을 맺은 일본 학자로, 그 후 한국과 일본을 오가며 학회 발표와 개인적인 만남을 통해 누구보다도 매우 가깝게 지낸 학자였다. 미치코 교수는 나의 화갑논문집에 초서, 말로리, 셰익스피어 및 흠정역성서에 나오는 어휘를 주제로 코퍼스를 활용한 데이터 분석을 통해 어휘 변천이 어떻게 진행되어 왔는지 그 역사를 추적한 논문을 기고해 주었다.

외우나 교수Jerzy Wełna(폴란드 바르샤바 대학)는 내가 폴란드에서 열린 중세영어학회에 참석하면서 알게 된 학자로, 유럽에서 열린 역사영어학 학술대회에 빠짐없이 참석한 그는 나와도 여러 학회에서 만나 오랫동안 가깝게 인연을 맺게 된 학자이다. 영어사 전공인 그는 여러 권의 저서도 펴낸 중견 학자였다. 그는 특별히 한국에서 온 나에게 많은 관심을 가지고 있었는데, 아마도 내가 여러 해에 걸쳐 유럽학회에 꾸준히 참석한 유일한 한국 학자였기 때문이 아닐까 생각하였다. 외우나 교수도 나의 제의에 그의 세부 전공인 음운론에 관련된 논문을 기고해 주었다. 카일러Noel Kaylor(미국 트로이대), 필립스Philip E. Philips(미국 테네시주립대) 및 솔즈베리Eve Salisbury(미국 웨스턴 미시간대)는 내가 한국중세영문학회의 회장으로 있을 때 알게 된 분들로 서울과 칼라마주를 오가며 발표를 하는 동안 개인적으로도 친교를 맺게 된 학자들이었다. 이들도 나의 화갑기념논문집에 기꺼이 좋은 논문을 기고해 주었다.

한스Hans Sauer(독일 뮌헨대) 교수는 앵글로색슨학회의 회장을 역임한 학자로 나와는 오랫동안 학문적으로나 개인적으로나 친구처럼 지내온 훌륭한 분이다. 나의 논문집에는 베오울프 서지書誌에 관련된 훌륭한 논문을 기고해 주었다. 언젠가 그는 나에게 한국에서 베오울프 번역서에 관한 정보를 문의하였고 나는 지금까지 번역된 베오울프 관련 서적을 그에게 보내준 적이 있었다. 힐리Antonette diPaolo Healey(캐나다 토론토대)교수는 내가 토론토대학 중세연구소의 연구교수로 있을 때부터 인연을 맺은 이후 20년이 넘도록 친교를 맺어온 학자이다. 내가 토니Toni라는 애칭으로 부르는 그녀는 토론토대학의 자랑거리 가운데 하나인 인터넷기반 고대영어사전 프로젝트의 책임편찬자로 오랫동안 활동해 오면서 이와 관련된 논문을 발표해 왔다. 나는 한국영어영문학회 창립 50주년을 기념하는 학술대회(2004. 6.15-18)에 그녀를 초청하여 한국의 학자들과 처음으로 조우遭遇하도록 한 적이 있었다. 그 후로 나는 일본에서 열린 중세영어 관련 학회에서 힐리 교수를 여러 번 만나서 함께 논문을 발표하고 토론을 한 적이 있었다. 언제나 쾌활한 성격으로 주위 사람들의 시선을 한데 모으는 유머와 위트를 지닌 그녀는 나의 화갑기념논문집에 예외없이 고대영어사전 프로젝트에 관해 정성을 기울인 훌륭한 논문을 기고해 주는 수고를 아끼지 않았다.

나의 화갑기념논문집을 준비하고 있던 2004년 11월 2일 야첵 교수에게서 반가운 이메일 한 통을 받았다. 그가 폴란드 학술원Poland Academy of Sciences 회원으로 선출되어 바르샤바로 가서 이틀을 보낸다는 기쁜 소식이었다. 나는 즉시 답메일을 보내 그가 학술원 회원이 된 것을 진심으로 축하해 주었다. 그의 두 번째 부인으로 그의 제자이기도 한 시코르스카Liliana Sikorska(아담 미키에비츠대, 폴란드) 교수도 나의 화갑기념논문집에 후기 중세시기의 도덕극moral play에 관련된 좋은 논문을 기고해 주었다.

국내 학자들의 논문을 모은 나의 화갑기념논문집 2집(Vol. 2)에는 한국의 중세영어영문학을 대표하는 22명의 뛰어난 학자들의 주옥같은 논문이 게재되었다. 그 명단은 다음과 같다. 강지수(인하대), 고광윤(연세대), 권혁승(서울대), 김명숙(숭실대), 김유강(한국외대), 김인숙(서울대), 김준호(동덕여대), 김태진(한서대), 김현진(서울대), 김혜리(대구가톨릭대), 문안나(인하대), 문희경(고려대), 윤희철(덕성여대), 이동춘(대구대), 이필환(계명대), 임혜순(한림대), 장근철(국민대), 조남호(충주대), 최병정(청주대), 최예정(호서대), 황인태(충남대), 박영배(국민대). 안선재Br. Anthony(서강대) 교수이다. 특히 안 교수는 국내 학자로 활동하고 있음에도 해외 학자들의 논문집 모음인 1집(Vol. 1)에 넣은 것은 그가 한국인으로 귀화한 이후로 국내외에 한국의 중세영어영문학을 해외에 알리는데 큰 기여를 해온 뛰어난 중세 학자이기 때문이다. 그가 2002년 회갑을 맞아 펴낸『회갑기념논문집』(한울, 2002, 402pp.)은 중세영문학에서 19세기 영문학에 이르기까지 해외 학자 2명을 포함하여 19명의 전공 학자들의 주옥같은 논문이 게재된 논문집이었다. 나는 이 논문집의「중세영문학」편에 초서 관련 논문 한 편을 기고하여 그의 업적을 기리었고 그와 함께 지낸 지난날의 추억을 책의 서두에 술회하기도 하였다.

나의 화갑기념논문집 출판기념회는 2005년 7월 8일 동승동 대학로에 있는 국민대학교 제로원 디자인센터에서 열렸다. 야첵 교수 내외, 요시오 교수 내외를 비롯한 유럽과 일본의 중세 학자들 그리고 한국 영어학의 태두인 조성식 교수를 비롯한 국내의 영어영문학 분야의 학자들이 출판기념회에 참석하여 나의 화갑華甲을 축하해 주었다. 논문집 출판을 계기로 1980년대 중반 이후 20년 넘게 유럽과 일본의 여러 대학에서 열린 전공 분야의 국제학술대회에 꾸준히 참석하여 이들 나라의 중세 학자들과 맺어온 나의 학문적인 교류와 우정, 그리고 개인적인 유대관계는 나의 긴 학문 여정에서 하나의 매듭을 짓게 된 셈이 되었다. 나는 장차 내가 밟아 온 이 여정에 한국의 학자들이 내가 갔던 길에 동참하여 해외 학자들과 어깨를 겨누며 한국의 영어학을 새로운 방향으로 활발하게 이끌어 갈 수 있게 되기를 기대하였다.

4. 정년기념논문집: 영어사연구의 방법과 응용

나는 정년 퇴임을 1년 앞두고 2001-2009년까지 국내 학술지에 발표한 11편의 논문과 일본 영어사학회를 비롯한 몇 군데 일본 학회와 대학의 초청으로 주제 발표한 5편의 논문 그리고 지난 17년(1991-2008) 동안 「영어영문학」지誌(한국영어영문학회 학술지)를 비롯하여 여기저기에 써놓은 11편의 <서평>도 한데 묶어 『영어사연구의 방법과 응용』(한국문화사, 2009, 596pp.)이라는 제목의 정년기념논문집을 펴냈다.

앞의 제7장에서 이미 설명한 바 있으나, 나는 2005-6년에 대학교육협의회의 교류교수로 선정되어 전남대 대학원에서 「영어사연구 방법론」이라는 과목을 강의하였다. 나는 전남대에서의 강의와 연구가 끝난 후에 연구 결과물로 한국영어학학회의 학술지인 「영어학연구」지誌 (21호, 2006: 1-24)에 같은 제목으로 게재하였는데, 강의의 내용을 정리하여 1995년 이후 10년간 국내 영어사연구의 현황을 통계 분석하면서 일본과 유럽의 연구 현황을 살펴보고 향후 국내 영어사연구의 방법 및 영어사 교육에 관해 쓴 논문이다. 정년기념논문집에 이 논문을 포함시킨 것은 영어사뿐만 아니라 영어학 전반에 걸친 연구의 지평을 넓히려는 후세대 연구자들에게 도움이 될 수 있게 하려는 데 있었다.

이 논문집에 <서평>을 넣게 된 것은 유럽이나 미국, 캐나다, 일본 등지의 학술지에는 이미 널리 시행되고 있는 본격적인 서평Reviews

이나 내용요약소개Brief Notes와 같은 형식을 국내 학계에도 도입하여 아직까지 정착되지 않은 국내 서평문화를 활성화함으로써 영어학 전반에 걸친 분야를 연구하려는 이들에게 국내외 학술서에 관한 정보를 요약해서 제공하려는데 목적이 있었기 때문이었다.

이 논문집에 실린 5편의 영어 논문은 일본의 여러 대학과 학회에서 특강과 워크숍 형식으로 발표한 글들을 모은 것이다. 2편의 초서 관련 논문 가운데 「Rereading Chaucer's *Canterbury Tales*」는 2003년 12월 일본 도쿄외국어대학에서 열린 19차 일본중세영어영문학회의 학술대회에서 발표한 내용을 수정, 보완한 논문으로 히로시 요네쿠라米倉 綽(교토 관립대 명예교수)의 정년기념논문집인 *Language and Beyond*(2008)에 게재한 것이다. 또 한편의 초서 논문은 일본 중세영어영문학회의 회장을 역임한 미츠노리 이마이 今井光規(오사카대 명예교수 겸 Setsunan대 총장)교수의 고희기념논문집인 *English Philology and Corpus Studies*(2009)에 실린 논문으로 「켄터베리이야기」에 나타난 초서의 종교관, 철학의 세계에 관해 쓴 글이다.

여기에 실린 다른 두 편의 영어 논문 가운데 「Multiligualism in English Literature」는 2007년 8월 히로시마대학의 초청으로 48차 히로시마 영어연구회(English Research Associationof Hiroshima: ERA)에서 발표한 것으로, 미치코 오구라(小倉美知子 도쿄 지바국립대 명예교수)의 허락을 얻어 이 학회의 국제 학술지인 *Historical Englishes in Varieties of Texts and Contexts*(Peter Lang, 2008)에 게재한 논문이다. 이 논문에서는 고대영어에서 초기현대영어 시기에 이르기까지 여러 문헌이나 작가의 문학 작품에 쓰여진 여러 언어사용과 언어접촉의 결과로 나타난 언어변화의 특징, 영어사에의 응용 가능성을 고찰하였다. 국내 학자들에게는 잘 알려지지 않은 ERA는 1959년에 창립되어 해마다 해외의 저명한 학자를 한 명씩 초청하여 강연을 진행해 왔는데, 내가 초청받은 해는 이 연구회가 설립 48주년을 맞이하는 뜻깊은 해였다. 히로시마대학의 요시유키 나카오中尾佳行 교수가 나를 초청하는데 수고를 아끼지 않았다.

마지막으로 영어 논문인「Teaching Medieval English in Korea」는 일본영어사학회 창립(2005)을 기념하는 1차 국제학술대회에 초청을 받아 그 해 9월 일본 지바국립대학에서 행한 초청 강연 내용을 정리하여 해외 학술지 *Textual and Contextual Studies in Medieval English*(Peter Lang, 2006)에 게재한 것이다. 한국의 중세영어학연구의 계보와 역사 및 현황을 개관하면서 한국에서의 중세영어학 교육에 대한 전망을 일본 학계에 상세하게 소개한 글이다.

이 논문집에 넣은 <서평> 가운데 몇 편에 관해 간단히 언급하려고 한다. Helsinki Corpus in English Texts(CD-ROM)는 한국영어영문학회의 학술지인「영어영문학」(41권 1호, 1991)에 게재한 글로, 책이 아니라 고대영어에서 초기현대영어에 이르는 방대한 문헌을 데이터베이스화하여 한 장의 CD- ROM으로 만든 일종의 전자책이다. 1994년 가을 나는 영국 북부의 에딘버러에서 열린 역사영어학 국제학술대회에 참석하여 한국 학자로는 처음으로 이 귀중한 자료를 구입하였고 귀국 후 국내 학자들에게 소개하기 위해 쓴 글이다. 이 전자책을 주도한 매티 리싸넨(헬싱키대) 교수에 대해서는 앞에서 이미 언급한 바 있다. 헬싱키 코퍼스의 데이터베이스는 1991년 12월에 이미 완성되어 영어사 전공 학자들 사이에서는 역사영어학 국제학술대회를 통해 알려져 왔으며, 그 활용가치의 효용성에 관한 논의가 그동안 활발하게 전개되어왔다. 나는 1992년 스페인의 발렌시아대학에서 7차 역사영어학 국제학술대회에 참석했을 때 이 데이터베이스를 처음부터 기획하고 그 책임을 맡아서 동분서주해온 매티 교수로부터 여기에 수록된 문헌의 양이 워낙 방대하고 복잡하게 되어 있어서 조만간 사용안내서manual를 낼 계획이라는 얘기를 들었다. 영어사의 여러 분야에 대한 논문을 준비하다 보면 1차 자료의 빈곤을 절실히 느끼는 것이 척박한 국내 대학 도서관의 문헌 현황이고 보면 이러한 정보는 영어학 내지 영어사를 전공하는 사람이라면 적어도 갖추고 있어야 한다는 것이 내가 오랫동안 원했던 희망이었던 것이다. 그리하여 앞으로는 국내에서도 고대영어에서 초기현대영어로 쓰여진 문헌 검색이 한층 더 수월해진 셈이 되었다.

내가 <서평>을 쓴 브루스 미첼Bruce Mitchell 교수(옥스퍼드대)의 *On Old English*(Oxford, Basil Blackwell, 1988)는 그의 다른 저서인 *A Guide to Old English*(1964, 1990), *Old English Syntax* (2 vols, 1985)와 함께 고대영어연구자들에게는 필독서라고 해도 과언이 아닐 정도로 정평이 있는 역작이다. 이 책에서 미첼 교수는 지난 40여 년 동안 연구해 오면서 쓴 짧은 논문과 서평 가운데 일부를 다섯가지 주제별(*Beowulf, Cædmon, The Wanderer, The Seafarer, OE Language*)로 나누어 논

문과 서평을 소개하고 마지막 제5부에는 1947-1987년까지의 그의 학문적 편력에 대해 담담하면서도 자세하게 쓰고 있다. 나는 위에 소개한 세 권의 저서를 정독하면서 고대영어의 학문 세계에 빠져 들었고 그를 만나보고 싶은 생각이 간절하였다. 그 기회는 1990년 5월 중순 헬싱키대학에서 열린 역사영어학 국제학술대회에서 이루어졌다. "왜 고대영어를 연구하는가?"하는 그의 주제 강연은 참석한 많은 학자들의 감동을 이끌어 내었고 그 강연을 계기로 나는 언젠가 그를 직접 만나 이야기를 하고 싶었다. 그 기회는 얼마 후에 찾아왔다. 나는 유럽 학회에 참석하는 길에 옥스퍼드에 들려 미리 연락하고 기다리고 있는 그를 옥스퍼드대에 있는 애쉬몰리언 빌딩 지하의 조그만 찻집에서 그와 마주 앉아 차를 마시며 대화를 나눌 수 있는 소중한 시간을 보냈다. *On Old English*(1988)의 발간으로 인해 고대영어를 연구하는 이들이 갖는 가장 큰 장점은 무엇보다도 시간의 절약이다. 가령, 이 분야의 연구와 관련된 책이나 논문, 서평 따위를 읽어볼 필요가 있는 연구자라면 학술지를 일일이 열람한다거나, 목차, 색인을 확인한다거나, 또는 마이크로필름을 수없이 훑어보는 번거로움을 더 이상 되풀이할 필요가 없게 된다. 나는 이 책의 <서평>에서 이 책이 지니고 있는 세 가지 두드러진 특징을 다음과 같이 요약했다. 첫째, 저자가 강조하고 있듯이 고대영어에 대한 저자의 연구 편력이 "1987: Postscripts on *Beowulf*" 뿐만 아니라, 제 5부의 '결론'에도 잘 나타나 있다는 점이다. 이것은 미첼 교수의 옥스퍼드대 박사학위 논문인 <고대영시에 나타난 종속절>(Subordinate Clauses in Old English

Poetry, 1959)에서도 엿볼 수 있듯이 영시 연구에 대한 그의 학문적인 애착이 어떠한가를 잘 반영해주는 것이기도 하다. 두 번째로 고대영시 및 영산문를 포함하여 고대영어 문헌(피터버러연대기 등)에 쓰인 다양한 어휘 분석과 해석이 매우 뛰어날 뿐만 아니라 영시나 영산문의 통사구조를 예리하게 분석하고 있다는 점이다. 「피터버러연대기」에 나타난 통사구조와 어순에 대한 그의 해석이 뛰어난 것이 한 예라고 볼 수 있다. 셋째로, 이 책에는 이례적이라고 할 만큼 많은 <서평>이 실려 있다는 점이다. 따라서 독자는 다른 논문집과는 달리, 건조체로 쓴 논문보다는 서평을 통해 저자의 진솔한 문체에 한층 더 생생하게 접할 수 있다. 미첼 교수의 많은 논문을 이미 읽은 연구자라면 위에서 열거한 세 가지 특징이 아니더라도 이 책이 일종의 자서전적인 향취를 풍기기에 충분하다는 것을 알게 되어 친근감을 갖게 되고, 늦은 오후에 차 한 잔을 마시며 부담을 느끼지 않는 짧은 <서평>을 읽는 즐거움을 누릴 수 있는 여유를 갖게 되는 것이다.

나의 정년기념논문집에는 소개되지 않았으나 미첼 교수의 고대영어 관련 다른 중요 저서를 간단히 소개하려고 한다. 미첼 교수는 1990년에 고대영어 통사론과 관련된 저서와 논문 및 서평을 총망라한 방대한 서지書誌인 *A Critical Bibliography of Old English Syntax*(Basil Blackwell, 1990, 269pp.)를 펴냈다. 여기에는 고대영어와 관련된 모든 분야의 저서와 논문 및 서평이 총망라되어 있고 모든 저작물에 대해 미첼 교수의 촌평寸評이 소개되어 있다. 한편, 미첼 교수의 업적을 기념하는 논문집인 *Inside Old English: Essays in Honour of Bruce Mitchell*(Basil Blackwell, 2000, 295pp.)라는 제목의 책에는 13명의 저명한 고대영어 학자들의 논문이 헌정獻呈되었다. 이들 가운데 일본인 학자 2명이 포함되어 있다. 타다오 구보우치Tadao Kubouchi(도쿄대 명예교수, 작고) 및 히로시 오가와Hiroshi Ogawa(쇼와여자대, 작고) 교수 가운데 구보우치 교수는 내가 90년대 중반 도시샤대에서 열린 교토학회에서 처음으로 만난 이래 일본의 여러 학회에서 만나 학문적인 교분을 맺은 분이다. 내가 그를 만났던 당시 그는 도쿄대 중세영어연구소의 소장을 지냈으며 고대문헌 연구와 관련된 저서를 해외 출판사(D. S. Brewer; Peter Lang)에서 펴낼 정도로 일본과 해외에서는 널리 알려진 중세 학자였다. 이 책에 논문을 기고한 학자 가운데 로버타 프랭크Roberta Frank 교수는 내가 토론토대학 중세연구소의 연구기금교수로 있을 때 중세연구소의 소장으로 있었는데, 내가 귀국 후에 코넬대학으로 옮겼다. 힐리 교수는 나와는 매우 친하게 지낸 토론토대학 영문과 및 중세연구소 교수로 컴퓨터로 데이터베이스를 구축하는 고대영어사전 편찬의 책임편집자였다. 매티 교수(헬싱키대)도 이 책에 논문을 기고하였는데, 캠브리지대학 출판부에서 펴낸 「캠브리지판 영어사(*The Cambridge History of the English Language*, vol. III: 1476-1776)」에 syntax에 관한 장章을 집필하기도 하였다. 그는 앞에서도 언급한 대로 한국영어학학회(전前 영어사학회)의 초청으로 부인과 함께 내한하여 한국의 학자들과 교류하기도 하였다.

나의 정년기념논문집(2009)은 다음 해 학술원의 기초학문육성 우수학술도서로 선정되었다. 미첼 교수가 그의 저서(1988)의 Part V:

1947-1987 Forty years on에서 자신의 학문편력에 관해 피력한 것처럼, 나는 이 논문집의 제 3부를 「긴 여정을 회고하면서: 1972-2010」라는 제목으로 대학 입학부터 정년을 앞둔 시기까지 나의 학문적인 여정을 담담하게 서술하면서 이 여정에서 만난 해외 학자들의 면모도 함께 간단히 소개하였다.

1920년 오스트레일리아의 뉴 사우스 웨일즈New South Wales에서 태어나서 목사인 부친을 따라 여기저기 옮겨 다닌 미첼 교수는 멜보른대학에서 <고대영어 산문의 부사절>이란 석사논문으로 최우등상을 받고 이 대학 영문과의 튜터tutor였던 시절, 영국인으로 그의 아내가 된 몰리Mollie를 만나 옥스퍼드대 머튼 칼리지로 가서 박사학위를 끝낸 뒤, 옥스퍼드의 펨브로크 칼리지의 앵글로색슨 교수이며 펠로우였던, 그 유명한 호빗*The Hobbit* 및 반지의 제왕*The Lord of the Rings*의 저자인 톨킨John R. Reuel Tolkien ((['ruːl 'tɒlkiːn], 1892-1973)의 추천으로 1955년 성 에드먼드 홀의 펠로우가 되었다. 그 후 25년의 오랜 연구와 노력 끝에 오늘날 고대영어 연구의 정전이 된 두 권으로 된 방대한 *Old English Syntax*(1985)가 나오게 되었다.

미첼 교수는 2010년 1월 30일 향년 90세의 나이로 세상을 떠났다. 그의 장례식은 2010년 2월 9일, 옥스퍼드대 성 에드먼드 홀St Edmond Hall 칼리지 채플에서 엄숙하게 거행되었다. 기도와 찬양에 이어 '시편 23편'(Psalm 23)과 엘프레드 테니슨의 시, '모래톱을 지나며'(Crossing the Bar)의 낭송이 이어지고 축도와 멘델스존의 서곡(*Prelude in G*)으로 모든 장례 의식이 끝났다. 장례의식이 끝난 뒤에 간단한 다과가 제공되었고 4월 24일에는 성 에드먼드 홀에서 미첼 교수의 생애와 그의 업적을 기리는 특별한 이벤트가 진행되었는데, 나는 이 모임에 초대를 받았으나 다른 일정으로 참석하지는 못하였다. 장례식장에서 낭송된 테니슨의 '모래톱을 지나며'란 시는 하루의 마지막, 즉 삶의 종말을 표상해주는 시로, '바다'는 이 시에서 영원eternity을 상징하며, 육지는 잠간 동안의 한시적限時的인 생명을 암시한다. 테니슨은 우리의 영혼이 영원에서 왔고 이승에서 육신을 얻어 지내다가 죽음과 함께 영원으로 귀속한다고 믿었다. 나는 대학 시절에 피천득 선생에게서 이 시를 공부하면서 죽음이나 이별을 심각하게 생각해 본 적이 없었으나, 미첼 교수의 부음을 접하고 내가 헬싱키와 옥스퍼드에서 만나 인연을 맺은 그의 어린아이와 같은 환한 모습을 문득 떠올리면서 시의 배음背音을 이루고 있는 만가輓歌의 구슬픈 가락을 다시 한번 음미해 보며 '모래톱을 건넌(crossing the bar)' 즉, 이승의 삶을 마친 그의 죽음을 마음속으로 깊이 애도하였다.

제9장

정년 퇴임 이후: 연구 및 활동

1. 광화문 연구실

나는 2010년 8월 말, 국민대학교에 재직한 지 29년 만에 정년(만 65세)이 되어 퇴임하였다. 대학의 전임(1977)으로 학문의 길에 들어선 지 33년이라는 멀고도 긴 여정을 끝내는 날이었다. 학문과 무관하게 예원학교와 서울예고에서 영어를 가르친 햇수를 더하면 38년이 되는 셈이다. 나는 퇴임하기 1년 전, 그동안 국내외에서 연구 활동을 한 결과물인 논문과 서평을 모아 『영어사연구의 방법과 응용』(한국문화사, 2009, 596pp)이라는 정년기념논문집을 학계에 상재上梓하였다. 이 논문집에는 한국영어학 학회(前 영어사학회) 및 일본의 중세관련학회(영어사학회, 중세영어영문학회 등)에서 주제 발표를 하고 학회지에 게재한 영어 논문 등, 모두 16편과 1991년부터 2008년까지 17년 동안 학술지(한국영어영문학회의 학술지 등)에 게재한 서평 11편도 함께 수록하여 지나온 나의 연구를 총정리하는 학문 여정에 마침표를 찍었다. 그리고 이 책의 마지막에는 대학 졸업 후 내가 걸어온 학문 여정을 회고하는 짧은 글을 실어 지금까지 나의 학문적인 편력에 마침표를 찍는 기회로 삼았다.

2010년 7월 초 나는 광화문 세종문화회관 뒷 쪽에 있는 새문안교회 소유 건물에 작은 연구실을 마련하고 국민대학교에 있는 연구실을 하나씩 정리하기 시작하였다. 퇴임 한 달 전, 대학의 연구실을 광화문 연구실로 옮기려는 생각이었다. 광화문 연구실은 6평이 채 되지 않는 매우 작은 방이었다. 나는 이곳에서 사직 연구실로 옮길 때까지 2년 4개월 동안 몇 가지 중요한 작업을 진행하였다. 나는 정년기념논문집의 마지막에 쓴 '긴 여정을 회고하면서'라는 글에서 '학문에는 정년이 없듯이 이제는 학문에 대한 끊임없는 연찬과 자신의 계발을 위한 부단한 노력이 더욱 필요하다'고 썼는데, 정년 후에도 40년 가까이 내가 줄기차게 해오던 전공 분야에 관련된 책이나 일반인을 위한 교양 서적을 쓰면서 정년 후에도 '학문의 즐거움'을 누리는 삶을 사는 것이 좋겠다는 생각을 하였다. 내가 이 생각을 하게 된 것은 일본 태생의 수학자로 후에 하버드대학의 교수가 되었고 수학의 노벨상이라고 할 필즈상을 받은 히로나카 헤이스케廣中平祐(Hironaka Heisuke)가 쓴 『學問の發見』을 읽고 나서였다. 전공으로 택한 수학을 '학문의 즐거움'으로 생각하며 온갖 악조건과 역경 속에서 50 평생을 살아온 평범한 한 인간의 성공 자서전은 나에게 큰 감명을 주었기 때문이었다. 어쩌면 나의 젊은 시절과 대학 시절을 연상케 하기에 충분하였다. 그는 자신의 성공 비결을 소심심고素心深考로 요약했다. 즉, 마음을 소박하고 겸손하게 가지고 자신의 생각이 틀릴 수 있다는 유연한 태도로 남의 말을 잘 귀담아 들어야 하며, 일단 마음먹은 것은 심도있게 파고 들어야 한다는 뜻이다. 유년학교 시험에도 떨어진 그가 훗날 쟁쟁한 천재들을 물리치고 학문의 기적을 이룩한 비결이 곧 여기에 있지 않았을까 하는 생각을 하게 된 것이다.

광화문으로 연구실을 옮기고 난 1년 뒤인 2011년 8월 중순 오랫동안 준비해 온 전공서인『영어어휘 변천사연구』(한국문화사, 504pp)가 출판되었다. 이 책은 나의 정년기념논문집인「영어사연구의 방법과 응용」과 함께 후에 학술원 우수학술저서로 선정되었다. 이 책은「영어학연구」(18권 1호:2012년 4월, 159-170) 및「영어영문학」(2012년 봄, 58권 1호:185-88)에 황인태 교수(충남대) 및 김혜리 교수(대구가톨릭대)의 서평書評으로 각각 게재되었다. 나는 정년을 앞두고 퇴임 후에 집필할 저서 목록을 작성해 둔 적이 있었다. 퇴임 후 10년 동안 그동안 준비하고 모아놓은 자료를 정리하여 다양한 제목의 전공서나 대학의 강의텍스트 또는 일반인을 위한 교양서를 집필하려는 의도였다. 국민대에 재직하는 동안의 강의와 20여 년의 오랜 해외 학술 활동으로 인해 바쁘게 지낸 탓으로 연구실에서 미처 쓰지 못한 책을 이 기회에 정리하려는 것이었다. 그 가운데 하나가 퇴임 후에 출판된『영어어휘 변천사연구』였다. 전남대학교의 교류교수 신청을 하면서 학술연구재단에 제출한 연구계획서가 다름 아닌 이 책에 관한 것이었기에 5년에 걸쳐 자료를 모으고 준비를 한 것이 퇴임 후에 결과물로 나오게 된 것이었다.

그런데, 광화문의 연구실로 옮긴 지 얼마 되지 않은 2011년 봄 어느 날, EBS 교육방송국에서 연락이 왔다. 영어 특강 프로그램(EBSe) 시리즈를 기획하고 있는데, 그 첫 번째로 '영어의 기원'에 관한 방송을 준비하면서 한국영어영문학회에 자문을 구한 끝에 학회에서 나를 추천했다는 것이었다. 얼마 후 방송국의 담당 PD와 구성 작가가 광화문에 있는 내 연구실을 찾아와서 방송하게 될 원고 내용에 관해 서로 이야기를 나누었다. 영어가 맨 처음 어디서 어떻게 시작되었는지, 그리고 영어가 오늘에 이르기까지 어떤 과정을 거쳐 변천해 왔는지, 영어의 기원과 역사에 관해 2시간에 걸쳐 시청자들이 쉽게 이해할 수 있도록 방송해 달라는 부탁이었다. 나는 영어의 역사에 관해 오랫동안 강의해오던 터이었으므로 시청자들의 눈높이에 맞춰서 쉽고 재미있게 이야기하기로 하고 두 번에 걸쳐 진행되는 강의 원고를 작성하였다. 이렇게 해서 나의 '영어의 기원'에 관한 방송은 얼마 후 EBS 교육 방송을 타고 시청자들에게 전해지게 되었다.

나는 퇴임 후에도 2010년 가을 학기부터 2016년 봄 학기까지 5년 반 동안 대학(총장 이성우)에서 배려해 준 덕택에 국민대학교 교육대학원에서 영어사 및 영어발음 교과목을 강의하였는데, 이 시기에 교육 방송에서 진행한 방송 내용을 영어사 강의에 활용하여 대학원생들의 영어사 강의에 대한 관심과 흥미를 유발시키는데 많은 도움이 되었다. 2013년 봄 사직동에 있는 사무실로 옮길 때까지 광화문 연구실은 나에게 퇴임 후에도 강의와 저술 활동을 계속할 수 있게 해 준 장소가 되었을 뿐만 아니라, 좋은 휴식처가 되기도 하였다. 나는 이곳에서 독서와 집필에 대한 구상, 그리고 때로는 대학원을 졸업한 제자들을 만나서 안부를 묻고 담소를 나누며 시간을 보냈다.

광화문 연구실에 있을 때 지방에 있는 대학의 초청으로 특강을 하게 된 것은 나로서는 또 다른 '학문의 즐거움'을 가져다 준 일이 되었다. 2012년 4월의 어느 날 전북 익산에 있는 원광대학교에서 연락이 왔다. 이 대학의 글쓰기센터에서 세계 고전강좌를 진행해 오고 있는데, 시대를 앞선 영어학자에 관한 이야기를 해달라는 청탁이었다. 나는 주저없이 덴마크의 영어학자인 예스페르센을 떠올렸고 특강을 허락하였다. 이렇게 해서 그 해 4월 18일 나는 2012년 1학기 원광대학교의 세계 고전강좌 45번째 강좌로 인문대 시청각실에서 「예스페르센: 생애와 문법철학 - 시대를 앞선 한 영어학자의 생애를 통해 조명해 본 언어세계 -」라는 주제로 많은 학생과 교수가 참석한 가운데 특강을 진행하였다. 나의 특강 내용은 원광대학교 신문(2012년 5월 7일자, 9면) 전면에 게재되어 학생들에게 낯설게 여겨 온 당대의 언어학자이며 영어학자인 예스페르센의 언어관과 문법철학을 널리 알리는데 기여하였다. 내가 예스페르센을 특강의 주제로 택한 것은 몇 가지 이유가 있었다. 나는 대학 재학시절 예스페르센이 쓴 7권으로 된 방대한 분량의 『현대 영문법 대계』*A Modern English Grammar on Historical Principles,* 7 Vols를 구해 읽었고 그의 문법을 요약한 *Essential English Grammar*에 매료된 적이 있었다. 대학 졸업 후, 서울대 교육대학원 수업에서 예스페르센의 언어관이 녹아있는 『문법철학』*The Philosophy of Grammar*(1924)를 읽고 발표하면서 그의 언어관과 문법세계에 한층 더 큰 관심을 갖게 되었다. 그 후 대학에서 영문법과 영어사를 오랫동안 가르치면서 그의 저서 내용을 많이 인용하는 한편, 그의 다른 여러 저서를 구입해서 읽으면서 그의 문법철학과 언어관에 깊은 관심과 흥미를 갖게 되었다. 그 후 나는 예스페르센의 자서전인 *A linguist's life*의 영역본(Odense Univ. Press, 1995)을 구입하여 읽게 되면서 그의 생애와 언어관에 관해 언젠가 이야기할 수 있는 기회가 오기를 기대하였다. 그리하여 정년을 맞이한 뒤 다행히도 원광대학교의 세계 고전강좌에서 마련한 특강에 예스페르센을 주제로 이야기를 할 수 있는 기회를 갖게 된 것이다. 이 특강을 준비하면서 나는 10년 전인 2002년에 팔순을 맞은 한국 영어학의 태두인 조성식 교수가 떠올랐다. 그를 기리기 위한 기념논문집인『오토 예스퍼슨: 조성식 교수 팔순기념』Otto Jespersen(한국문화사, 2004, 915pp.)은 900쪽이 넘는 방대한 분량으로, 한국영어사학회에서 그의 업적을 기리기 위해 그가 평생 주제로 삼은 예스페르센의 업적을 종합적으로 조명하는 국제학술대회가 서울에서 열렸는데, 한국은 물론, 외국의 저명한 영어학자들이 초청되어 예스페르센의 업적을 기리는 논문을 발표하였고 이들의 발표 논문과 국내 학자들의 서평을 모은 논문집이 2년 뒤에 출간되기에 이른 것이다.

나는 예스페르센을 주제로 한 강연을 다시 한번 더 진행할 수 있는 기회가 있었다. 당시 한국영상영어교육학회의 회장이던 이자원 교수(국민대 영문과)의 배려로 2017년 6월 8일 국민대학교 북악관에서 진행되었다. 내가 원광대학교에서 행한 강연은 지방에 있는 학부나

대학원생 또는 관심있는 교수를 대상으로 진행된 것으로 영어학에 관심을 지닌 더 많은 이들에게 널리 알려지기에는 한계를 지니고 있었다. 그런 점을 참작하여 나의 제자인 이 교수는 이 강연이 서울과 주변 수도권에 위치한 대학에서 예스페르센에 관심 있는 교수와 대학원생들에게 예스페르센이란 인물과 그의 업적을 널리 알리기 위한 나의 의도를 받아들여 이들의 시선을 끌기에 충분한 멋진 포스터를 만들어 여러 대학에 배포하고 홍보를 맡아 수고해 주었다. 예스페르센에 관한 특강 원고는 원광대학교에서 행한 나의 원고를 바탕으로 하였으나, 이번에는 이전에 행한 강연 제목과 달리, 「예스페르센의 사상과 철학으로의 초대」라는 새로운 제목으로 바꿨다. 이전에 준비했던 강연 원고를 수정하여 최대한 짧게 줄이고 예스페르센의 기본 사상과 그의 문법 철학을 요점 정리함과 동시에 강연 후의 질의응답 시간을 되도록 많이 갖도록 배려하여 강의와 토론 형식으로 진행하였다.

2 사직 연구실로 이전하다

광화문 연구실에서 강의와 집필, 방송 강의 그리고 특강으로 바쁘게 지내던 2013년 3월 중순 어느 날, 내가 들어있던 광화문 빌딩을 관리하는 회사 측으로부터 공문 한 장을 받았다. 빌딩 공간의 사용계획에 따라 부득이 계약만료 및 임대차계약을 해지하겠다는 내용이었다. 즉, 내 사무실을 비워 달라는 내용이었다. 이 때가 3월 21일이었는데, 3월 말 이후에는 사무실을 비우지 않으면 안 되는 상황이었다. 나는 불과 열흘 밖에 남지 않은 짧은 기간에 부랴부랴 근처에 있는 다른 사무실을 찾기 위해 주변에 있는 중개사무소를 찾아다니며 동분서주했다. 다행히도 광화문 사무실에서 도보로 10분 정도 가까운 거리에 있는 자그마한 빌딩 2층에 사무실을 구하여 입주하게 되었다. 이곳은 광화문 사무실에 비해 3-4평 정도 더 넓은 데다가 주변의 소음이 거의 들리지 않는 조용하고 한적한 곳이어서 책을 읽거나 강의 및 집필을 해나가기에는 더없이 좋은 곳이었다. 한 가지 불편한 점이 있었다면 전에 있던 광화문 사무실은 빌딩 지하에 주차장이 있어서 차를 가지고 나올 경우 주차에 불편하지 않았으나 사직 사무실은 오래된 건물이어서 주차장이 따로 없어 빌딩 뒷 편에 주차하는 경우가 많았다. 어느 땐가 저녁에 귀가하려고 나와보니 주차위반 공지가 붙어 있어서 놀란 적이 있었다. 그 후로는 특별한 경우가 아니면 차를 가지고 나오는 대신, 대부분 지하철을 타고 다녔다. 나는 이곳에서 2년 계약이 끝난 뒤에도 5년을 자유계약으로 더 머무르면서 9권의 전공과 관련된 책을 펴냈고 국민대학교와 지방에 있는 대학교에서 특강도 하였다. 이에 관해서는 다음 절에서 자세하게 언급하고자 한다.

3 퇴임 후의 저술 활동

나는 국민대학교에서 정년을 맞이하기 훨씬 전부터 퇴임 후에 집필할 전공서의 목록(bucket list)을 미리 작성해 놓았고, 이를 실천에 옮기기 위해 영어사의 여러 분야와 관련된 자료를 꾸준히 수집해 왔다. 정년 후 광화문에 연구실을 마련한 뒤에는 이를 실천에 옮기려는 생각을 하고 그동안 모아 놓았던 자료들을 하나씩 정리해 가면서 매일 조금씩 원고를 작성해 나갔다. 앞에서도 잠시 언급했으나 퇴임한 다음 해(2011)에 나온 책이 『영어어휘 변천사연구』였다. 이 책을 펴내게 된 동기에 관해서는 8장 1절에서 상세하게 설명하였다. 광화문 연구실에서는 또 다른 한 권의 대학 교재인 『영어사강의』를 펴냈는데, 이 책이 나오게 된 경위에 대해 잠시 언급하고자 한다. 퇴임 후에도 교육대학원에서 영어사 강의를 계속해 온 나는 기존의 텍스트가 학생들에게 어렵다는 이야기를 많이 들어오던 터이었으므로 학생들에게 강의하기에 알맞은 영어사 교재를 이 기회에 써보겠다는 생각을 하게 되었다. 그리하여 국민대학교에서 영어사를 강의하는 제자인 장근철 교수와 함께 새로운 교재를 만들기로 하고 교재 구성과 내용에 관해 이야기를 나누었다. 이 교재는 다른 대학에서 영어사를 강의하는 교수들도 사용할 수 있도록 몇 가지 특징을 넣기로 했다. 우선 영어사의 전 과정을 1학기 14주에 끝낼 수 있도록 하고 각 장 끝에는 「요점정리」를 넣었다. 각 장의 끝에는 학생들이 내용을 이해하는데 도움이 되는 영어 원문강독을 넣고 각 장마다 연습문제 및 강의 교수가 과제로 부과하거나 학생들이 발표할 수 있는 Study Questions을 넣었다. 이 교재의 장점은 각 장 끝에 연습문제(20문항)를 넣고 책의 말미에는 종합문제 1차(30문항) 및 2차(30문항)을 넣어 교재 전체의 내용을 종합적으로 정리하게 하였고 각 문항의 <해답>을 일일이 제시하여 학생 스스로 공부할 수 있게 하였다. 이 교재의 전반적인 내용 구성과 기획을 논의하는 데에는 장 교수의 참신한 아이디어가 큰 도움이 되었다. 이런 과정을 거쳐 2012년 3월 초에 장근철 교수와 공저共著인『영어사강의』(경문사, 2012 초판, 425pp.)가 출판되었다. 이 책은 여러 대학교에서 강의사 교재로 사용되었고 사직 연구실로 옮긴 지 1년 후인 2014년에는 2쇄판이 나왔다.

나는 화갑을 기념하는 논문집을 발간(2005)하면서 같은 해에 영국의 문화, 역사, 어원 및 영국 왕실에 관한 이야기를 담은『영어 산책』(태학사, 2005, 280pp.)을 펴낸 바 있었다. 이 책은 한국영어영문학회 창립 반세기를 맞아 영미어문학의 정체성과 정통성을 재수립함과 동시에 대중화를 모색하기 위해 영미어문학 시리즈로 기획, 출판하기 위한 의도에서 간행된 것이다. 이 책이 나온 이후 신진범 교수(당시 송호대)가 오자誤字, 오타誤打는 물론 내용의 잘못된 부분까지도 이메일을 통해 꼼꼼하게 지적을 해주었다. 급하게 원고를 넘기면서 내용을 자세하게 확인해가며 살펴보지 않은 탓이었다. 그 후 이 책을 수정해가면서 내용을 한층 더 보완한 끝에 나온 책이『역사와 문화로 풀어낸 영어이야기』(경문사, 2008, 295pp.)였다. 이 책은 1000부를 찍었는데, 독자들의 상당한 호응을 얻게 되어 매진되기에 이르렀다. 나중에 나는 이 책이 더 이상 시중에 나오지 않고 품절 상태인 것을 알게 되어 못내 아쉬워 하던 차에 출판사 측과 연락하여 이전에 나온 책에 비해 각 부部 마다 내용을 더 보완하고 새로운 제목으로 펴내기로 하고 부지런히 작업을 해서 마침내『영어의 세계속으로 - 역사 · 문화 · 어원산책』(경문사, 2013, 359pp.)이라는 제목의 산뜻한 디자인 표지로 출판되었다. 이렇게 해서 그동안 8년에 걸쳐 내용을 깁고 보완해가며 펴낸 세 권의 책은 전공자뿐만 아니라 영어에 관심을 가진 일반인도 영어의 역사와 문화, 영어의 어원 및 영국 왕실의 역사를 부담 없이 흥미있게 읽을 수 있게 된 것이다.

나는 교육대학원에서 오랫동안 영어 발음에 관한 강의를 해왔는데, 그동안 사용한 교재는 이론 위주의『영어음성학』과 같은 제목의 텍스트가 대부분이었을 뿐만 아니라, 학생들의 교육실습 현장에서도 적합하지 않았다. 이런 점을 생각하여 나는 교육대학원에서 개설한 '발음지도' 교과목의 경우, 이론은 최소로 하고 발음지도는 극대화할 수 있는 교재를 한 번 집필하려는 생각을 해오고 있던 터였다. 그리하여 당시 여러 대학에서 강의를 하고 있는 장근철 교수(국민대 교육대학원) 및 강혜경 교수(열린사이버대)와 함께 새로운 발음 교재를 만들기로 하고 교재 구성에 관해 의견을 나누었다. 나는 그동안 경문사에서 몇 권의 책을 이미 펴낸 적이 있어서 새로 제작하게 될 교재도 같은 출판사에 맡기기로 하고 내가 출판사와 협의하여 결정하기로 하였다. 이 책은 교수의 발음지도서로서 뿐만 아니라, 영어발음을 스스로 학습하고자 하는 이들에게도 도움을 주기 위한 목적을 염두에 두었다. 영어발음을 올바로 학습하기 위해서는 실제로 발음을 하기 위한 듣기 연습은 물론 정확하고 표준이 되는 발음을 위해 기본이 되는 음성 이론이 뒷받침되어야 한다. 따라서 이러한 조건을 충족시켜 주기 위하여 교재에 넣은 발음 원고는 남녀 외국인이 녹음하여 CD로 제작하는 수차례의 과정을 거쳤으며 책의 말미에는 교재에 나온 개별 발음은 물론 대화 내용을 남녀 외국인이 녹음한 CD도 첨부하여 교사가 실제 발음지도에 적절하게 활용할 수 있도록 하였다. 특히 영어발음과 관련된 CD-ROM과 웹사이트를 교재에 넣기로 하고 부록에는 기본모음 해설, 영미영어의 발음/철자의 비교, 영어발음사전 등을 소개하여 대학원생들이 교육실습시 유용하게 활용할 수 있도록 기획하였다. 이렇게 해서 『영어발음 - 연습과 지도』(경문사, 2014, 213pp.)라는 제목의 영어발음 교재가 탄생하게 되었다.

나는 퇴임 후 현직에 있거나 여러 대학에서 강의하고 있는 제자들과의 정기적인 모임(취송서원)을 가져오고 있었는데, 이 모임에서는 단순한 신변 이야기에서 대학 강의나 교재 선택 또는 여러 학회 소식에 이르기까지 여러 가지 주제에 관해 이야기를 나누며 시간을 보냈다. 국민대학교 재직시 청람 선생(김도련, 국민대 중문과 교수, 작고)이 학문하는 학자의 생명력을 상징하기 위해 나에게 취송翠松이라는 아호를 지어주었는데, 제자들과 모이는 우리 모임의 명칭은 편의상 '취송서원'이라는 명칭을 붙여 1년에 여러 번 모이곤 하였다. 『세계영어의 다양성』(경문사, 2016, 348pp.)은 사직 연구실에 있는 내 장서 가운데 체셔(J. Cheshire ed. 1991)의 내용에서 힌트를 얻어 쓰게 된 책이다. 나는 세계 곳곳의 영어권 또는 비영어권 국가에서 쓰이는 영어의 역사와 문화 및 영어에서 파생된 언어(피진영어, 크리올영어 따위)의 모습을 해당 국가의 역사와 문화를 통해 조명하면서 그들 나름대로 사용하는 영어의 특징을 서술하려고 하였다. 이 책은 나를 포함하여 장근철, 강혜경, 이주희 선생 등, 4인의 공저로 3월 초에 출간되었는데, 같은 해 문화관광부의 세종도서 부문에서 우수도서로 선정되었고 같은 해 12월 중순 2쇄를 찍게 되었다.

『켈트인, 그 종족과 문화』(지식산업사, 2019, 447pp.)는 2018년 한 해가 저물어가던 12월 28일에 인쇄에 들어가서 2019년 1월 5일에 세상에 나온 책으로, 우리나라에서는 켈트인과 언어 및 그들의 문화를 한국 최초로 본격적으로 조명한 연구서로 한국 학계에 처음으로 소개한 책이다. 『앵글로색슨족의 역사와 언어』(지식산업사, 2001, 439pp.)에서 초기 영국 문화의 기원을 다루었다면 이 책은 유럽 문화의 또 하나의 뿌리에 접근하려는 시도에서 쓴 것이다.

내가 이 책을 쓰려는 생각을 하게 된 것은 80년대 중반 런던대학의 방문학자를 끝내고 귀국한 뒤에 캠브리지대학의 저명한 고고학자인 렌프류C. Renfrew 교수가 쓴 『고고학과 언어』(1987)라는 책을 접하면서부터였다. 나는 이 책에서 렌프류 교수가 인도유럽어에 관한 자신의 새로운 학설 가운데 '켈트인의 기원'에 관한 부분을 쓴 것을 읽으면서 인도유럽어에서 켈트인의 언어와 그 기원에 관해 흥미를 느끼게 되었다. 영국에서 귀국한 후에도 나는 20년 가까이 유럽의 여러 나라에서 열리는 역사영어학 국제학술회의에 참석할 때마다 '켈트인'에 관련된 자료나 연구서를 꾸준히 수집하였다. 나의 전공 분야인 영어사에서 선사 시기의 역사에 빠짐없이 등장하는 민족인 '켈트인'에 관한 역사와 그들의 문화는 한국에서 고조선의 역사만큼이나 중요한 부분을 차지할 만큼 사료史料로서의 비중과 가치가 높다는 것을 어렴풋이 알고 있었다. 90년대 중-후반경 나는 토론토대학 중세연구소에서 연구하면서 집필한 『영어사』 및 『앵글로색슨족의 역사와 언어』 등, 두 권에 적은 분량이나마 각각 켈트인의 기원과 문화에 관한 내용을 약술하였으나, 언젠가는 더 많은 자료나 문헌을 수집하여 켈트인의 역사와 언어는 물론, 이들의 종교, 신화, 전설 등, 여러 주제를 종합적으로 다룬 연구서를 집필하려는 생각을 하였다. 그리하여 퇴임할 때까지 켈트인과 관련된 연구논문이나 학술서 및 참고도서를 꾸준히 수집하는 한편, 켈트인의 기원과 초기 역사에서부터 원고를 조금씩 써내려가기 시작하였다. 이 분야(켈트어학)에 대한 해외의 연구는 지금까지 주로 고고학적인 연구(Cunliffe, 1997)가 주류였으며 켈트어 자체에 대한 연구는 극소수 학자들의 영역으로 활발하지 못하였다. 그런데 켈트어와 영어의 관계에 유럽 학계가 주목하기 시작한 것은 1995년 9월 중순 독일 포츠담대학에서 '켈트영어'라는 주제의 국제학술회의가 처음으로 열리면서였다. 이곳에 모임 켈트어 학자들은 독일, 캐나다, 아일랜드, 잉글랜드, 핀란드는 물론 스코틀랜드, 웨일즈, 콘월, 맨섬 등, 켈트어 기층基層을 지닌 고장의 출신들이었다. 이들은 켈트어 자체보다는 켈트어의 기층을 간직한 영어 곧, 켈트영어(방언)가 먼 옛날 켈트어가 쓰인 나라 또는 지역에서 오늘날

영어의 한 방언으로 쓰이고 있다는 점에 주목하였다. 그리하여 이들의 연구 결과물이 1997년 이후 계속 출간되면서 그동안 소홀히 다루어져 온 켈트어학 및 켈트영어 분야는 유럽은 물론 북미학계의 언어학자 또는 역사영어학자들의 비상한 주목을 받게 되었다.

나는 켈트인에 관한 단순한 호기심을 넘어 이들에 관한 역사와 언어는 말할 것도 없고, 켈트인의 독특한 사회 구조, 종교, 문화를 포함하여 신화와 전설 그리고 켈트 영어에 이르는 여러 관련 주제가 선사시기의 영국 및 고대 영어사를 이해하는데 매우 중요한 한 부분을 차지한다는 생각을 하기에 이르렀다. 그리하여 오랫동안 준비해 온 사료에 바탕을 두고 켈트인에 관한 상세한 연구서를 펴내게 된 것이다.

기원 후 4세기에서 16세기에 이르는 긴 기간에 걸쳐 선사 영국의 선주민이었던 켈트인의 존재는 유럽 역사는 물론 영국의 역사에서 거의 잊혀진 민족으로 사라졌다. 5세기 중엽 브리튼에 들어온 게르만족(앵글로색슨족)이 정복자로 선주민이었던 켈트인을 변방으로 쫓아낸 것은 그들이 피정복자로 전략했기 때문이다. 15세기 말 무렵 로마의 역사가인 타키투스의 『아그리콜라』(*Agricola*) 필사본이 로마인의 손에 들어왔고 그로부터 5-10년이 지난 뒤, 이것은 밀란Milan에서 인쇄 형태로 발간되었다. 한편, 시저의 유명한 『갈리아전기』는 16세기 초 베니스에서 발간되었다. 18세기 중엽 이후 유럽에서 언어학자들의 역사언어학 연구가 활발해지면서 인도유럽어에 켈트어군이 포함되고, 19세기에 들어와 유럽 고고학 분야가 괄목할만한 성과를 드러내자 고고학상으로도 켈트인의 존재와 그들의 문화에 대한 명백한

증거가 나타나면서 켈트인은 '잊혀진 민족'이 아닌 고고학자와 언어학자의 본격적인 '관심의 대상'으로 마침내 역사에 등장하기에 이른다. 20세기에는 유럽의 철기시대의 것으로 드러난 켈트인의 매장지에 대한 발굴 작업이 진행되고 그들의 고분과 부장품으로 인해 켈트인과 관련된 새롭고 놀라운 발견이 계속 이어지면서, 켈트인과 켈트사회가 역사의 한 가운데로 성큼 들어서게 된 것이다.

켈트인들이 영국의 역사에서 낯설게 느껴지는 또 다른 이유 가운데 하나는 로마나 그리스의 고전 사가史家들이 켈트인들을 폄하하여 서술했기 때문이다. 줄리어스 시저도 『갈리아전기』에서 켈트인을 포함하는 갈리아인들을 미개하고 호전적이라고 기술했다. 그러나 나는 이 책에서 광범위한 사료를 근거로 잔인했던 로마인들에 비해 켈트인의 사나움은 오히려 온건한 것으로 보아야 한다는 것을 지적하였다. 그 뿐만 아니라, 로마 사가史家들이 형편없는 것으로 묘사한 켈트인의 철제 투구와 방패 등이나 기병 기술은 오히려 에트루리아인들과 로마인들의 '우수한' 군사제도 형성에 기초를 제공한 점도 사료를 통해 확인하였다.

이 책이 나온 후 김남주 기자(서울대 총동창신문 문화부장)가 '화제의 책'으로 서울대 동창신문 문화면에 이 책을 크게 소개하였다. 그가 '아일랜드 문학에 숨어있는 켈트인의 정신'이라는 제목으로 쓴 서평 가운데 일부 내용을 다음에 소개한다.

> 켈트어는 드루이드교의 영향으로 당시 기록으로 남겨지지 않았던 바, 여러 방언으로 갈라져 현재 사멸 위기에 처해 있기도 하다. 그러나 켈

트인이 사용한 지명은 앵글로색슨족이 받아들였고, 켈트인들이 내세를 표현한 여러 완곡한 어구가 고대 및 중세 아일랜드어에서 확인된다. 뿐만 아니라 내세와 영혼의 불멸을 믿었으며 선善을 지고의 원리로 삼았던 켈트인들의 믿음이 아일랜드 문학에 준 영감은 매우 크다. 초기 아일랜드 문학이나 예이츠, 제임스 조이스 등, 거장의 문학에 켈트 문학 특유의 유현幽玄함이 발견되는 것도 이 때문이다.

켈트인에 관한 본격적인 연구서 집필이 거의 마무리되고 있을 즈음 나는 흠정역성서(1611년 신구약 원본 영어판)에 나타난 수많은 영어 표현 가운데 110개를 선별하는 작업을 함께 진행하고 있었다. 흠정역성서의 원문을 싣고 이와 관련된 내용과 배경을 설명하는 한편, 오늘날 이 어휘와 표현이 영미문화(문학, 예술, 미디어, 음악, 영화 등)에서 어떤 의미와 속성을 지니고 쓰이고 있는지 설명하려고 하였다. 또한, 윈스턴 처칠이나 버락 오바마의 연설, 간디 자서전 표현, 셰익스피어의 작품 등을 인용하여 성서 이야기를 풀어가며 독자들을 영미 문학의 세계로 안내하자는 것이 이 책을 준비한 나의 의도였다. 기독교 신앙을 믿는 독자들은 물론 그렇지 않은 독자들에게도 이 책이 성서를 통해 영미문화의 진수와 흥미를 느끼도록 하기 위해 이 책의 제목에 영미문화를 붙인 것도 그런 이유에서였다.

그렇다면, 왜 흠정역성서를 기본 텍스트로 선택하였을까? 흠정역성서는 영어가 하나의 언어로 프랑스어를 제치고 그 존재를 확고하게 드러내게 된 영국의 르네상스 시기 말에 선보인 성서였다. 흠정欽定이란 말은 왕의 명령에 의해 저술되거나 편찬된 서적을 가리키는 말로, 흠정역성서는 당시 영국 스튜어트 왕조의 첫 번째 왕으로 스코틀랜드의 왕이기도 한 제임스 1세(1603-1625)의 명에 의해 새로운 성서 개역 작업을 한 후에 발간되었다. 그리하여 흠정역성서는 킹 제임스 성서(King James Version, KJV)라고도 불린다. 왕의 주재 아래 54명의 학자가 동원된 성서 개역 작업은 1607년에 시작되어 1611년이 끝났다. 그리하여 17세기 초에 영어의 역사에 등장하는 흠정역성서는 셰익스피어의 많은 작품과 함께 현대영어 형성에 가장 근원적인 영향을 미친 성과로 높이 평가받고 있다. 이 책은 2019년 4월에 『흠정역성서와 영미문화 - 한 영어학자의 성서이야기』(지식산업사, 368pp.)라는 제목으로 초판이 발행되었는데, 나는 이 책의 서문에서 "흠정역성서가 나온 지 400여 년이 지나 쉽고 평범한 영어로 번역된 수많은 영역성서가 출판돼 나왔음에도 흠정역성서에 쓰인 문어체나 고어체古語體에서 찾아볼 수 있는 독특하고도 시적이며 다양한 색채를 지닌 어휘와 고유한 표현, 그리고 어순을 고려하지 않은 장엄하고 강한 느낌을 전달해 주는 웅장한 표현기법을 더 이상 찾아볼 수 없음을 지적하고 흠정역성서가 지닌 그 같은 매력을 성서 원문과 해설을 통해 최대한 많이 보여주려고 했다고 썼다.

2020년은 내가 국민대학교에서 정년으로 퇴임한 지 10년이 되는 해였다. 나는 23년 전 토론토대학 중세연구소에서 연구하던 당시, 도서관에 소장된 연대기 필사본을 연구하면서 이와 관련된 논문과 책을 집필하는 동안, 언젠가 필사본을 번역하여 고대 문헌을 연구하려는 국내 연구자들에게 다소나마 도움을 주려는 생각을 마음에 늘 품고 있었다. 이를 위해 오랫동안 이 분야를 연구한 연대기 학자들의 필사본 관련 연구 사료를 꾸준히 수집해 연구해오는 한편으로, 그동안 모아놓은 자료를 분석하고 정리한 노트를 참고하여 퇴임한 이후 본격적으로 번역에 착수하였다. 내가 모아놓은 자료 중에는 앵글로색슨 연대기의 복본은 물론, 연대기연구의 권위자인 클라크C. Clark(1970) 교수가 편찬한 텍스트, 7개의 주요 필사본을 종합해놓은 잉그램J. Ingram(1823, 1912)의 고대영어판, 연대기 전체를 면밀하게 분석한 플러머C. Plummer(1892-99)의 방대한 분석본, 로시츠케H. A. Rositzke(1951) 등, 연대기 연구의 희귀하고 귀중한 자료가 포함되어 있었다.

연대기는 사료로서뿐만 아니라, 천 년이 넘는 오랜 세월에 걸쳐 진행해 온 영어의 변천 과정을 보여주는 자료로서도 매우 귀중하다. 한 가지 예로, 앵글로색슨 연대기 가운데 하나로 현존하는《피터버러 연대기》는 표준 고대 영어로 된 문어체 언어로 사건을 기록하다가 1131년을 기점으로 중세 영어를 사용하고 있어서, 11세기 말과 12세기 중엽 무렵까지 쓰인 초기 중세 영어의 모습을 어느 정도 확인할 수 있다. 내가 연대기 가운데 특히 피터버러 수도원에서 기록된《피터버러 연대기》에 주목한 것은 이 연대기가 노르만 왕조가 시작된 초기 중세 영국의 역사와 문물, 민중의 세시풍습 등, 다양한 이야기가 기록되어 있을 뿐만 아니라 후기 고대영어와 초기 중세영어에 이르는 언어변화를 엿볼 수 있는 중요한 자료를 제공하고 있다는 점에서 오래전부터 필사본을 연구하는 유럽과 북미 학자들의 지대한 관심이 되어 왔다는 이유에서였다. 나는 이 연대기를 우리말로 번역하면서 연대기 전반에 대한 해설과 이 연대기의 개요, 언어변화 및 특징을 비교적 상세하게 설명하는 한편, 연대기에 등장하는 다양한 사건과 수많은 인물에 대한 연구자의 이해를 돕기 위해 광범위한 사료를 참고하여 매우 상세한 주석을 붙였다. 이 책의 말미에는 연대기 필사본(서문 포함)과 필사본의 복본 일부 및 윌리엄 정복왕(1세)의 왕실 계보를 소개하였다. 그리하여 오랫동안 준비해 온 이 책은 2020년이 거의 다 지나가기 전인 같은 해 10월 중순에 《피터버러 연대기》(2020, 한국문화사, 262pp.)라는 제목으로 출간되었다. 내가 퇴임한 다음 해인 2011년부터 2020년 10월까지 나는 모두 아홉 권의 책을 펴낸 셈이 되었다. 그 가운데 한 권은 학술원 우수학술도서로, 다른 한 권은 문화관광부 세종도서부문에서 우수 교양도서로 선정되었다. 지금 집필 중인 나의 회고록이 머지않아 출간된다고 하면 내가 계획했던 대로 10권의 책을 펴내는 셈이 될 것이다.

4. 광화문/사직 연구실 소묘

나는 국민대에서 퇴임하기 한 달 전에 서울 세종문화회관 뒷 편에 있는 새문안교회 광화문 빌딩 1층에 5.48평이 되는 매우 조그마한 연구실을 마련하였다. 나는 이 연구실에 「翠松書室」(취송서실)이라는 명패를 걸어놓았다.

이 연구실 명칭은 내가 지은 것이 아니라 한학의 대가이신 청람靑

藍 선생이 내가 재직하고 있을 당시 나를 위해 특별히 지어준 아호雅號였다. 소나무처럼 변함없이 한결같은 마음으로 학자의 길을 가라는 뜻일 것이다. 우리나라에서 아호가 삼국시대부터 나타나기 시작하였다고 하니, 그 역사야말로 꽤나 오래된 듯하다. 위인들의 아호에 비하면 나의 아호는 청람 선생의 나에 대한 깊은 뜻이 담겨있어서, 나에게는 매우 소중한 별칭으로 사용하고 있다. 오늘날에는 일반적으로 호號의 사용이 옛날과 같이 널리 쓰이고 있지 않으나, 선조들의 지혜와 우리 조상의 고유한 문화에서 나온 것임을 생각할 때 선인들의 풍아風雅한 취미와 품격을 엿볼 수 있다.

새로 얻게 된 광화문 서재에는 내가 재직했던 대학의 넓은 연구실에 있던 많은 장서 가운데 상당수의 책은 정리하고 꼭 필요한 책들을 가져다가 천정까지 쌓아놓고 작은 책상과 컴퓨터와 프린터까지 배치하고 보니 겨우 2명 정도가 가까스로 들어와 앉을 정도의 좁은 공간만이 남아 있을 정도가 되었다. 컴퓨터와 프린터, 작은 책상 하나와 인터넷을 제외하고 나머지 공간은 천정까지 쌓아 올린 책더미로 가득한 나 혼자만의 연구실, 그 좁은 서재에서 나는 퇴임 후에도 학문의 끈을 놓지 않고 부지런히 책을 쓰고 한편으로는 사람들을 만나면서 바쁜 시간을 보냈다. 광화문 서재는 나로서는 제2의 인생을 시작하는 학문 연구의 요람인 셈이 되었다. 이 요람의 크기는 전혀 문제가 되지 않았다. 대학을 퇴임한 후에도 대학원을 졸업한 제자들이 많이 연락을 해오는 경우가 많았는데, 그럴 때마다 앉을 자리가 없는 나의 좁은 서재보다는 광화문 근처에 있는 찻집에서 만나

이야기를 나누고 헤어지곤 하였다. 나는 이 좁은 광화문 서재에 나올 때마다 평생에 남을 만한 책 한 권을 쓸 수 있는 때가 왔으면 좋겠다는 생각을 늘 하곤 했다. 그리하여 서재에 쌓아놓은 책더미 속에 묻혀서 하루의 대부분의 시간을 보냈다.

광화문 서재에는 30년 넘게 천착해 온 나의 전공 분야와 관련된 책이 대부분이었으나, 평소에 관심을 가지고 읽고 싶었던 다양한 분야의 책들도 서가에 함께 꽂아놓고 틈틈이 읽어가며 전공 외 분야에 대한 식견을 넓히려고 노력하였다. 여기에는 철학과 역사 등 인문학 관련 서적은 물론 성서와 관련된 책도 다수 있었는데, 특히 서양 사회나 서양 문명을 이해하기 위해서 신구약성서는 반드시 읽어야 하는 필독서라는 것이 나의 소신이었다. 그러나 신구약 성서를 통독한다는 것은 그리 간단한 일이 아니었다. 고교 시절부터 신구약 성서를 읽어오기는 했으나, 성서에 대한 본격적인 공부는 대학 시절 성서 모임에서 영어로 쓰인 성서를 읽고 토론하면서부터 시작되었고 우리말로 쓰인 번역 성서의 애매한 부분들을 정확하게 알게 되고 외국 선교사와 함께 성서를 공부하면서부터 성서에 대해 한층 더 관심을 가지게 되었다. 그 후로 여러 영어판 성서를 구입하기 시작하면서 어느덧 서가의 한쪽을 수십권이나 되는 다양한 영역성서로 채우게 되기에 이르렀다.

연도는 기억나지 않으나 어느 해 겨울, 박기용 선생(당시 고전문화연구소 소장)이 주도하는 성서공부 모임에 참여하여 나를 포함한 몇 사람이 대한성서공회에 모여 몇 달 동안 민영진 교수(목사. 당시 대한 성서공회 총무)에게서 히브리어를 공부한 적이 있었다. 민 목사는 감리교신학대학 교수와 성서공회 일에 자신의 평생의 삶을 던진 분이었다. 내가 퇴임 후에 성서와 영미문화에 대한 책(지식산업사, 2019)을 펴내게 된 것도 아마 나의 전공에 성서를 접목하려 한 오랜 집념이 이루어낸 결과가 아니었을까 생각하고 있다.

현대 일본 최고의 지성으로 손꼽히는 저널리스트 겸 작가로 다치바나 다카시立花隆가 있다. 자신의 서재를 카메라 작가와 함께 완전 해부한 『다치바나 다카시의 서재』(문학동네, 2016, 647pp.)라는 책을 읽으면 그의 독서량이 어느 정도인가를 짐작하게 된다. 20만 권이나 되는 책으로 가득 찬 자신의 고양이빌딩 서가를 오가며 한 권의 책을 쓰기 위해 관련 도서 300권을 완독한다고 하니 놀라운 일이다. 그가 펴낸 『나는 이런 책을 읽어 왔다』(청어람미디어, 2001)에는 그의 외국어 실력을 가늠케 하는 글이 다음과 같이 나와 있다. "그리스어로 플라톤을 읽고, 라틴어로 토마스 아퀴나스를 읽고, 프랑스어로 베르그송을 읽고, 독일어로 비트겐슈타인을 읽었다. 그리고 학과 외 수업으로 히브리어로 진행되는 구약성서 강독을 들었다. 또한 한문 강독인 「장자 집주」 강의도 들었다. 그리고 아라비아어 수업, 페르시아어 수업도 들었다.(136쪽)" 나는 런던대학에서 연구하던 당시 언어학사를 강의한 로빈스R. H Robins 교수의 텍스트 강의를 이해하기 위해 텍스트에 자주 등장하는 라틴어와 그리스어를 처음으로 공부하였고, 귀국한 후에도 이런 저런 필요에 의해 그 끈을 놓지 않기 위해 틈틈이 라틴어와 그리스어를 손에서 떼지 않았다. 퇴임 후 이곳 광화문 연구실에 와서도 라틴어와 그리스어 관련 텍스트를 책상에 놓고 매일 아침 시간에는 일정한 분량을 정해 학습하는 습관을 계속해서 이어 나갔다. 일본어 공부도 빼놓지 않았다. 고교 시절에는 독일어를 선택하여 공부하였고 대학 재학 시절에는 이동승(당시 사범대 독어과) 교수의 독일어 강의를 들었는데, 학기 내내 「황태자의 첫사랑」, 「청춘은 아름다워라」와 같은 텍스트를 공부한 것으로 기억하고 있다. 프랑스어는 대학에 복학한 뒤에 모제G. Mauser의 프랑스어 텍스트로 공부하면서 시내 유명 프랑스어 학원에서 6개월간 프랑스어를 집중적으로 공부했던 일이 생각난다. 그 후 대학에서 강의하는 동안 전공 분야와도 관련이 있어서 프랑스어를 더 공부해야겠다는 생각으로 몇 권의 책과 오디오를 구입하여 꾸준히 공부하는 일을 계속해 오고 있다.

다치바나는 자신의 서가 앞에 서서 거기에 어떤 책들이 모여 있는지, 어떤 책이 왜 거기에 있는지 질문에 답하면서 이야기한다고 했다. 그는 젊은 시절 돈이 별로 없었기 때문에 한권 한권 살까 말까 고민하면서 샀다고 한다. 그러나 나이를 먹고 경제적으로 어렵지 않게 되면서 '이거 재밌어 보이네' 싶은 책들은 가벼운 마음으로 살 수 있게 되었다고 한다. 그 후로 책을 사는 방식, 서가書架가 채워지는 방식이 전혀 달라지기 시작했다는 것이다. 나의 서재에는 그의 방식대로 채워진 책들도 많이 있다. 이를테면, 지리학이나 논리학, 세계사와 서양사, 논어와 삼국지 해제와 같은 책들이다. 다치바나는 이 책들이 가볍게 읽을 수 있는 '재밌어 보이는' 책들로 처음부터 끝까지 읽어야 할 만큼 어리석은 시간을 가질 필요가 없다는 것이다. 나 또한 그의 생각과도 대체로 일치하고 있다. 필요할 때 꺼내어 아무 군데나 펼쳐 놓고 읽으면 되니까 말이다. 이런 부류에 속하는 책들(철학이나 논리학, 심리학 관련 책들도 포함하여)도 다른 여러 분야의 책들과 함께 나의 좁은 연구실 한 모퉁이를 아직까지 차지하고 있다.

나는 광화문 연구실(서재) 서가에 전공 분야와 교양서적에 해당하는 책들을 여러 가지 주제별로 나누어 책들을 배치해 놓았다. 나는 이 책들을 매일 살펴보면서 앞으로 써야 할 책을 구상하고 참고가 될 만한 책이 어떤 것이어야 할지 생각하느라고 하루를 보내곤 하였다.

광화문 연구실에서 2년을 보낸 후 빌딩 측의 사정으로 연구실을 다른 곳으로 옮겨야 했다. 새로 옮긴 곳은 사직 터널이 가까운 곳에 있는 한 빌딩의 2층에 있는 사무실로, 광화문 연구실에 비해 그 크기가 7-8평 정도나 되어 주위를 둘러볼 수 있는 여유가 생겼다. 이 연구실에 나는 '취송서실'이라는 명패를 한동안 연구실 문 앞에 붙여 놓았다. 이 명패에 대해서는 재미난 일화가 있다. 어느 날 아침 사직 연구실에 도착했는데, 나이 지긋한 중년 신사가 내 연구실 앞에 와서 나를 기다리고 있는 것이 아닌가? 그는 나에게 문 앞에 붙은 명패를 보고 서예를 배우러 왔다는 것이었다. 취송서실翠松書室이라고 했으니 아마도 그는 내가 서예를 가르치는 사람으로 생각한 모양이었다. 이런 소동이 있은 뒤 나는 문 앞에 내걸었던 명패를 거두어 들였다.

새로 마련한 사직 연구실에서 나는 다치바나의 말처럼 책을 쓰면서 필요한 책을 인터넷으로 주문하거나 시내 책방을 이용하는 방식으로 한층 더 많이 구입하여 서가에 배치하였다. 책이 점점 늘어나자 기존에 있는 서가의 공간이 부족해졌다. 그리하여 책장도 연구실 양쪽에 2중으로 배치하여 구입한 책들을 집필 목록에 맞춰 배열하기 시작하였다. 집필에 필요한 책을 구입하여 이 책들을 일일이 훑어보고 메모하는 일이 서재의 일상사가 되어갔다. 나는 서가를 구분하여 배치하였는데, 한쪽 서가에는 언어관련 서적들(라틴어, 그리스어, 프랑스어, 러시아어, 일본어 등) 텍스트를 배열하고, 다른 한쪽에는 전공 분야의 책들을 한곳에 모아 서가를 채웠다. 또 다른 한쪽에는 영국의 선주민인 켈트인 및 루운rune에 관한 자료와 책들을 모아놓아 언제든지 꺼내서 참고하면서 집필할 수 있게 하였다. 가운데 복도 양쪽에 2중으로 배치한 서가의 한쪽에는 교양서적(로마인 이야기, 회고록, 다치바나의 책들, 세계 명저, 로마제국쇠망사, 영미문학서 등)만을, 다른 한쪽에는 30여년간 영어와 관련하여 모아놓은 다양한 신문 스크랩 파일을 비롯하여 각종 복사 자료 모음, 그리고 일본어로 쓴 다양한 교양 및 전공 관련 책들을 모아놓았다. 일본어로 쓴 영어 관련 책 중에는 나의 전공과 직접 관련된 책들 이외에도 참고할 만한 책도 많이 포함되었다. 퇴임 후에 도쿄여자대학 교수를 지낸 요시오 테라사와(寺澤芳雄도쿄대 명예교수, 작고)교수가 편집한『英語史綜合年表』(研究社, 1993, 808pp.)도 그 중의 하나다. 요시오 교수가 나에게 증정한 이 방대한 분량의 책에는 외면사, 영어사, 영어학사 및 영미문학사가 함께 서로 나란히 정렬되어 있어서 네 분야를 한 눈에 조감할 수 있는 매우 유용한 자료이다. 사이토 요시후미齊藤兆史(도쿄대 준準교수)가

2007년에 펴낸 『日本人と英語』(일본인과 영어)는 일본의 명문 출판사인 겐큐샤硏究社가 창립 백주년을 기념하여 출판한 책으로 일본 영어교육의 100년간의 시행착오를 역사적으로 훑어가며 쓴 책으로 일본 영어교육의 해답은 무엇인지 흥미로운 결론을 내고 있어서 한국의 영어교육과 비교하여 시사하는 바가 크다. 학부와 대학원에서 강의 보조용으로 쓰던 책들을 제외하고 내가 보유하고 있는 장서에 관해서는 제11장에서 상세하게 설명하기로 한다.

서가 다른 한쪽 구석에는 강의에 활용한 영화 비디오와 DVD, 카세트를 배치해 놓았는데, 영어관련 서적이나 영국의 역사 또는 영어발음을 강의할 때 쓰던 것들이다. 영화 비디오도 강의할 때 많이 사용한 적이 있어서 사직 연구실로 가져와서 한 곳에 정리해 놓았다. 그 중에 BBC에서 만든 6부작으로 된 영국의 역사(A History of Britain)를 담은 비디오는 기원전 3500년부터 1776년까지의 영국의 역사를 기록한 것으로, 영국의 역사학자인 사이먼 샤마Simon Schama의 목소리로 듣는 비디오는 내가 보유한 카세트 가운데 빼놓을 수 없는 훌륭한 비디오에 속한다. 셰익스피어의 소네트 전편을 오디오로 듣는 카세트(The Sonnets) 이외에 그의 작품을 영화로 만든 햄릿Hamlet, 멕베스Macbeth와 같은 비디오도 내 서가에 비치해 놓았다. 고대영어를 강의할 때 반드시 들려주는 「베오울프(Beowulf)」는 고대영어로 듣는 것과 시머스 히니(Seamus Heaney: 1995년 노벨 문학상 수상자. 아일랜드 시인)의 현대영어 번역판(2001)으로 읽어주는 것 등, 두 가지 오디오 카세트가 있다. 그 뿐만 아니라 중세영어를 강의할 때 사용한 초서 작품의 오디오 카세트는「켄터베리이야기」는 물론, 중세 로만스인「트로일러스 크리세이드(*Troilus and Criseyde*)」와 같은 중세영어로 듣는 오디오 카세트도 갖추고 있다. 영미문학 작품을 듣기자료로 만든 카세트 시리즈나 소네트 시리즈 대부분도 서가의 한쪽 구석을 차지하고 있다. 유럽의 여러 학술대회에 나갈 때마다 구입한 다양한 영미문학 비디오와 카세트는 강의할 때 매우 유용하게 사용한 적이 많아서 소중히 간직하고 있다. 내 서가에 있는 일반 영화 비디오 중에는 강의시에 유용하게 사용한 것들이 많은데, 그 가운데「언제나 마음은 태양(To Sir with Love)」,「조르바(Zorba)」,「죽은 시인의 사회」,「바이킹(Viking)」,「흐르는 강물처럼」,「나무를 심은 사나이」,「홀랜드 오퍼스(Mr. Holland's Opus) 등이 있다. 이 비디오들은 모두 명화名畵에 속하는 것들로 직접적이던, 또는 간접적이던 간에 인문학 학생들에게 교훈적인 내용을 담고 있으면서도 영어교육에도 도움이 되기 때문에 나는 내 강의의 보조 자료로 오랫동안 활용해 왔다. 이들 중 일부는 CD로 된 것들도 있다.

제 10 장

한국의 영어학 연구와 교육: 과제와 전망

<주> 이 논문은 한국학술단체연합회가 21세기를 위한 새로운 학문의 방향을 제시하기 위해 한국영어영문학회에 의뢰한「한국학술연구의 동향과 전망」이라는 '영어영문학편'연구과제의 일환으로 작성한 필자의 논문임을 밝혀둔다. 한국 영어학의 방향을 살펴볼 수 있는 논문으로 영어영문학 47권 1호(2001: 253-290)에 게재되었다.

들어가는 말

영어학 연구와 교육의 반세기를 맞이하는 21세기에는 한국의 영어학이 학문으로서의 제 위치를 찾는 것은 물론 양적으로나 질적으로도 국내뿐만 아니라 국제적으로 내놓아도 손색이 없을 만큼 훌륭한 업적을 이룩할 수 있을런지는 아직 미지수이다. 그러나, 척박한 국내 연구 풍토에도 불구하고 그동안 국내 영어학자들의 꾸준한 노력에 힘입어 세계 영어학계에서 괄목할만한 업적을 낼 수 있으리라는 기대를 해 보는 것은 90년대 중반 이후 국내외에서 영어학 분야의 학위를 끝내고 관련 학회에서 활발하게 연구 및 교육 활동에 전념하고 있는 유능한 학자들이 한국의 영어학을 한 단계 끌어올리는 견인차 역할을 하면서 건재하고 있기 때문이 아닌가 한다.

해방 전의 영어학 연구와 교육

영어학이란 학문이 우리나라에 소개된 지 어언 반세기가 지났다. 우리나라의 영어학은 100년의 연구와 교육의 역사를 지닌 이웃 일본의 영어학 연구 수준에 비하면 그 양과 질에 있어 훨씬 미치지 못하는 수준에 머물러 있다.[1] 50년 전만 하더라도 영어학이라는 학문 영역이 존재하지 않았다고 해도 과언이 아니다. 대학 영어영문학과에 영어학 분야에 속하는 것으로 생각되는 교과목이 개설되기는 하였으나, 당시로서는 대학에서의 학문 연구라는 것이 제대로 정리가 안 된 시기여서 영어학을 하나의 독립된 학문 영역으로 보고 본격적인 연구와 교육을 실시하려는 뚜렷한 의식은 존재하지 않았다. 이제 와서는 국문학과 국어학이 별개의 학문 영역이듯이, 영어학을 영문학과 구별되는 독자적인 학문 영역으로 간주하고 영어학에 속하는 여러 분야의 연구와 교육이 이루어지고 있기는 하나, 아직도 외국에서의 연구와 교육 수준에 비하면 '영어학이란 무엇을 하는 학문인가'에 대한 진정한 개념이 확립되어 있지 않을 뿐만 아니라, 학문으로서의 존재 가치 또한 명확하게 설정되어있지 않은 것이 우리의 현주소이다.[2]

---

1 최근 개최된 한국영어사학회 가을학술대회(국민대, 2000. 10. 20-21)에 참석한 유지 나카오Yuji Nakao교수(나고야대 명예교수)는 '일본 영어학연구의 100년사'에 관해 특별 강연을 한 바 있다. Fisiak & Oizumi(1998)에는 일본 영어학 연구 45년간, 일본 학자에 의해 영어로 출간된 영어학의 각 분야에 걸친 전공서에 대한 자세한 소개를 하고 있어서 '영어학'이 어떤 학문인지를 새삼 느끼게 해준다.

2 한국영어영문학회의 학술지인 '영어영문학'(1991: 297-320) 37권 1호(봄 호)에 실린 토론회 '한국에서 영어학을 어떻게 할 것인가?'의 내용을 살펴보면 80년대 말까

우리도 이제 지난 50년 동안 한국 영어학 연구와 교육의 발자취를 뒤돌아 보면서 한국 영어학의 방향을 전반적으로 점검해보는 시점에 이르지 않았나 생각된다. 이 논문에서는 이러한 점을 염두에 두고 한국 영어학 연구와 교육이 21세기에는 어떤 방향으로 발전해 나가야 하는가를 진단해 보려는 것이 주된 목적이다.

이 논문에서는 1950년 이후의 영어학 연구와 교육에 관해 중점적으로 서술하려는 것이나, 해방 전에도 한국의 영어학 연구가 전혀 없었던 것은 아니었다. 1924년 경성제국대학(서울대학교의 전신)이 설립되고 이 대학에 영어영문학과가 처음으로 생기면서 일본인 학자에 의한 영어학 연구가 시작된 것이 한국에서의 영어학 연구와 교육의 효시라고 할 수 있다.[3] 이 당시는 오늘날 한국 대학의 경우와는 달리, 학생들이 예과를 마치고 학부에 진학하면서 전공을 택하게 되어 있었는데 영문과를 택한 학생들에게 영문학 전공, 영어학 전공이라는 구별이 있는 것은 아니어서 당시 교수들의 영문학, 영어학 강의를 구별하지 않고 모두 청강하는 것이 일과로 되어 있었다. 따라서, 영문학과 관련되는 초서나 셰익스피어의 많은 작품을 비롯하여 16-17세기 영국비평사, 영문학사에 등장하는 많은 작가들의 작품을 읽

지도 각 대학 영어영문학과의 영어학 교과과정이 여전히 정립되지 않은 채 표류하고 있었음을 알 수 있다.

3 해방전 일본인 학자에 의한 영어학연구와 교육에 관해서는 조성식(1992: 89-101)에 상세히 언급되어 있다. 조성식교수는 한국 영어학 연구의 선구자로서, 한국 대학의 영어영문학과에 '영어학'이란 생소한 학문을 처음으로 소개하고 그 연구와 교육 방법론을 전수한 최초의 인물이었다. 이 논문에서 해방 전의 영어학 연구에 관한 내용은 전적으로 그의 글에 힘입은 바 크다.

는 것은 물론 영어발달사, 영어음성학, 고대 중세영어, 예스페르센O. Jespersen의 영문법서 등과 같은 영어학과 관련된 과목들도 자유롭게 청강하였다.

이 시기에 한국인으로 영어학을 정식으로 전공한 사람은 불과 5, 6명에 지나지 않은 데다가 대학에 진학한다는 것 자체가 소수 계층에 지나지 않았고 졸업 후에는 중학교에서 교편을 잡는 것이 대부분이었기 때문에, 이 시기에 오늘날처럼 본격적으로 영어학을 전공한다는 것은 당시 상황으로 보아 지극히 어려운 일이었다. 더욱이, 이 시기는 국외적으로 1931년의 만주사변을 비롯하여 1937년의 중일전쟁, 1939년의 제2차 세계대전 발발, 1941년의 일본의 진주만 습격으로 인한 태평양전쟁이 진행 중이었으며, 국내적으로는 정국의 혼란이 끊임없이 계속되는 전시체제였기 때문에 한국인에 의한 본격적인 영어학 연구와 교육은 좀 더 후일을 기다리지 않으면 안되었다. 당시 경성제국대학 학부 영문과에 진학한 한국 학생 중에는 영어학에 관심을 가지고 이 분야를 연구하여 훗날 한국 최초의 영어학자가 된 조성식교수가 있었다. 그는 영어발달사 수업을 통해 고대영어와 중세영어에 접하게 됨으로써 후에 영어학을 본격적으로 공부하는데 커다란 도움이 되었음을 강조하면서 영어학을 연구하는 태도에 관해 다음과 같이 쓰고 있다.[4]

4 [각주(2)]에 언급한 토론회에서 토론자로 나온 이환묵 교수의 다음과 같은 논평은 21세기가 시작된 오늘날에 와서도 한결같이 영어학이 제자리를 찾지 곳하고 있다는 그의 우려와 맥을 같이 하고 있음을 엿볼 수 있게 해준다. '(중략) 영문법의 경우, 지난 5, 60년대만 하더라도 영어를 보다 정확하게 이해하고 쓰는데에 필요

'영어를 연구하는데 있어서는 현재 우리들이 보는 상태의 모습만을 다룰 수도 있지만, 역시 한 언어의 구조와 생리를 제대로 이해하려면 아무래도 그 언어가 걸어온 역사적인 실상을 무시하지는 못할 것이다. 자기가 공부하는 언어를 더 잘 이해하기 위해서는 그 언어가 걸어온 역사적인 발자취를 훑어보는 것이 매우 중요한 작업 중의 하나라고 생각한다. 물론 대상 언어의 옛날 모습까지 꼭 알아야 된다는 것은 아니지만, 옛날 모습을 알게 되면 현재의 모습을 더욱 정확하게 파악할 수 있을지도 모르는 일이다. 영어의 이런 양상을 다각도로 연구하여 영어라는 언어의 참 모습을 규명하는 것이 영어학을 전공하는 사람들의 주된 임무이기 때문에, 이런 면을 고려한다면 적어도 영어학을 공부하는 사람이라면 누구나를 막론하고 고대, 중세영어의 일반적인 윤곽 정도는 알아야 할 것 같은데, 사실은 그렇지 못하다. (중략) 영어학을 하는 사람들이 영어 외적인 상황에 대해 지나치게 신경을 쓰는 듯하다. 요새 와서는 일반언어학에 대한 각종 학설들이 물 밀듯 쏟아져 나와 정신을 제대로 차릴 수 없을 지경이다. (중략) 영어학자의 최우선적인 임무는 아무래도 영어 그 자체를 연구하는 것이고, 그 이외의 일은 어디까지나 제 이차적인 작업이 되어야만 한다. (《영어와 더불어》 제 2권 pp. 97-98)

해방 전의 영어학 연구와 교육은 오로지 일본 학자에 의해 이루어진 것이었음에도 불구하고 일제하의 경성제국대학 영문과는 이 땅에 한국인 스스로 영어학을 연구하고 교육할 수 있는 귀중한 씨를 뿌려 놓았다고 할 수 있다.

한 지식의 전수가 그 목표였다고 해도 크게 어긋나지 않을 것입니다. 그런데, 지금의 영문법은 학생이 영어에 대한 직관은 이미 다 가지고 있다고 전제하고 이러한 직관에 근거하여 몇 개의 간단한 영어 문장에 나타난 문법 현상을 어떻게 하면 그럴 듯 하게 설명할 것인가에만 관심을 쏟고 있다는 인상을 주고 있습니다. (중략) 우리의 연구가 대부분 이처럼 남의 이론을 소개하는데 머무르고 있는 것은 영어에 대한 언어적 직관이나 이론체계를 정립할 수 있는 학문적 기초와 직결된 문제일 것입니다. (후략)'

해방 후 1970년까지의 영어학 연구

1945년 이후 1970년까지 25년 동안 국내외에서 어학 분야의 박사학위를 취득한 상황을 분석한 박영배(1996)에 의하면 이 시기에 학위를 취득한 학자는 10명에 불과하며 이들 박사학위 취득자 중에서 순수 영어학에 관련된 논문은 단 2명에 지나지 않는다. 나머지 8편 중 7편은 한국어 자료에 기초하여 분석한 것이거나, 한국어와 영어의 두 언어 자료를 토대로 하여 비교 분석한 것이고, 1편은 문학적인 요소와도 관계있는 논문으로 되어 있다. 이들 8편의 논문은 순수영어학의 영역이 아닌 국어학이나 비교언어학의 분야에 속하는 것으로 보아야 할 것이다.

김석산 The Vowel Phonemes of the Old English《Pastoral Care》
김선재 현대영어의 명사, 형용사, 부사 + 전치사-부사의 연어에 관한 연구
이혜숙 Generative Phonology of Korean Lexical Feature Redundancy Rules
박순함 Transformational Analysis of Negation in Korean
배양서 English Loanwords in Korean
이맹성 Nominalization in Korean
정명우 영어와 국어의 음성차이 해결에 관한 연구
이홍배 A Study of Korean Syntax: Performatives, Complementation, Negation, and Causation
이현복 Korean Syntax
김주현 On alliteration and monosyllabism

이렇게 보면 해방 후 1970년까지의 한국의 영어학 연구 시기는 영어학 본래의 본격적인 연구라기보다는 외국, 특히 미국의 변형문법

이론을 받아들여 영어학 연구에 필요한 토양을 제공하는 한편, 영어학이라는 학문의 정착을 이 땅에 실현시키려는 노력이 싹트는 시기였다고 할 수 있다. 그러나, 이러한 노력이 어느 정도 결실을 맺기까지는 여러 가지 많은 어려움을 지니고 있던 것이 당시 한국 영어학계가 처한 상황이며 또한 과제이기도 하였다.

이 시기의 특기할만한 것으로는 60년대에 미국에서 초기 변형문법 이론으로 취득한 박사학위 논문의 영향이 70년대까지도 그대로 이어져서 한국의 영어학계를 휩쓰는 한편, 영어학을 연구하고 교육해야 할 교수들까지도 언어이론인 변형문법 이론의 거센 파도에 휩쓸려 순수 영어학 연구와 교육은 뒷전에 밀어둔 채 영어학에 관계되는 거의 모든 영역에서 변형이론을 우선하여 가르치는 현상이 일어났다. 이러한 현상은 80년대 중반 이후까지도 이어져 내려 오면서 영어학 학문 후속세대 양성의 빈곤을 초래하는 학문의 공동화空洞化가 나타나게 되었다.

영어학에의 관심

한국에서 영어학 논문이 학회지를 통해 맨 처음 발표된 것은 1955년에 발간된 「영어영문학」 창간호(1권 1호, pp. 27-33)를 통해 소개된 조성식 교수의 'A brief survey on the use of S-genitive in current American English' 라는 논문으로 한국에서의 영어학 관련 논문의 효시라고 할 수 있다.[5] 「영어영문학」 창간호는 8명의 회원(고석구, 고옥남,

5 「영어학」이라는 용어가 학회지인 「영어영문학」에 게재된 논문에 맨 처음 등장하

송욱, 여석기, 정병조, 조성식, 한교석, 황찬호)에 의해 창립된 한국영어영문학회의 학회지이다. 39쪽 분량의 창간호에는 학회의 회칙도 없을 뿐만 아니라 학회지의 편집 방침에 관한 구체적인 언급도 찾아볼 수 없다. 창간호에 학회 창립에 관한 사항이나 학회의 회칙이 전혀 실려 있지 않은 것에 관해서는 1957년 10월에 나온「영어영문학」제 4호의 맨 뒤에 실린 '학회소식'에서 밝힌 다음과 같은 경위가 이를 잘 대변해주고 있다.

> 4288년[1955]에 우리가「영어영문학」제1집을 내놓을 필요상 영어영문학회를 칭稱하였을 때에는 여러 가지로 오해誤解가 없지 않았다. 그러나 우리는「회(會)」를 만드는데 목적이 있었던 것이 아니고「일」을 하자는 것이었다. (중략) 앞으로는 좀 더「일」을 조직적으로 능률적으로 하기 위해 7월에 총회를 열고 비로소 회칙을 통과시켰다. 지금까지 회칙이 없었던 것은「회칙」만 있고「일」은 안하는「회(會)」보다「회칙」이야 있든 없든「일」을 하는「회(會)」를 하고자 했기 때문이다.

1961년 9월에 특별호Special Issue로 나온「영어영문학」제10호의 '학회 연혁'에는 학회가 걸어온 발자취를 간단히 소개하면서 학회 창립에 관해 다음과 같이 언급하고 있다.

> 우리 학회는 창립 년 월 일이 없다. 창립 총회가 없었으니 그럴 수 밖에 없다. 몇 몇 친구들 사이에 학보라도 한 권 내어 보자는 이야기가 무르익어서 주머니돈을 털어 나온 것이 제1호다. 40면(面)도 못 되는 빈약한 것이지만 출발을 점찍은 귀중한 존재라 하겠다. 회원으로 고석구, 고옥

는 것은「영어영문학」5호(1958년 6월호)에서부터이다.

남, 송욱, 여석기, 정병조, 조성식, 한교석, 황찬호 여덟 사람의 이름이 적혀 있고 단기 4288년[1955] 7월 1일에 나온 것으로 되어 있으니, 이 날을 학회의 탄생일로 보는 것도 무방하리라. (후략)

위의 두 내용으로 미루어볼 때 한국영어영문학회는 학회로서의 외형적인 모습을 갖추기 위해 회칙부터 만들고 창립 총회를 거쳐 출발한 것이 아니라 영어영문학에 관계된 학보를 발간하는「일」에 우선을 두고 이 분야와 관련하여 계몽과 교양강좌를 위주로 학회가 출범한 것이라는 사실을 짐작할 수 있다.

초기 10년 간(1955-1964)「영어영문학」에 실린 논문 및 서평을 분석해 보면 당시의 한국의 영어학 연구가 어느 정도였는가를 한 눈에 짐작할 수 있다. 즉, 10년 동안 학회지에 실린 영어영문학 분야의 논문은 모두 105편이고 서평은 31편으로서 이 중에서 영문학에 관련된 논문이 86편인데 비해 영어학 분야는 19편에 불과하여 전체 논문의 18%에 지나지 않음을 알 수 있다. 서평 또한 31편 중에서 영어학에 관계된 것은 단 6편에 불과하다. 영어학 논문 중에는 순수 영어학 논문으로 분류할 수 없는 것들도 실려 있다. 따라서, 1960년대 초반까지 한국의 영어영문학계는 영문학 전공 교수들의 활약이 왕성하게 이루어진 반면, 영어학 분야는 4-5 명의 교수를 중심으로 영어학 연구가 진행되었음을 엿볼 수 있다. 이것은 당시 영문학에 비해 영어학 전공 교수의 수도 매우 적었거니와 영어학에 대한 소개와 인지도認知度가 부족한데 그 원인이 있었을 것으로 짐작된다. 영어학이란 무엇을 하는 학문인지 당시로서는 제대로 체계적인 연구를 할 수 없

는 분위기가 한동안 지속된 것도 연구 활동이 부진한 또 다른 원인이 되었을 터이다.[6]

한국영어영문학회의 학회지를 통해 한국의 영어학이 학계의 관심을 끌기 시작하고 영어학 연구의 체계화를 모색하려고 시도한 첫 흔적은 1967년에 영어학 특집으로 나온「영어영문학」21호(봄 호)에 잘 반영되어 있다.[7] 여기에는 280여 쪽을 할애하여 당시 한국의 영어학이 무엇을 하는 학문인지를 살펴볼 수 있는 논문 19편이 게재되어 있다. 그런데, 이 학회지에 수록된 19편의 논문을 분석해보면, 영어학 고유의 논문이라고 할 수 있는 것은 4편에 불과하고 언어학 논문이 11편, 나머지 4편은 어학에 관련된 논문으로 이루어져 있다. 이들 논문을 통해 알 수 있는 것은 1960년대 중반 이후 영어학 보다는 언어학관련 논문이 점차로 한국 영어학계의 주된 연구 대상으로 부상(浮上)하기 시작하였고 영어학 고유의 연구 영역에 대한 연구는 영어학계의 관심으로부터 서서히 멀어지기 시작하였다는 것이다. 그리하여

6 60년대 말, 유럽과 미국에서 이루어진 주목할만한 영어학연구 업적으로는 Roger Lass(1969)와 Karl H. Wagner(1969)를 꼽을 수 있다. 전자는 영어학의 여러 분야(어휘, 음운, 형태, 통사, 방언, 언어접촉 등)에 대한 통시적인 연구방법론이 제시되어 있을 뿐만 아니라, 고대영어에서 현대영어에 이르는 다양한 영어 자료에 언어이론을 적용하여 분석, 설명한 논문집이며, 후자는 초기 변형문법이론을 고대영어 문헌자료에 적용하여 분석하면서 자료와 이론의 접목을 시도한 최초의 연구 업적으로 평가되는 소논문이다.

7 이들 논문이 모두 순수 영어학에 관계된 논문이라고는 볼 수 없고 당시 한국에 소개된 초기의 변형이론의 소개를 비롯하여 언어학과 문학, 교재연구, 언어실험실 운용에 이르기까지 영어학 분야와는 관련없는 논문도 더러 포함되어 있어서 영어학이 구체적으로 무엇을 하는 학문인가에 대한 해답보다는 언어이론에서 언어실험실에 이르기까지 어학과 관련되는 것까지 모두 영어학에 포함시킨 듯한 인상을 준다.

70년대에 들어와서는 영어영문학과의 학부 과정과 대학원 과정에서 영어학이 아닌 언어학 특히, 촘스키의 보편문법이론을 마치 영어학의 영역인양 강의하는 풍조가 빠른 속도로 퍼져 나갔으며 이러한 경향은 80년대까지도 계속되었다.[8] 이러한 와중에서 영어학을 한국에서 어떻게 연구하고 가르칠 것인가에 대한 진지한 논의는 70년대 말 이후에 이르러서야 비로소 학계의 관심을 끌게 된다. 변천하는 언어이론을 수용하면서 한국에서의 영어학 연구와 교육에 어떻게 대처할 것인가에 대한 주제는 90년대 초까지 이어져 내려오면서 영어학을 순수 학문적인 측면과 교육적인 측면의 두 가지 측면에서 폭넓은 논의가 이루어지게 된다.

70년대 말 이후 90년대 초까지 한국영어영문학회와 한국영어사학회에서 발표된 영어학 관련 세미나, 특강 또는 논문 형식의 발표 주제는 다음과 같다. 영어사학회의 심포지엄 및 발표 논문일 경우에는 별도로 명기하였다.[9]

1979 전형국 「영어학 교육」(창립 25주년 기념 심포지엄)
1980 심포지엄 「영어통사분석과 영어교육의 문제」어학분과에서 진행

8 영어학이 당면한 이러한 그릇된 상황을 우려한 나머지, 영어학의 정체성을 수립하기 위하여 10여년 전부터 영어학에 대한 회고와 새로운 방향을 모색하려는 논의가 여러 차례 학회에서 특강이나 토론회, 세미나 그리고 논문의 형식을 빌어 발표되었다.

9 1993년에 창립된 한국영어사학회는 한국의 영어학, 영어사 분야의 문헌강독과 연구논문 발표의 활성화에 애썼으며 1995년에 창간호 「영어사」 1호를 낸 이후 2000년 6월, 제9호를 발간하기까지 7년 동안 한국 영어학의 전 분야를 소개하는 한편, 영어학 연구와 교육에 많은 공헌을 하였다.

1984 이혜숙「언어이론의 변천과 영어학 교육」(심포지엄)
1988 전상범「한국에서의 영어학 교육」(세미나)
1990 박승윤「한국에서 영어학을 어떻게 할 것인가」(세미나)
1993 김인숙「영어사 - 어떻게 가르칠 것인가」(영어사학회 심포지엄)
1995 문 용「해방이후 영어학 발전사」(논문)
1995 조성식「한국의 영어학: 그 과거와 미래」(영어사학회 창간호 게재논문)[10]
1995 이기용「영어학에 끼친 현대 언어학이론의 영향」(논문)
1996 박영배「한국의 영어학 연구」(논문)
1999 조성식「한국 영어학의 나아갈 길」(영어사학회 가을 심포지엄)

위에 열거한 주제들을 살펴보면 해방후 50여년 동안 한국의 대학 영어영문학과에서 영어학 연구와 교육 그리고 그 지도 방법이 안고 있는 취약점이 어떠했는가를 대강 짐작할 수 있겠다.

한국의 영어학은 70년대 중반에 이르러서야 비로소 그 교육적 효과를 재평가해 볼 수 있는 계기가 마련된 셈이 되었고, 80년대에 와서는 언어이론과 영어교육을 영어학 교육과 연관시켜 검토해보게 된 것이다. 90년대로 오면 학자들의 영어학에 대한 관심의 폭이 한층 넓어지고 외국에서 순수영어학 분야로 학위를 취득하고 귀국한 국내 학자들의 수가 점차 늘어나면서 영어영문학과 학부 및 대학원에서

10 조성식교수는 1993년 고대신문(1181호)에 특별기고한 논문 '한국의 영어학'에서 한국의 영어학이 기초가 약하고 방향이 올바르게 설정되어 있지 않다는 점과 영어학의 각 분야에 대한 연구의 침체가 크게 우려됨을 지적하고 전공분야의 연구서 집필로 기초배양과 전통 수립에 힘써야 함을 강조하고 있다. 조성식(1995)는 이 논문의 연장선상에서 한국영어영문학회의 탄생과 한국의 영어학 연구의 진로와 방향을 제시하면서 그 폭과 깊이를 더한 논문으로 볼 수 있다.

의 지도방법과 국내외 연구 경향 그리고 영어학의 새로운 연구 방향의 설정 등, 학자들의 공감대가 형성되어 가는 풍토가 폭넓게 이루어지게 되었다.

영어학연구 방법론

주지하는 바와 같이 영어학은 영어의 역사적인 고찰, 영어라는 개별언어 전반에 걸친 구조분석 및 고대에서 현대영어 전반에 걸친 자료를 과학적으로 분석하고 기술함으로써 궁극적으로는 영어가 지닌 다양한 특성을 규명하려는 학문이다.

영어를 역사적으로 고찰한다고 하는 것은 영어가 발전해 내려 온전 과정을 시대별로 연구하므로써 인도유럽어에서 뿌리를 내린 영어가 1500여 년이 지난 오늘날에 와서 어떤 모습으로 변천했는가를 조감鳥瞰할 수 있게 해주는 한편, 영어의 과학적인 분석과 기술記述은 영어의 특성을 규명하는데 내우 중요하며, 영어를 여러 각도에서 조명하여 영어가 지닌 모든 본질을 밝혀내려는데 있다. 따라서, 영어학은 넓은 의미의 언어과학이며 좁은 의미로 보면 언어학의 영역이라고 하는 한 개별 언어분야인 것이다. 영어학을 English liguistics라고 하면 영어를 대상으로 하여 분석하고 기술내지 설명하는 순수한 언어학적인 연구로서의 영어학에 국한된 좁은 의미로 쓰이나, English philology라고 하면 역사적(또는 통시적)인 영어학의 영역을 의미하게 되어 영어로 쓰여진 옛 문헌이나 자료, 문학언어 연구, 텍스트에 관한 연구 등이 모두 이 영역에 포함된다. 영어학은 이 두 가지 영역을 모두 포괄하는 학문으로서 '냉철하고 지적知的인 냄새를 풍기는' 면과 가끔 '따뜻하면서도 정적情的인 온화함'을 발산하는 면 등, 양면兩面의 특성을 지닌 학문이라고 할 수 있겠다.

영어학은 언어학의 한 개별 연구분야이므로 영어학을 연구하기에 앞서 언어학 전반에 걸친 지식이 필요함은 물론이다. 음성음운론, 형태통사론, 의미화용론에 관한 이론적인 지식은 물론, 언어학과 영문법의 변천 과정을 알고 있어야 하며 언어변화와 그 원인을 규명하는 역사언어학에 대한 지식도 갖추고 있어야 한다. 한편, 영어학은 언어과학의 영역에 속해 있기 때문에 때로는 엄밀한 분석과 설명이 요구되는 경우도 많다. 그러므로 분석의 도구로 언어이론의 지식이 필요한 것이다. 그런데, 언어이론은 빠른 속도로 변화하고 있으므로 해당 자료 분석에 적절하게 적용하여 체계적인 분석을 하기 위해서는 변화하는 이론의 흐름을 항상 주시하면서 각 이론의 장단점을 충분히 이해하고 있어야 한다. 영어학은 분석의 대상이 되는 개별언어가 「영어」이므로 항상 영어를 자료로 하여 문헌학적인 설명을 하든, 언어이론을 영어 자료에 적용하여 분석하든, 어느 쪽으로 하던 간에 입증할 수 있는 논리적이고 합리적인 설명이 요구된다. 언어이론의 분석 방법을 영어 자료에 적용하려는 것은 곧 이러한 이유에서이다.[11]

---

11 언어이론의 분석 기법을 영어 자료에 이용하는 것은 영어학을 연구하는 하나의 수단에 불과하며 언어이론 연구에 영어 자료가 쓰이는 것과는 엄연히 구별되어야 한다. 후자의 경우에는 영어학이 아닌 언어학 연구의 범주에 들기 때문이다.

지금까지 우리는 해방 전후 70년대까지의 한국 영어학 연구와 교육이 어떠했는가를 돌이켜보고 70년대 말부터 90년대까지 한국 영어학 연구와 교육의 재정립을 위한 시도가 어떤 모습으로 진행되어 왔는가를 살펴 보았다. 또한, 50년대 중반에 창립된 한국영어영문학회와 90년대 초 창립된 한국영어사학회를 통해 한국의 영어학 연구와 교육이 어디까지 와 있는지를 대강 검토하였다. 이와 함께 영어학이란 어떤 학문이며, 그 연구방법은 어떠해야 하는가를 정리하였다.

이제, 우리는 지난 50여 년의 한국 영어학 연구와 교육을 되돌아보면서 제반 문제점을 여러 측면에서 살펴볼 때가 되었다고 생각한다. 이렇게 함으로써 영어학 연구와 교육에 수반되는 여러 문제점을 해결하기 위한 효과적인 방안을 모색하고 앞으로 한국 영어학이 추구해야 할 올바른 방향 정립에 관해 국내 전공관련 학계의 진지한 논의가 한층 더 활발하게 이루어져야 할 것으로 생각한다.

2. 영어학 연구와 교육: 진단 및 자료 분석

교과과정의 운용 및 편제

한국 대학의 영어영문학과 교육과정을 표본 조사하여 이를 면밀히 분석하고 영어영문학과 교육의 문제점과 교과과정 개선의 필요성을 종합적으로 제시한 연구 보고서는 한국대학교육협의회(이하 대교협으로 약칭함)의 위촉으로 수행된 조준학(1989)이 처음일 것이다.[12] 이 보고서에는 교육프로그램 개발연구를 위해 1988년을 기준으로 표본 조사한 16개 대학의 영어영문학 교육의 문제점을 지적하고 교과과정 개선의 필요성을 요약하고 있다. 여기서는 연구보고서에서 언급하고 있는 내용 중에서 영어학 연구와 교육에만 초점을 맞추어 그 내용을 간단히 요약하면서 학부제가 실시된 이후 나타난 영어학 교과과정 운용의 문제점을 아울러 지적하고자 한다.

1989년에 영어영문학과가 설치된 대학이 전국에 걸쳐 80여 개가 넘었다고 하는데, 한국대학교육협의회에서 나온 자료를 보면 2000년 11월 현재 전국 전문대학의 수는 158개교이며, 전문대학을 제외

12 이 보고서는 1989년 6월에 조준학 외 18명의 이름하에 대교협의 연구보고 제88-8-39호인 '영어영문학과 교육프로그램 개발연구'라는 제목으로 출간되었으며, 1991년 한국영어영문학회의 학회지인 '영어영문학' 봄 호인 37권 1호(297-320)에 주제 발표와 토론회 형식을 빌어 내용의 일부가 요약되어 다시 게재되었다.(각주-1 참조) 조준학(1989) 이후에는 이 연구보고서에 버금가는 후속 연구보고서가 나온 사례가 없다. 학부제 실시 이후로 교과목이 축소되고 전공 필수와 선택의 구분이 없어지면서 영어학 연구와 교육 여건은 갈수록 점점 더 어려워지고 있는 것이 사실이다.

한 일반 및 특수대학의 수는 모두 204개교에 이르고 있다. 이들 대부분의 대학에 영어영문학과 또는 영어관련학과가 설치되지 않은 대학이 없음을 감안할 때, 영어영문학과의 양적인 규모는 실로 방대하지 않을 수 없다.[13]

그러면 이처럼 양적으로 팽창한 영어영문학과의 영어학 교과과정은 그동안 어떻게 운용되고 변화하여 왔을까? 조준학(1989)의 연구보고서에 의하면, 초기의 영어영문학과의 교과과정은 오늘날처럼 영문학과 영어학이란 순수 학문 영역으로 구분한 것이 아니라 주로 시, 소설, 희곡, 비평 관련 과목을 중심으로 한 영문학 과목들과 말하기와 쓰기를 중심으로 한 실용영어 과목(이것은 엄밀한 의미에서 영어연습과목이며 영어학 영역과는 거리가 먼 과목)으로 이루어져 있었다. 그러다가 1960년 이후 외국 특히 미국에서 언어학을 전공하고 귀국한 학자들이 영문과에 자리를 잡기 시작하면서 영어영문학과에 영어학이라는 분야에 속하는 과목들이 교과과정에서 차지하는 비중이 서서히 늘어나게 되었다. 1970년 이전에는 영문법이나 영어발달사 등, 한 두 과목이 영어학 과목으로 개설되었으나 1970년 후반으로 오면 언어학개론을 비롯하여 음성학, 음운론, 변형문법이론 중심의 통사론, 의미론 등과 같은 과목들이 개설되어 영어영문학과에서 영어학이 차지하는 비중이 확대되었다. 또한, 이 시기에는 대학원에서 영어학을 전

---

13 이 논문에서 표본 조사한 전국 113개 대학의 영어영문학과, 영어교육과 또는 인문(사회과)학부 영어(학)과 소속 교수의 수를 편의상 영어학과 영문학 분야로 구분하여 조사한 인적 구성 현황은 지면상 생략함.

공하려는 학생들의 관심이 증대하고 학생의 수도 늘어나서 학부와 대학원에서의 영어학 연구와 교육은 활발하게 이루어지게 된다.

그러나, 여기서 간과할 수 없는 것이 있다. 70-80년대는 엄밀히 얘기해서 순수한 학문으로서의 영어학을 연구하고 교육한 것이라기보다는 언어이론의 소개와 언어학 연구 및 교육에 치중한 시기였다고 해도 지나친 말이 아니다.[14] 이 시기의 교과과정 운용 실태를 조사한 조준학(1989)의 연구보고서에서 표본 조사한 16개 대학의 영어학 전공 필수 및 선택과목을 보면 영어학개론을 위시하여 영어음성학, 영어음운론, 영어형태론, 영문법, 영어구문론, 영어발달사, 영어학특강, 언어학개론, 언어학특강, 그리고 심지어는 언어와 철학과 같은 과목이 영어학 교과목으로 개설되어 있음을 알 수 있다.

영어학개론이라고 하지만 실제로는 영어로 쓰여진 언어학개론에 관한 텍스트를 사용한 대학이 적지 않았고 영어통사론과 영어구문론 과목의 경우 모두 당시의 변형문법이론을 소개한 영문 텍스트를 이용하여 강의한 대학이 대부분이었다. 영어음운론이란 과목도 영어를 주된 자료로 하여 강의한 것이 아니라 일반 음운론 강의에 영어 자료를 틈틈이 인용하여 교수한 것에 지나지 않았다. 이렇게 보면 영

14 70-80년대는 미국에서 언어학을 전공하고 귀국한 학자들의 의해 창립된 한국언어학회가 왕성한 활동을 한 시기이다. 75년 10월에 창립된 이 학회는 1976년 학회지인 '언어' 1권 1호를 출간한 이래 현재까지 25권 3호가 발간되었다. 1권 1호 및 1권 2호에 실린 22 편의 논문을 보면 순수 영어학 관련 논문이 단 한 편도 없고 한국어의 음운, 형태, 문법 등에 관련된 논문이 주류를 이루고 있다. 따라서, '언어'를 통해 영어학에 관계된 많은 논문이 발표되어 왔다는 조준학(1989, p.7)의 보고서 내용은 수정되어야 할 것이다.

어음성학, 영어문법, 영어발달사와 같은 일부 순수 영어학 교과목을 제외한 나머지 교과목들은 영어학 본래의 영역을 벗어나서 언어학의 영역에 속하는 교과목들을 영어영문학과에서 연구하고 교수敎授한 셈이 되었다.

영어영문학과에서 영어학이 아니라 언어학을 가르치고 있는 것도 문제이거니와 교과목의 내용과는 거리가 먼 강의가 진행되어 온 70-80년대의 영어영문학과의 영어학 교과과정은 다분히 언어학과의 성격을 지니고 있었다. 이 논문에서 표본 조사한 113개 대학 영어영문학과, 영어교육과 및 영어관련 학과의 전임교수의 전공을 분석해 보면 자신의 전공을 언어학이나 음운론, 통사론, 의미론 등으로 기재한 교수의 수가 상당수 있음을 알 수 있다. 이것은 곧, 70-90년대 미국에서 언어학으로 학위를 하고 귀국한 학자들이 국내 대학 영어영문학과에 자리를 잡으면서 영어학이 아닌 일반언어학에 속하는 과목을 연구하거나 교수敎授해 왔음을 의미한다.

영어영문학과에서 영어 자료가 아닌 유럽의 여러 다른 언어 자료를 중심으로 연구와 교육을 한다는 것은 당시 한국 대학 영어영문학과의 영어학 전공 교수 여건으로 볼 때 한편으로는 수긍이 가는 점도 없지는 않았으나 이러한 상황은 교과목과 상치相馳되는 명분이 서지 않는 연구와 교육이었음은 자명하였다. 영어영문학과의 영어학 교과과정에 포함된 언어학개론이나 언어철학 등의 과목은 80년대만 하더라도 여전히 영어학의 일부로 강의가 이루어져 왔으나, 이것은 교양과정의 교과목에 포함시켜야 하는 과목으로 현재에 이르러서는 영어학 교과과정에서 모두 없어져 버렸다.

97년부터 전국 대부분의 대학이 학부제로 바뀌면서 영어영문학과가 폐지되거나, 인문학부, 인문사회과학부, 영미문화학부 또는 영미어문학부의 영어영문학 전공으로 개편되는 일대 지각변동이 일어났다. 전공 과목도 전공 필수와 전공 선택으로 구분되던 종래의 교과과정에서 모든 전공 과목이 선택 과목으로 바뀌게 되어 종래 학과 중심체제에서 기본적으로 이수해야 하는 전공 필수 과목은 완전히 사라지게 되었다. 영어학 교과목의 경우 교과과정의 축소나 개편으로 인해 종래 영어영문학과에서 지도해 온 언어학 관련 일부 교과목(음운론, 통사론, 의미화용론 등)이 학부 또는 학과의 교과목에 그대로 남아 개설되거나 일부는 대학원 교과 과정에 흡수되어 버렸다. 전통적으로 내려온 영어학관련 교과목들도 일부는 폐지되거나, 그 명맥을 간신히 유지하면서 1학기 단위로 강의가 진행되고 있다.

교과과정의 운용에 있어서는 영어학 과목들 중에서 영문법과 영어음성학은 영어학 전공 과목인 동시에 영어영문학과 전체 학생들의 기초 영어 능력을 향상시키기 위한 과목이므로 거의 필수과목이라고 해도 과언이 아니다. 영어 발음을 정확히 이해하고 조음하는 방법을 배우거나, 영어 문법의 기본적인 구조와 규칙 그리고 문법 현상을 파악하는 것은 영어의 독해 능력과 작문력 향상에 도움이 된다. 그러나, 현행 교과과정에서는 이들 과목이 선택과목으로 되어 있어서 수강을 하지 않는 학생들의 수가 상당수 있다는 것은 학부제가 지닌 교과과정 편제와 운용의 문제점이라고 할 수 있다. 아울러, 영어학 교과목의 운용은 언어학적 이론의 소개보다는 영어 자료 그 자체를 중시하는 교육으로 전환되어야 마땅할 것이다.

영어학 논문의 수량적 분석: 해방 후 2000년까지

해방 후 2000년까지의 영어학 관련 논문의 수량적 분석은 박영배(1996)를 토대로 하되, 다음과 같은 네 가지 유형을 근거로 하여 분류하고 통계 처리하였다.[15]

(1) 한국 박사학위논문(국내) 총목록(국회도서관 1945-1998)

(2) 한국영어영문학회 학술발표회 발표 논문(1974-2000)

(3) 외국에서 취득한 박사학위논문(인문사회과학편:한국학술진흥재단 1945-1994)

(4) 한국영어사학회의 학회지 게재 논문(1995-2000)

위의 네 가지 유형 중에서 유형 (1)은 각 연대별로 세분하여 설명하

15 이 논문에서는 박영배(1996)에서 분석한 자료 중에서 1992년 이후의 자료를 추가하였다. 한국 박사학위논문(1993-1998), 한국영어영문학회 학술발표회 발표 논문(1994-2000), 외국에서 취득한 박사학위 논문(1995-1997), 그리고 한국영어사학회의 학회지「영어사」(1995-2000)에 게재된 논문을 추가로 보충하여 분석의 자료로 처리하였다. 이 자료에서 누락된 부분은 영미어문학논저목록(1945-1983 한국영어영문학회편), 한국영어영문학논문목록(1970-1982. 탑출판사), 영어학관련 논문색인집(1945-1993. 금문)을 참고하였으며, 1945년 이후 한국에서 출간된 석.박사학위논문(282,071건)을 담은 한국문헌목록정보(CD-ROM:1995년 가을판. 한국도서관협회 발행)가 본고 작성에 많은 도움이 되었다

고, 유형 (2), (3) 및 (4)는 종합적이고 포괄적으로 비교, 분석하여 설명하였다. 유형 (1-4)를 다시 연대별로 세분해 보면 다음과 같다.

(a) 해방 후 60년대 : 1945 - 1969
(b) 70년대 : 1970 - 1979
(c) 80년대 : 1980 - 1989
(d) 90년대 : 1990 - 1998

한국 박사학위논문 분석

해방 후 60년대 말까지의 한국의 영어학 연구상황을 조사해 보면, 앞에서도 언급한 바와 같이 국내 1편, 국외 1편이 고작이었으며 국내에서의 학위논문도 본격적인 영어학 연구라기보다는 현대영어 자료를 이용한 품사의 연어collocation연구에 그쳐 영어학 연구에 대한 관심과 자극을 주기에는 부족하였다. 따라서, 해방 후 거의 사반세기에 이르는 동안 한국의 영어학은 제자리 걸음 수준에 머무르지 않으면 안 되었다. 더욱이 영어학 연구에 있어서 중요한 언어자료인 고대/중세영어 및 초기현대영어에 대한 소개 및 연구는 물론 이들 자료를 소개하는 원서강독이 한국의 대학 영어(영문학)과에서 거의 이루어지지 않았다. 그러므로, 1970년 이전의 한국의 영어학은 당시까지만 해도 생소했던 '영어학'의 학문적인 성격을 알리고 장차 영어학을 연구하려는 이들에게 영어학에의 관심을 고취시켜 대학 영어영문학과에서 '영문학'이란 영역 이외의 다른 또 하나의 연구영역이 있음을 알리는 정도의 성격을 지닌 학문에 지나지 않았다. 따라서, 이 시기를 '파종기播種期'라고 부르고자 하는 것은 이 시기에 영어학을 연구한 학자층이 매우 엷은데다가 학위논문이 너무 빈약했다는 점과 영어학 연구의 씨를 뿌린 시기라는 두 가지 의의를 지닌 점을 염두에 두었기 때문이다.

해방 후 1998년까지 50여 년 간 집계한 한국 국내 박사학위논문은 어학분야가 모두 412편에 이르고 있는데, 그 가운데 영어학 관련 분야 논문은 269편으로, 전체 어학 논문의 65.2%에 해당한다. 이들 논문을 각 년대 별로 비교 분석해 보면 <표-1>과 같다.

<표-1>

연도 구분 / 분야	어 학	영 어 학
1945 - 1969	1	1
1970 - 1979	26	17
1980 - 1989	132	60
1990 - 1998	253	191

이제 영어학 관련 분야 학위논문을 연대별, 주제별로 나누어 자세히 분석하기로 한다.

60/70년대 논문 분석

60/70년대에 나온 영어학 관련 박사학위논문은 모두 18편이다. 이들 논문을 다시 주제별로 분류해 보면 <표-2>와 같다. (숫자는 비율임.)

<표-2>

음성 / 음운	5.9
의미 / 화용	11.8
언어 이론	17.6
문법	23.5
영어 교육	11.8
미국 영어	17.6
기타(언어실험실, 번역 등)	11.8

그런데, 여기서 유의해야 할 것은 영어학 분야 논문의 주제에는 순수한 영어학 분야 이외에 순수 언어이론(변형문법, 일반 구구조Phrase-S 문법 등)이나, 영어교육, 영어와 한국어를 비교한 비교언어학, 번역, 언어실험실, 일반의미론 등과 같은 주제도 포함되어 있다는 점이다. 70년대에 나온 17편의 학위논문 가운데 언어이론, 문법, 영어교육, 미국영어를 다룬 논문이 전체의 70.6%를 차지하고 있으며, 이 시기에는 음성/음운및 의미/화용과 관련된 영어학 논문은 3편(17.6%)에 지나지 않는다. 또한, 영어사를 다룬 논문은 단 한 편도 없는 것이 특징이다. 이 분야의 논문이 이처럼 부진한 것은 자료의 빈곤 탓도 있으나, 다양한 언어이론의 적용을 영어 자료에 시도한 경험의 축적이 당

시 학계에 성숙되어 있지 않았기 때문이다. 따라서, 70년대의 한국의 영어학은 주로 언어이론과 문법, 영어교육, 미국영어연구에 치중하였고 고대/중세영어나 초기 현대영어 문헌을 이용한 영어학의 각 분야별 연구는 매우 미약하였다고 볼 수 있다. 70년대 말 학회에서 개최한 학술심포지엄의 주제가 '영어학교육'에 관한 것으로, 그 내용도 50년대 이후 20여 년간 한국에서 실시해 온 영어학 강좌 소개와 그 교육적 효과를 평가하는 내용이었는데, 실제로는 한국에 영어학 강의를 시작하게된 내력과 영문법의 범주설정에 관한 것이 전부였으며, 한국 영어학 교육의 교육적 효과와 한국의 영어학 연구의 반성과 방향설정에 관한 언급은 전혀 없었다. 70년대 당시 유행하던 촘스키의 변형문법 이론을 다룬 학위논문은 불과 2편에 지나지 않았는데, 이것은 이때까지만 해도 변형문법 이론에 대한 국내의 연구수준이 초기 단계에 머물렀고, 이 이론을 이용하여 영어교육의 효과를 검증하려는 기운이 학계에 팽배해 있던 시기여서 본격적인 학위논문의 출현은 나타나지 않았다. 따라서, 70년대의 한국의 영어학은 80-90년대에 한국의 영어학이 한층 더 활발하게 연구될 수 있는 여건을 조성하는 역할을 한 시기로, 필자는 이 시기를 한국 영어학연구의 '발아기發芽期'라고 부르고자 한다.

80년대 논문 분석

80년대에 나온 영어학 관련 박사학위논문은 모두 60편이다. 이들 논문을 다시 주제별로 분류해보면 <표-3>과 같다.

<표-3>

음성 / 음운	5.9
의미 / 화용	11.8
언어 이론	21.7
문법	28.3
영어 교육	1.7
영어사	10.0
기타(응용언어학, 언어습득 등)	8.3

80년대에 나온 국내 박사학위 논문의 분포를 70년대의 그것과 비교해보면 매우 흥미있는 사실을 찾아볼 수 있다. 우선, 전체적으로 볼 때 논문의 수가 70년대에 비해 3.5배 이상 늘어났다는 점과 음성/음운 분야와 의미/화용 분야, 언어이론과 문법 분야를 합친 학위논문의 수가 전체 논문의 80%에 해당하는 48편이라는 점이다. 이것은 이들 분야의 논문 수가 10편(58.8%)에 지나지 않는 70년대의 학위논문과 비교해 볼 때 엄청나게 증가했다는 점과, 80년대에 들어와 음성/음운 및 의미/화용분야, 언어이론과 문법분야가 다른 분야에 비해 많이 연구되었음을 엿볼 수 있다.

특히, 언어이론과 문법 분야를 합친 학위논문 수가 30편으로 전체 학위논문의 절반인 50%에 이르고 있는데, 이 시기는 70년대에 외국(대부분은 미국)에서 언어학으로 학위를 마치고 귀국한 학자들의 수가 늘어나서 이들이 언어이론 분야의 학위논문에 많은 영향을 끼친 시기였다. 문법 분야의 경우, 전통문법에서 구조문법, 변형생성문법(특히 지배와 결속이론), 그리고 체계 문법에 이르는 다양한 문법이론을 다룬 상당수의 학위논문이 쏟아져 나왔다. 70년대에는 찾아볼 수 없었던 영어사 분야의 학위논문도 6편 가량이나 이 시기에 등장한 것은 매우 특기할 만하다. 영어학의 모든 하위 분야가 골고루 연구되지 못했음에도 불구하고, 그동안 학계의 관심을 끌지 못했던 고대/중세영어 문헌이 영어사 연구에 본격적으로 이용되면서 어휘, 음운, 문법, 문헌연구와 관련된 학위논문이 나타나게 된 것은 한국의 영어학 연구와 발전에 매우 고무적인 일이었다. 이 시기에 문법 분야와 관련된 학위논문의 수가 17편으로, 70년대에 비해 4배 이상 증가한 것은 문법의 각 분야(품사, 구문 등)가 비교적 골고루 연구의 관심 대상으로 부각되었음을 반영해준다. 관사, 형용사, 동사, 조동사, 부사, 법조동사와 같은 품사연구는 물론 비교구문, 수동구문, 부가의문문, 생략 현상, 관계절 등과 관련된 연구가 이 시기에 활발하게 진행되었다. 한편, 역사적인 연구도 빼놓을 수 없다. 영어의 어순변화를 통시적으로 추적하거나, 일본에서는 일찍이 연구되었으나 국내 학계에서는 소홀히 다루어오던 영어사의 중요한 연구 영역인 전치사좌초구문을 고대영어에서 현대영어에 이르는 문헌에 언어이론을 적용하여 통시적인 고찰을 다룬 논문도 포함되었다. 따라서, 70년대의 영어학 연구가 주로 공시적인 관점에서 다루어진 데 비해 80년대에 들어와서는 영어학의 일부 하위 영역이 고대(중세)영어자료를 근거로 공시/통시적인 관점에서 다룬 논문이 나오게 된 것은 한국 영어학 발전을 위해 매우 다행스러운 일이 아닐 수 없다.

이들 논문 중에는 전통적으로 문헌학적인 접근방법에 의해 분석한 논문도 있으나, 당시 널리 유행하던 언어이론(예: 지배와 결속이론)을 초기 영어자료에 적용하여 분석한 논문도 포함되었다. 이들 논문은 현대 언어이론이 현대영어뿐만 아니라 고대/중세영어와 같은 영어의 초기 문헌에도 적용되어 분석할 수 있다는 하나의 가능성을 보여 주었다. 이처럼 영어 문헌에 나타난 여러 가지 언어 현상에 언어이론을 접목시킨 연구는 이미 60년대 후반과 70년대 말 미국이나 유럽에서 이루어진 것이었는데, 국내에서는 80년대에 들어와서야 비로소 그 영향을 받아 연구의 결실을 보게 되었다.[16]

---

16 이 분야의 선두주자로는 David Lightfoot을 꼽을 수 있다. 그는 당시 캐나다 McGill대학에 있으면서 안식년기간인 76-77년에 영국 캠브리지대학 언어학과에서 통사변화를 연구하면서 초기영어문헌인 고대/중세영어자료에 나타난 몇가지 구문을 당시 언어학계를 풍미하던 촘스키의 확대표준이론(Extended Standard Theory: EST)을 적용하여 언어변화를 '설명'하려고 시도하였으며, Principles of Diachronic Syntax(Cambridge University Press, 1979)가 그결과로 나타났다. 한편, Cynthia Allen의 박사학위논문인 Topics in Diachronic English Syntax (University of Massachusettes, Amherst, 1977)가 1980년에 출간(Garland Publishing, Inc., New York & London)됨으로써, 이 분야에 대한 학계의 관심이 고조되었다. 1981년 4월 13-15일 덴마크의 Odense University에서 제2차 역사영어학 국제학술회의가 열리고 이 회의에서의 발표논문을 모은 Current Topics in English Historical Linguistics(1983)가 출간되기에 이르렀다. 그 후, 이 학술대회는 유럽에서 개최지를 달리하여 열리면서 이 분야를 연구하는 학자들의 중요한 발표의 장(場)이 되어 왔다. 국내에서도 박영배(1988), 조남호(1993), 이필환(1993) 등, 영어학 관련 학위논문이 등장하게 되었다.

90년대 논문 분석

이제 70-80년대를 거쳐 90년대에 나온 영어학 관련 학위논문을 검토하기로 한다. 여기서는 설명의 필요상, 90-92년까지 90년대 초반 3년과 93년 이후 98년까지 국내에서 취득한 학위논문으로 구분하여 설명하려고 한다.[17]

먼저, 90년대 초반 3년 사이에 나온 학위논문은 모두 41편인데, 이들을 다시 주제별로 분류해보면 <표-4>와 같다.

<표-4>

음성 / 음운	26.8	문법	7.4
의미 / 화용	26.8	영어교육	2.4
언어이론	17.1	영어사	19.5

90년대 초반에 나온 영어학 관련 박사학위 논문은 3년이라는 짧은 기간임에도 불구하고 그 수에 있어서는 60/70년대에 나온 논문 수의 약 2.4배, 80년대에 나온 논문 수의 68.3%에 육박하는 숫자이다. 이처럼 짧은 기간에 많은 수의 학위논문이 나오게 된 주요 원인은 80년대를 지나는 동안 음성/음운 분야에서 의미/화용에 이르는 영어학의 모든 분야가 언어학 연구의 영향을 받아 이들 분야의 연구자 층層이 비교적 두터워지고 국내의 연구여건이 70-80년대에 비해 훨씬 성숙된 풍토가 학계에 조성되었기 때문으로 생각된다.

17 이 자료는 국회도서관에서 간행한 「한국 석.박사 학위논문 총목록」에 근거하여 분석한 것이며, 98년 2월 이후의 박사학위논문은 도서관 자료 미비상 제외하였다. 이것은 추후 보완할 예정으로 있다.

이 시기에는 영어사를 다룬 학위논문이 다른 분야에 비해 특히 두드러져서 19.5%나 되는 8편으로 짧은 기간에 비해 괄목할만한 발전을 보여 주고 있다. 이 분야에 대한 논문이 전혀 없었던 60/70년대, 그리고 60편중에 불과 6편(10%)에 지나지 않았던 80년대와 비교하면 한국의 영어학연구가 서서히 자리매김을 해나가고 있다는 느낌이 든다. 그러나, 한국의 영어학 연구는 아직 그 연구인력의 층이 두텁지 못한 약점을 지니고 있어서 영어학의 각 분야에 걸친 유능한 연구자의 양성이 매우 시급한 과제가 아닐 수 없다.

음성/음운분야와 의미/화용분야를 합친 논문의 수는 22편(53.6%)으로 70년대(3편:17.7%), 80년대(18편:30.0%)에 비해 많이 늘어났다. 이것은 이 분야를 연구한 국내외 소장 연구학자들의 수가 그만큼 많이 증가한데에도 원인이 있지만 80년대에 분야별 소학회 내지 소연구회가 활발해지면서 이들 분야에 대한 이론적인 연구가 학위논문으로 연결된 것이 더 중요하게 작용한 것으로 생각된다. 언어이론 분야는 예상과는 달리, 80년대와 비교해보면 그 수가 크게 줄어들었다. *Syntactic Structures*(1957)가 출간된 시점에서 1990년경까지를 대체로 '생성이론의 시대'라고 할 수 있는데, 30여 년이란 긴 기간 동안 이 이론에 관한 많은 논쟁이 있어왔고 수많은 이론이 제기, 수정, 폐기되거나 새로운 이론이 등장하면서 국내에서도 빠르게 변화하는 생성이론을 언어학회를 통해 소개하거나, 해설하여 왔다. 따라서, 변화하는 생성이론을 좇아 학위논문을 써야하는 연구자들은 영어학 본래의 영역인 영어자료에 생성이론을 적용, 분석한 논문을 쓰기보다는 주로 한국어에 언어이론을 적용하거나 한국어와 영어를 비교, 분석하는 부류의 논문을 쓰는 경향을 띠었는데, 이것이 이 시기에 나타난 두드러진 특징이었다.

한편으로 이 시기는 급변하는 생성이론에 대한 회의와 반성이 학계에 팽배하던 때이기도 했다. 80년대에 나온 음성/음운, 의미/화용 및 언어이론 분야의 학위논문 상당수가 언어학 또는 국어학의 영역을 다룬 논문의 성격을 띠었다고 해도 과언이 아니다. 이것이 한국의 영어학 발전에 어느 정도 부정적인 영향을 끼친 것은 사실이다. 90년대 초에 들어오면서 학회에서는 영문학분야 뿐만 아니라 영어학의 각 하위 분야를 활성화시키기 위한 소학회의 창립을 적극 권장하였는데, 이 때 창립된 것이 전통영문법학회와 영어사학회였다. 전자는 주로 전통 영문법의 여러 분야를 연구하는 모임인데 반하여, 후자는 고대/중세영어를 비롯하여 음성/음운, 어휘/형태, 통사/의미, 화용, 방언, 문헌연구, 영어사 등 영어학의 여러 분야를 연구하는 학회로 발돋움하였다.

다음으로, 90년대 후반 5년 동안(93-98)에 나온 학위논문은 무려 178편이나 되는데, 이들을 다시 주제별로 분류해보면 <표-5>와 같다.

<표-5>

음성 / 음운	12.3	영어교육	7.8
의미 / 화용	14.6	영어사	3.9
언어이론	28.0	기타(영한대조, 언어습득, 교과서 분석, 영어독해 등)	15.7
문법	16.2		

90년대 중반 이후 5년 동안 나타난 두드러진 특징은 90년대 초반 3년 동안에 나온 학위논문의 수보다 4배 이상이 되는 논문이 쏟아져 나왔다는 점이다. 특히, 촘스키 언어이론에 의한 학위 논문이 전체 논문의 28%를 차지하는 50편으로 여전히 강세를 보이고 있다는 점과 영어학 연구와는 다소 거리가 먼 영어 학습이나 언어습득, 영어독해, 의사소통능력의 신장 등과 같은 영어교육과 연계되는 학위논문이 28편(15.7%)을 차지하고 있다는 점이 눈에 띠는 현상이다. 이 시기에는 영문법의 여러 분야에 대한 연구와 관련한 논문이 90년대 초에 비해 두 배의 신장을 보여 주고 있는데, 이것은 한국의 영어학계의 발전을 위해 매우 바람직한 일이 아닐 수 없다. 언어이론을 다룬 논문이 90년대 중반 이후에도 가장 큰 비중을 차지하고 있는 것은 앞으로 영어학계가 해결해야 할 가장 큰 과제이다. 영어학의 영역에 관련된 연구가 더욱 발전할 수 있기 위해서는 이들 분야의 유능한 젊은 연구자들이 많이 배출되어야 할 것이다.

조성식교수(1995:151-174)는 '한국의 영어학:그 과거와 미래'라는 글에서 한국 영어학계의 반성을 촉구하면서 다음과 같이 말하고 있다.

> " . . . 도도히 흘렀던 생성문법의 흐름이 주춤하면서 한국의 영어학은 과거를 성찰하고 미래를 설계하는 중요한 길목에 서게 되었다. 광복으로부터 어언 50년, 그동안 한국의 영어학은 무엇을 산출하였으며 어떤 공적을 쌓아 올렸는지 겸허하게 자성하여야 하겠다. 단적으로 말하자면, 우리 영어학계는 50년이란 오랜 세월 동안 커다란 업적을 이룩하지 못했다는 자책을 금할 수 없다. . ."

한국 영어영문학회 학술발표회 발표논문 분석

이 절에서는 1974-2000년까지 26년 동안 한국 영어영문학회(이하 학회로 약칭)가 봄/가을로 주최한 학술발표회에서 발표된 어학 논문 중에서 영어학 관련 논문을 주제별로 비교, 분석하고자 한다.[18] 우선, 이 시기에 발표된 어학 논문은 모두 276편에 이르고 있는데, 이들을 년도 별로 나타내 보이면 <표-6>과 같다.[19]

<표-6>

년대	발표논문 수
1970년대	54
1980년대	95
1990년대	123
2000년대	4

70년대(74-79)는 6년 동안 발표된 논문이 54편, 80년대는 95편, 90년대(91-99)는 123편, 그리고 2000년 가을호까지 나온 논문은 4편이다. 1974년 이전까지 어학 논문을 발표할 수 있었던 한국의 학술단체는 한국영어영문학회와 한국영어교육학회의 두 곳뿐이었는데, 후자는 주로 영어교육과 관련된 논문이 발표되는 곳이었기 때문에 여기서는 제외하였다. 그 반면, 전자는 영어교육을 포함하여 다양한 주

18 1980년 봄에는 79년 사태로 학회의 학술발표회가 없었으며, 94년 가을은 국제회의 관계로 학술발표회를 갖지 못하였다.

19 1993년 이후 2000년까지는 학회지「영어영문학」에 발표된 영어학 관련 논문 편수를 추가하여 통계로 처리하였다. 이 기간에 학술 발표논문 가운데 영어학 연구와 교육에 관한 세미나는 없었다.

제의 어학 논문이 발표되었다.[20] 학회에서 발표된 어학 관련 논문의 주제는 '음성학'에서 '언어이론과 문학'에 이르기까지 무려 27가지나 된다.[21] 여기에는 언어학의 주변 학문인 사회언어학, 심리언어학, 응용언어학에 관련된 논문을 비롯하여 영어학과는 무관한 촘스키 문법, GPSG, 텍스트문법, 기능문법이 있는가 하면, 의미론, 화용론, 유형론처럼 언어학의 영역에 속하는 논문도 포함되어 있다. 의미/화용론 분야의 논문은 대부분 대상언어가 영어 이외의 다른 언어(예:한국어)와 영어를 비교, 분석한 논문이었다. 그런가 하면, 언어학과 과학이론, 이론과 문학, 언어학과 인류학처럼 영어학과는 완전히 동떨어진 주제를 학회에서 다룬 논문도 있었다. 따라서, 영어학과 무관하거나 또는 별로 관련이 없는 논문의 주제는 제외하고 어느 정도 영어학과 관련되는 주제를 선별하여 통계를 낸 결과, <표-7>에서처럼 276편의 논문이 주제별로 분류되기에 이르렀다.

20 이 부분을 분석하기 위한 자료로 이용한 1974-2000년까지 학회에서 나온 학술발표회 일정을 꼼꼼히 찾아서 빠짐없이 복사해준 학회 홍휘숙간사께 사의를 표한다. 이 일정을 보면 26년간 한국 영어학 연구의 발전과정을 짐작할 수 있고, 학회를 통해 드러난 영어학 전반에 걸친 연구의 취약성을 한눈에 알아볼 수 있게 된다.

21 필자가 조사한 27개의 주제를 열거하면 다음과 같다. 음성학, 촘스키문법, 고대영어, 의미론, 품사론, 한영대조, 화용론, 문법론, 음운론, 사회언어학, 언어학과 과학이론, 교수법, 심리언어학, 영어일반, 응용언어학, 언어학과 교육, 텍스트문법, 언 어학과 인류학, 영어교육, 영어사, 유형론, 기능문법, 교양영어교육, 흑인영어, 언어 이론과 영어학, GPSG, 언어이론과 문학.

<표-7>

음성 / 음운	50	18.1
의미 / 화용	45	16.3
언어이론	73	26.4
문법	35	12.6
영어교육	24	8.6
영어사	30	10.8
기타	19	6.8

<표-7>에서 알 수 있듯이, 음성/음운, 의미/화용, 언어이론의 세 분야에서 발표된 논문은 모두 204편인데, 이것은 전체 논문의 73.9%를 차지하고 있다. 그런데, 이들 세 분야에서 한국어를 자료로 한 논문은 제외하고 순수 영어를 자료로 하여 발표한 영어학 관련논문은 64편으로 38.1%에 지나지 않는다. 학회에서 봄/가을 두 번에 걸쳐 발행한 학술발표회 일정에 의하면, 70년대인 1974-1979년에 발표된 논문 가운데 음성/음운 분야의 논문은 불과 2편에 지나지 않았고, 의미/화용 분야는 발표논문이 전혀 없었다. 80년대(1980-1989)의 경우, 영어학 관련 발표논문은 음성/음운 분야가 4편, 의미/화용 분야는 7편에 지나지 않았다. 90년대로 들어오면, 음성/음운 분야가 12편, 의미/화용 분야가 3편에 머물러 있다. 따라서, 26년 동안 학회의 학술 발표회에서 발표된 논문 가운데 음성/음운 분야는 18편, 의미/화용 분야는 10편으로 모두 28편 정도가 영어학과 관련된 논문으로, 이것은 이 두 분야의 전체 논문 129편에 비해 21.7%에 지나지 않는다. 그러므로,

이 두 분야에서 영어학관련 논문 28편과 문법 및 영어사 분야를 합친 논문 78편이 26년동안 학회의 봄/가을 학술발표회에서 발표된 논문으로 전체 어학논문 276편과 비교할 때 28.2%에 해당하는데, 이것이 곧 한국 영어학 연구의 현주소라고 해도 지나친 말은 아닐 것이다. 한국의 영어학이 영어학 본래의 영역을 벗어나서 영어학과는 무관한 국어학이나 또는 언어학의 범주, 그리고 언어학과 인접한 학문 연구에 지나치게 많은 시간과 노력을 경주해왔다는 것은 지금까지의 통계에서도 어느 정도 확인해볼 수 있다. 특히, 언어이론과 관련된 발표 논문이 다른 분야에 비해 가장 많은 73편으로 26.4%나 차지한 것은 무엇보다도 한국 대학 영어영문학과에서 영어학 연구보다는 언어이론, 특히 생성이론의 도입과 이 이론의 한국어 자료에의 적용이 연구의 커다란 관심사였던 만큼, 70년대 중반 이후 80년대를 지나는 동안의 한국 영어학계의 전반적인 연구 풍토가 어떠했으리라는 것은 짐작하고도 남음이 있다.

1974년 학회의 봄/가을 학술발표회 일정을 보면 "Pre-Suppositions: Logical vs. Pragmatic(이정민)", "Mirror Image Convention의 再考(양동휘)", "Interpretive Semantics(박병수)", "과학이론의 발전과 언어학의 과학화(김재민)", "이동범위제약과 복원가능성에 관하여(김한곤)" 등 영어학과 무관한 논문이 어학관련 전체 발표 논문(13편)중 9편으로 69.2%를 차지하고 있는 사실을 보더라도 이 시기의 학계의 분위기를 파악하는데 어렵지 않다. 이런 현상은 70년대 후반으로 갈수록 더욱 심화되어 1975년에는 어학관련 전체발표논문 5편 가운데 영어학 관련 논문은 단 1편(김석산, '고대영어 수사에 나타난 중세영어 주석의 재검토')으로 20%에 지나지 않았으며, 1976년에는 어학 관련 발표 논문이 봄/가을 모두 합쳐 단 2편으로, 영어학 관련 논문은 한 편도 없었다. 1979년에 나온 학회의 학술발표회 일정을 보면 어학분과에서 발표된 10편의 발표논문 가운데 영어학과 관련된 논문은 "영어사에 있어서의 어휘차용(김인숙)", "현재완료형의 연구(이기동)", "자음 r과 l 의 역사적 고찰(김석산)", "Any의 의미와 용법(이기용)" 등 4편으로 40%를 차지하고 있으며, 그 밖의 다른 논문은 언어학 또는 비교언어학 관련 논문이다.[22]

따라서, 한국의 70년대는 영어학연구사로 볼 때 앞에서 언급한 '발아기'에 해당하는 시기라고 볼 수 있고, 80년대는 생성이론과 같은 순수 언어이론과 비교언어학(예:한국어/영어의 비교분석)연구의 틈바구니에서 영어학연구의 올바른 방향설정을 위해 몸부림치던 '격동기'라고 볼 수 있으며, 90년대는 한국 영어학의 정립과 영어학의 새로운 인식을 위한 '약진기躍進期'가 되는 중요한 시기라고 말할 수 있겠다.

22 이러한 현상은 1975년 10월에 창립된 한국언어학회의 활동으로 한국어를 포함한 언어학 전반에 관한 연구가 더욱 활기를 띠면서 영어학에 대한 학계의 관심과 연구 의욕이 이와 반비례하여 감소한 것과 그 맥을 같이 한다. 참고로, 한국언어학회의 창간호(제1권 1호, 1976)에 실린 논문 14편중 한국어를 자료로 하여 분석한 논문은 10편(71.4%)으로 가장 많고, 에스키모어를 다룬 논문이 1편(7.1%), 그 밖의 논문이 3편이다.

외국에서 취득한 박사학위 논문 분석

이 자료는 한국 학술진흥재단에서 발간한 외국 박사학위논문 초록집(1945-1994)과 외국 박사학위논문초록 데이타베이스를 근거로 하여 해방이후 1994년(10월 31일)까지 국내 학자로 외국대학에서 취득한 인문사회과학분야 박사학위논문 1096편중 영어학 관련 박사학위논문 68편을 분석한 것이다.[23]

해방 이후 1994년까지 49년동안 외국(미국, 유럽 등)에서 취득한 국내 학자들의 어학관련 박사학위논문 68편을 주제별로 비교, 분석해 보면 <표-8>과 같다. <표> 안의 숫자는 논문 편수를 나타낸다.

<표-8>

음성 / 음운	12
의미 / 화용	9
언어이론	27
문법	6
영어교육	9
영어사	2
기타	2

우선, 음성/음운 분야의 논문 12편중에서 영어학 관련 논문은 오직 2편(16.7%)에 불과하며, 의미/화용분야의 논문 9편 가운데 영어학 관련 논문은 단 1편(11.1%)밖에 없다. 언어이론 분야의 논문은 외국에

23 이 자료에서 빠진 부분은 영미어문학논저목록(한국영어영문학회편, 1985)과 영어학관련 논문색인집(도서출판 금문, 1994)에서 보충하였다.

서 취득한 논문 중 가장 많은 27편(39.7%)을 차지하고 있는데, 이 가운데에서 사회언어학 이론을 14세기 중세영어 문헌에 적용하여 분석한 논문이 유일한 영어학 관련 논문이다. 언어이론 분야는 촘스키 이론을 비롯하여 몬태규 문법이론, 격문법이론, 기능문법 이론 등의 언어이론을 한국어 자료에 적용하여 이를 분석한 학위논문이 대부분을 차지하고 있는데, 이것은 국어학 또는 언어학의 범주에 속하는 논문으로, 영어학과는 무관하다.[24] 한국의 영어영문학과 교수나 또는 영어영문학과 대학원을 수료한 이들이 외국에서 한국어를 대상언어로 하여 위에 열거한 언어이론을 적용, 분석한 학위논문은 70-80년대에 홍수를 이루었고, 90년대에 들어와서는 그 수가 현저히 줄어들었다. 특히, 미국으로 유학한 국내 영어(영문학)과 교수들의 학위논문 대부분이 이러한 현상을 나타냈는데, 이것은 당시 유행하던 언어이론의 영향에 힘입은 바 크다.

위에 언급한 세 분야 이외에 문법, 영어사 분야는 영어학의 분야를 다룬 논문들로서, 이론의 여지가 없다. 영어교육 분야를 다룬 논문은 대부분 영어와 한국어를 비교, 분석하고 있는데, 그 영역도 교수법, 독본, 회화, 작문, 대화, 교과서분석, 발음지도, 문화, 영어청취력평가 등으로 다양하게 분포되어있다.

24 한국학술재단에서 발간한 초록집에도 한국어를 자료로 하여 언어이론을 적용, 분석한 논문은 <비교언어학>이란 항목에 포함시켜 따로 분류하고 있다. Case Marking in Korean은 [한국어 문법] 항목에 넣어 분류한 것이 그 예다.

한국영어사학회 게재 논문 분석

한국영어사학회는 한국영어영문학회와 함께 한국 영어학연구와 교육에 힘써 온 학회이다. 창립 이후 7년 동안 학회지인「영어사」(1-9호)에 게재된 논문은 모두 75편인데, 이 숫자는 지난 26년 동안 한국영어영문학회에서 발표된 순수 영어학 관련 논문의 수(64)보다도 많은 숫자이다. 이들 논문을 분석한 <표-9>를 살펴보면 영어학의 각 연구 분야가 대체로 망라되어 있음을 알 수 있다.

<표-9>

분야	편수	비율(%)	분야	편수	비율(%)
게르만어학	1	1.3	초/후기 현대영어	2	2.6
음성/음운	12	16.0	언어/통사변화	2	2.6
작가(초서, 말로리 등)	3	4.0	영어사전연구	2	2.6
언어이론	1	1.3	라틴어·희랍어	2	2.6
corpus 연구	1	1.3	영어사교육/연구	5	6.6
영문법	23	30.6	언어접촉	1	1.3
고/중세 영어	20	26.6			

위의 <표-9>에서는 영문법 분야(30.6%)와 고대/중세영어 분야(26.6%)의 두 분야를 합친 논문의 수(53편)가 전체 논문의 70.6%의 큰 비중을 차지하고 있다. 이들 분야 이외에도 영어학 분야에 속하는 사전학, 자료(문헌) 연구, 작가(초서, 말로리, 셰익스피어 등)의 작품의 언어학적 해석, 게르만어학 등, 국내 박사학위 논문이나 지금까지 한국영어영문학회의 발표논문에서 찾아볼 수 없는 새로운 논문들이 발

표되었다. 위에 분석한 항목에서는 의미/화용론이나 언어이론에 관한 논문은 거의 찾아볼 수 없다. 이 학회의 성격이 영어학, 영어사 연구와 교육을 주 목적으로 하여 만들어진 것이 주요 원인이기도 하나, 그보다는 영어학 영역이 아닌 순수 언어학에 관련된 논문은 한국언어학회나 또는 그 산하에 있는 전문 소학회의 학회지를 통해 발표할 수 있기 때문인 것으로 생각된다.

지금까지 이 논문에서 살펴본 여러 통계에서도 알 수 있듯이, 해방 이후 2000년까지 거의 사반세기가 지나는 동안에 한국의 영어학 연구와 교육은 수치상으로는 상당한 발전을 해 온 것이 사실이다. 그러나, 실제로는 국어학이나 언어학 연구의 눈부신 발전과 비교해 볼 때 영어학의 체계 정립이 제대로 이루어졌다고는 아직 자신있게 말할 수 없다. 산발적이고 단편적인 논문으로는 한국의 영어학을 체계적으로 정립시키기에 별로 큰 도움이 되지 않기 때문이다.

그러면, 한국의 영어학이 제대로 결실을 맺기 위해서는 어떻게 해야할 것인가? 영어학연구의 체계화를 실현하는데 있어 무엇이 문제인가를 우선 생각해 보아야 하겠다. 제3절에서는 이러한 문제점을 먼저 정리해 보고자 한다.

3. 영어학 연구와 교육의 문제점

지금까지 우리는 한국 영어영문학과 교과과정의 운용 및 편제를 검토하였고 학위논문 및 영어학 관련 학회 발표논문과 학회지 게재 논문에 나타난 영어학의 전 영역에 걸쳐 수량적 통계 분석을 시도해 보았다. 이 분석을 통해 대략적이나마 드러난 한국 영어학 연구와 교육의 문제점을 필자 나름대로 몇 가지만 정리해 보면 다음과 같다.

첫째, 대학 영어영문학과의 교과과정에 나와 있는 순수 영어학 교과목과 교양과목으로서의 어학과목을 혼동하여서는 안되겠다. 영어회화, 영어 작문, 실용영어, 어학실습 등은 도구과목으로서의 교양에 속하는 것으로서 영어학과는 엄연히 구분되어야 할 것이다. 영어학 전공교수의 수가 많은 것은 이들 어학 교과목을 담당한 교수를 포함시키고 있기 때문이다. 또한, 97년 이후에 상당수의 대학이 학부제로 전환하면서 일부 대학에서는 영어학 교과목의 수가 축소되거나 폐지되는 일이 나타난 것은 영어학 연구와 교육을 위해 매우 우려할만한 일이 아닐 수 없다.

둘째, 지금까지 한국의 영어학연구는 영어학 그 자체를 연구하기보다는 국어학 또는 언어학(언어이론)을 연구하는 방향으로 진행되어 왔다. 한국 박사학위논문 통계자료에서도 드러나 있듯이, 어학논문은 70년대 이후 꾸준히 증가하는 추세를 보여 왔으나, 영어학 관련 논문은 70년대에 23.5%, 80년대에 38.3%, 그리고 90년대는 26.9%에 지나지 않았다. 이에 비해 한국어를 자료로 하여 음성/음운에서 문법

이론, 의미/화용 분야에 이르기까지 국어학 또는 언어학의 성격을 띤 논문은 70년대에 47.1%, 80년대에 47.7%, 그리고 90년대는 70.7%를 차지하여 괄목할만한 발전을 이루었다. 한편, 학회에서의 발표논문을 보면, 70-90년대(2000년 포함)을 통해 발표된 전체 논문 276편가운데 영어학 관련 논문은 고작 115편(41.6%)에 지나지 않았다. 그리고, 외국에서 취득한 박사학위 논문 68편 가운데 순수 영어학 관련 논문은 15편(22.1%)에 불과하였다.

셋째, 영어학연구에 필요한 문헌/자료(고대, 중세, 초기현대영어문헌)의 절대적인 빈곤과 이 분야에 대한 연구방법론의 미비가 영어학 연구인력의 저변확대를 가져오지 못했다는 점이다. 필자가 알고 있는 한, 국내에는 가령, Early English Text Society(EETS로 약칭)에서 발간한 영어의 옛 문헌을 모두 소장하고 있는 대학 도서관이 거의 없다. 그 뿐만 아니라, 고대/중세영어 문헌이나 초기현대영어 문헌을 지도하기 위한 교과과정이 제대로 갖추어져 있는 국내 대학 영어영문학과도 별로 많지 않다. 이러한 상황이 해방 후 오늘에 이르기까지 지속되어 오는 동안 영어학의 각 분야에서 학문적으로 체계를 세워 지도할 수 있는 학자층의 빈곤을 초래하게 된 것이다.

넷째, 서구언어이론의 무분별한 수용과 몰이해가 영어학 연구를 무관심 내지는 소홀히 다루게 된 것도 그 원인이 된다. 서구 언어이론은 50년대 중반이후 등장한 촘스키의 생성이론이 국내 논문의 80%를 상회하고 있고, 그밖의 이론이 20% 내외를 차지하고 있는 실정이다. 영어학연구의 대상은 영어인데도 불구하고 영어 이외의 한국어나 다른 언어를 대상으로 하여 이들 언어에 언어이론을 적용하여 분석하는 경향은 앞의 통계에서도 지적한 바 있다. 다양한 영어자료(고대/중세영어문헌, 초기 현대영어문헌 등)에 언어이론의 적용가능성을 모색한 Lightfoot(1979)나, Allen(1980)의 논문은 이런 점에서 한국의 경우와 큰 대조를 이루고 있다고 말할 수 있다.

다섯째, 영어학의 각 하위분야가 골고루 연구되어 있지 않다는 점을 지적하여야겠다. 영어학은 음성/음운, 어휘/형태, 문법, 의미/화용, 방언, 정자법, 사전학, 문헌(자료)연구, 지명연구 등, 여러 하위 분야로 나누어지는데, 통계에 나타난 박사학위 논문의 예를 들어보면 70년대는 문법과 언어이론에 치중하였고(7편), 80년대는 이러한 경향이 더욱 심화되었으며(30편), 90년대에 들어와서 비로소 문법/언어이론(10편)이외에 음운, 의미/화용 분야로 점차 관심의 폭을 넓혀가고 있다. 그러나, 영어학의 다른 중요한 영역은 아직도 미개척지로 남아있다.

여섯째, 영어학을 발전시킬 수 있는 본격적인 전문서적의 미비를 들 수 있다. 언어학을 다룬 서적은 범람하고 있는 반면, 고대영어 하나도 제대로 해설해놓은 기본서조차 나와 있지 않는 실정이다. 초기 현대영어로 쓰여진 셰익스피어의 작품은 철자나 발음이 현대영어와 가까우면서도 다르기 때문에 셰익스피어의 작품을 초기현대영어 발음으로 읽어나가는 일은 작품을 이해하는데 때로는 매우 중요하다. 그러나, 이 분야의 연구서가 없기 때문에 현대영어로 번역된 작품을 읽고 설명하지 않을 수 없게 된다.[25] 영어학의 각 하위 영역을 다룬

25 조성식교수(1995:172)는 이에 관해 다음과 같이 말하고 있다. "... 고대영어에 나

수준 높은 연구서의 출현은 영어학을 발전시키는데 있어서 매우 중요한 동인動因이 되는데, 국내에는 국어 방언학 연구서는 나와 있으나, 영어 방언학은 아직 연구조차 되어있지 않다. 영어사는 언어이론을 전공하는 교수나, 일반음운론이나 교수법을 전공한 교수도, 심지어는 영문학을 전공한 교수도 가르치는 과목(이른바 'everybody's subject')으로 인식되고 있는 것이 현실이다.

일곱째, 그동안 언어학과 영어학의 관계설정이 애매했다는 점이다. 일반언어학이 인간이 지닌 언어능력의 본질을 연구하는 것이 궁극적인 목표라고 한다면, 개별언어학인 영어학은 영어라는 개별언어 자체를 분석의 대상언어로 하여 영어의 여러 현상에 대한 공시/통시적인 관점에서의 규명이 그 일차 목표가 될 것이다. 따라서, 언어학의 하위 영역(음성/음운, 문법, 의미/화용 등)을 다룬 이론은 영어학의 모든 분야를 균형있게 연구하기 위한 초석이 되는 것은 틀림없지만, 언어이론 그 자체를 연구하는 일은 영어학연구에 별 도움이 되지 않는다. 영어학은 연구의 필요에 따라 언어학 분야에서 연구되고 있는 적절한 언어이론을 영어자료에 적용하여 그 타당성을 입증할 수 있기만 하면 되는 것이다. 가령, 영어의 관계절을 연구한다고 할 때, 영어학에서 할 수 있는 일은 공시/통시의 두 가지 측면 가운데 어느 한

오는 소박한 Anglo-Saxon의 정서를 음미해야 고대영어가 풍기는 언어적 성격을 감지할 수 있을 것이고, Chaucer의 Canterbury Tales에 나타나는 해학과 유머를 체험하지 않고서는 중세영어의 진수를 파악하지 못할 것이다. 같은 맥락에서 Shakespeare의 작품을 경험하지 않고서 어떻게 영문학을 이해하고 초기현대영어의 특색을 파악할 수 있을 것인가?"

쪽을 다룰 것인가 하는 것과, 어느 언어이론이 영어자료에 적용되었을 때 설명적 타당성을 지닐 수 있는가 하는 것이다. 이것을 염두에 두고 '관계절'에 대한 각 전공 학문별 영역을 구분해 보면 다음과 같이 될 것이다.

(1) 영어학의 연구 영역
15세기 영어 문헌에 나타난 관계절 분석: Government & Bindng (GB) Approach
(영어 자료에 언어이론을 적용한 논문)

(2) 언어학의 연구 영역
관계절의 GB 이론적 분석
(관계절 데이터가 영어가 아닌 경우는 언어학 분야가 됨)

(3) 한국어/영어 비교언어학의 연구 영역
Relative clauses in English and Korean: Government & Binding Approach
(한국어와 영어의 관계절을 비교분석한 논문)

4. 결론: 전망과 제언 - 21세기에 대비한 영어학연구와 교육을 위하여

지금까지 우리는 해방후 1998년까지 국내 박사학위 취득논문과 1974-2000년까지 한국 영어영문학회의 학술발표회에서 발표된 논문, 그리고 해방후 1994년까지 외국에서 취득한 박사학위 논문 그리고 1995-2000년까지 한국영어사학회의 학회지에 게재된 논문 가운데 영어학 관련 논문을 분야별로 나누어 비교, 분석해 봄으로써 한국의 영어학이 해방 후 지금까지 어떻게 연구, 발전하여 왔는가를 수량적으로 검토하였으며, 통계를 통해 드러난 몇 가지 문제점을 지적하였다. 이 논문에서 지적한 것들은 한국의 영어학이 안고 있는 많은 문제점 가운데 극히 일부분에 지나지 않는다. 90년대로 들어 오면서 국내 학계에도 영어학 관련 박사학위 논문이 나오고 있고, 영어사학회를 중심으로 영어학연구가 활발하게 진행되고 있을 뿐만 아니라 일본, 미국, 유럽의 학자들과도 학문적인 교류가 이루어져가고 있는 것은 한국 영어학 발전을 위해 매우 다행스러운 일이 아닐 수 없다.

한국의 영어학이 앞으로 더욱 발전해 나갈 수 있기 위해서는 무엇을 해야 할 것인가? 이에 대한 몇 가지 대안代案을 제시한다.

첫째, 영어학 연구의 대상은 어디까지나 영어 그 자체가 되어야 한다는 점이다. 그것이 고대영어이건, 현대영어이건 간에 영어를 대상언어로 하여 영어학의 각 세부 영역에 대한 연구가 깊이 있고 폭넓게 이루어져야 한다. 한국어를 자료로 한 분석은 국어학이나 언어학을 전공한 이들이 할 일이지 영어(영문)학과 교수가 할 일이 아닌 것이다. 한국어의 중주어重主語 구문을 자료로 하여 언어이론을 적용, 분석한 논문은 국어학(또는 언어학)의 영역에 속하는 일일 터인데, 이러한 작업이 영어학자의 고유한 영역이 아님은 자명하다고 하겠다.

둘째, 분석의 대상이 되는 영어 문헌이나 자료를 풍부하게 갖추고 있어야 할 것이다. 이러한 일은 물론 개인으로서는 엄두도 내지 못하는 일이며 EETS에서 발간한 방대한 장서를 포함하여 영어의 옛 문헌자료가 대학 도서관에 풍부하게 비치되어 있어야 할 것이다. 그러나, 다행히도 최근에는 고대영어문헌에서 현대영어문헌에 이르기까지 방대한 양의 자료가 한 장의 CD- ROM에 넣어 연구자에게 배포되고 있기 때문에 연구실에 앉아서도 찾고자하는 자료를 손쉽게 활용할 수 있게 되었다. 그 좋은 예가 Norway Computing Centre에서 만든 Helsinki Corpus of English Texts이다. Beowulf나 Chaucer의 전 작품 또는 고/중세영어 시기의 중요 문헌이 오늘날에는 CD- ROM으로 속속 만들어지고 있어서 이제 영어의 옛 문헌에 접하는 일도 매우 용이해져서 영어학을 연구하는 연구자의 자료이용 한계도 그만큼 수월해져가고 있다. 따라서, 영어학을 연구하는 이들은 이러한 정보를 신속하게 입수하여 전공 분야에 최대한 활용할 필요가 있다. 이러한 정보와 자료가 갖추어져 있지 않다면, 결국 깊이 있는 연구는 기대하기 어려울 것이다.

셋째, 영어학의 각 영역에 대한 체계적인 연구가 필요하다. 영어학의 핵심을 이루는 분야는 문법 분야로, 지금까지는 이 분야에 대한 연구만이 집중적으로 이루어져 왔으나, 외국의 경우처럼 음성/음운, 어휘/사전, 의미/화용, 문법/통사, 문헌연구, 방언/지명, 차용어 등의 분야도 공시/통시적으로 심도있게 다루어져야 할 것이다. 비근한 예로, 1994년 영국 Edinburgh에서 열린 역사영어학 국제학술대회에서 발표된 논문을 보면 음성/음운분야가 4편, 문법분야가 24편, 방언이 3편, 의미/화용분야가 3편, 사전/문헌연구가 6편, 정자/철자연구가 3편, 어휘/형태분야가 7편, 언어변화/사회언어학이 5편, 기타 1편으로 모두 56편이다. 문법분야가 42.9%로 가장 많기는 하나, 어느 한 쪽에 치중되지 않고 고대영어에서 현대영어에 이르기까지 영어학의 각 분야가 골고루 연구된 것을 알 수 있다.

넷째, 영어영문학과에서 영어학 전공 교수의 수를 늘리는 일이다. 언어학을 전공한 교수가 영어학을 연구하고 가르치지 말라는 법은 없다. 그러나, 최근 4-5년 사이에 외국에서 순수 영어학으로 학위를 마치고 귀국한 젊은 학자들의 수가 많이 늘어난 것이 사실이다. 이들이야말로 영어영문학과에서 영어학을 연구하고 교육할 수 있는 최적의 자질을 갖춘 사람들이다. 이들이 외국에서 체득한 영어학 연구가 국내에서 활성화될 수 있는 여건을 마련해 주는 것은 영어학 발전을 위해서도 매우 필요한 일이 될 것이다.

다섯째, 영어학과 관련된 전공 서적의 출간이 시급하다. 영문법서도 Jespersen의 문법과 같은 전통 영문법에 대한 소개와 해설에서 Greenbaum & Quirk의 영문법서에 이르기까지 특색있는 문법서의 출간도 필요하다. 영어음성학, 영어사는 영어학의 영역 가운데 가장 많이 나와 있는 전공서적이기는 하나, 고대영어, 중세영어, 초서(말로리 등) 연구, Shakespeare 연구, 초기현대영어 연구, 영어방언 연구, 사전 연구, 어휘차용, 정자법/철자의 연구, 루운(runes) 연구 등, 영어학의 각 분야를 이해하는데 필요한 학문적이고 깊이있는 분야별 연구서가 출간되므로써 이 분야에 대한 후속세대 연구자들의 관심과 흥미를 갖도록 적극 유도해야 할 것이다.

여섯째, 영어학 연구의 세계화, 선진화를 이룩하는 일이다. 이를 위해서는 일본, 미국, 유럽의 학자들과 학문적인 교류, 영어학 국제학회의 참석, 논문교류 및 토론, 초청 및 특강 등, 여러 방법을 통해 영어학 연구방법론을 터득하면서 최신 언어이론을 영어 자료에 적용, 그 타당성 여부를 끊임없이 입증해 나가는 작업이 절실한 때이다. 영어학을 제대로 연구하기 위해서는 영어의 옛 문헌(고대/중세영어 문헌)에 대한 해박한 지식을 갖추고 있어야 하며 이 분야에 대한 교육과 연구 또한 게을리해서는 안될 것이다.

이와 같은 제반 사항이 개선되고 문자 그대로 영어학을 전공하는 풍토가 한국 영어영문학과에 정착될 때 비로소 한국의 영어학은 그 연구의 폭과 깊이를 더해 가면서 해외의 역사영어학계와 나란히 성장하고 발전해 나갈 수 있게 될 것이다.

제11장

나의 애장서愛藏書

나는 대학을 졸업한 직후 교단에서 보낸 38년 동안(1972-2010) 연구와 강의로 바쁜 일상을 보내면서도 한편으로는 해외(호주, 영국, 및 캐나다)에서의 연구 생활을 통해 전공분야 연구의 지평地坪을 넓히고 전공 및 인접 분야의 해외 학자들과 학문적인 교류는 물론, 개인적인 친분을 쌓으면서 때로는 이들로부터 내가 좀처럼 구하기 힘든 귀한 서적을 증정받는 일까지 생기게 되었다.

내게 책을 증정한 이들은 일본 학자들이 대부분이었는데, 이것은 국내 영어사학회를 통해 초청한 일본 학자들뿐만 아니라 내가 일본에서 만나 20년 가까이 교분을 쌓은 그들의 동양적인 심성心性이나 정서가 유럽의 학자들과는 상당히 다른 데가 있지 않았나 생각한다. 해외에서 열린 학술대회에 참가하면서 내가 애써 구입한 전공 분야의 희귀한 서적들도 나의 연구에 큰 도움이 되었으며 여전히 내 서재의 한 모퉁이를 차지하고 있다. 여기서는 내가 소장하고 있는 장서 가운데 나의 강의와 연구에 많은 도움을 주었거나 참고가 된 일부 귀한 장서를 다음에 간단히 소개하려고 한다.

1. J. Bosworth, *A Dictionary of Anglo-Saxon Language*. London: 1838.(초판본)

나의 전공분야인 고대영어사 연구에 필수인 이 사전은 2006년(12월 19일)에 도쿄대 명예교수인 요시오 테라사와 교수에게서 선물로 받은 고대영어사전 초판본이다. 요시오 교수 가족과 나와의 교분에 대해서는 제6장에서 이미 서술했으므로 여기서는 자세하게 설명하지 않겠다. 요시오 교수는 영어 어휘연구의 권위자이며 성서에 나오는 표현과 어원 연구에도 오랫동안 천착해 온 원로 학자이다. 그는 내가 일본의 중세영어 관련 학회에 초청을 받고 논문발표를 할 때마다 노구老軀에도 불구하고 빠짐없이 참석하여 경청해 주는 수고를 아끼지 않은 분이었다. 이 사전의 특징은 표제어가 시작되기 이전에 앵글로색슨어의 계보에서 어원의 중요성과 앵글로색슨 문법의 요체에 이르기까지 매우 상세한 설명이 방대한 분량을 차지하고 있다는 점이다. 나는 요시오 교수가 내게 선물한 이 사전 이외에도 또 다른 앵글로색슨 사전을 보유하고 있다. 이 사전의 초판 편자인 보스워스Bosworth 교수가 사망한 60년 뒤 캠브리지대 크라이스트 칼리지의 펠로우인 톨러T. Northcote Toller가 보스워스 교수의 사전을 재편집하고 확장해서 편찬한 *An Anglo-Saxon Dictionary* (Oxford U. Press, 1898) 및 톨러가 편집, 확장한 753쪽의 보충판(초판 1921) 및 캠벨A. Campbell이 펴낸 초판 사전의 수정본, 그리고 톨러가 펴낸 보충판의 수정본과 교정본(초판 1972)을 소장하고 있는데, 여기에는 요시오 교수가 내게 선물로 준 사전의 초판(1938)과 달리, 방대한 분량의 앵글로색슨어의 계보와 매우 상세한 별도의 분량으로 서술한 앵글로색슨어 문법은 빠져 있다.

2. *The Cambridge History of the English Language*, Vols I-VI. Cambridge University Press, 1992-2001.

캠브리지대학 출판부가 펴낸 여섯 권의『캠브리지 영어사』는 내가 런던대학의 방문학자로 있던 당시 캠브리지대학에서 열린 5차 역사영어학 국제학술대회에 참가하던 당시, 이 책의 출판과 기획에 대해 편집 책임자였던 리차드 호그Richard Hogg 교수(만체스터대 영문과, 2007년 작고)가 편찬에 대한 상세한 설명을 함으로써 밝혀지게 되었고, 그 후 제1권의 초판(1992)이 나온 데 이어 2001년에는 제6권의 초판(2001)이 나오면서 전체 여섯 권의『캠브리지 영어사』출판작업이 마무리되었다. 각 권에는 해당 전공 분야의 학자들이 집필하였는데, 호그 교수를 비롯하여 블레이크Norman Blake(세필드대), 매티 리싸넨(헬싱키대), 카스토프스키(비엔나대, 작고), 로저 라스Roger Lass(케이프

타운대), 올가 휘셔(암스텔담대) 등, 내가 유럽의 여러 국제학술대회에서 만나 교분을 나눈 학자들 상당수가 집필에 참여하였다. 각 권은 *The Beginnings to 1066*(vol.1), 1066-1476(vol.2), 1476-1776(vol.3), 1776-1997(vol.4), *English in Britain and Overseas*(vol.5), 및 *English in North America*(vol.6)으로 구성되어 있다. 5-6권을 제외하고 4권은 시기별로 영어사의 각 영역별(어휘, 음성/음운, 어형, 통사, 의미, 지명, 정자법, 방언 등)로 나누어 학자들이 집필하고 있다. 5권에는 스코틀랜드와 웨일즈 및 아일랜드에서 쓰인 영어(1부), 오스트레일리아, 카리브해, 뉴질랜드, 남아프리카, 남아시아에서 쓰인 영어(2부)로 나누어져 있다. 6권에는 미국영어의 역사를 비롯하여 영미영어의 계속성과 다양성, 아메리카니즘, 속어, 방언, 캐나다영어, 뉴펀드랜드영어 등, 여러 분야가 망라되어 서술되어 있다. 따라서 『캠브리지영어사』는 영어사의 전 분야에 걸쳐 골고루 포함되어 있어서 영어사연구의 바이블이라고 해도 과언이 아닐 것이다.

3. 타카노부 오츠카(Takanobu Otsuka 大塚高信) Edited with notes, 『英語學讀本』(*Introductory Readings in English Linguistics*, 1967); 『英語文法論讀本』(*Readings in English Grammatical Theory: From Sweet to Chomsky*, 1971)

일본의 저명한 영어학자인 타카노부 교수가 편주編注한 이 두 권은 명문 출판사인 겐큐샤研究社에서 나온 것으로, 이 가운데 1967년에 나온『英語學讀本』은 대학의 영어학개론 텍스트로 편집한 것이다. 『英語學讀本』은 언어학의 여러 분야를 소개하고 영어의 역사를 간단히 다루면서 어휘와 음소 및 형태소, 직접구성성분의 개념 등, 주로 변형문법 이전의 언어분석에 대한 개념을 다룬 글들로 이루어져 있다.

『英語文法論讀本』은 앞에 소개한 독본의 자매편으로 헨리 스위트에서 노움 촘스키에 이르는 영어문법(이론)의 흐름을 논한 7편의 글을 소개하고 있다. 영어문법론 강의에서 흔히 다루는 스위트와 예스페르센, 잔드보르트R. W. Zandvoort, 블름필드와 같은 전통 및 구조문법가들의 글을 소개하고 스위트에서 촘스키에 이르는 영어문법의 흐름을 소개하는 내용으로 끝맺고 있다. 영문법사 강의로는 매우 훌륭한 텍스트라고 할 수 있다. 이들 텍스트가 나온 것은 60년대 말과 70년대 초였으며 일본에서는 이미 대학에서 영어문법의 기본적인 역사와 이론을 다루고 있었다고 볼 수 있다. 이 두 권의 텍스트는 상세한 주해註解가 붙어있는 것이 특징이라고 할 수 있다. 타카노부 교수는 위에 소개한 두 권의 텍스트 이외에『英文法論考: 批判 と 實踐』(研究社, 1938) 및『英語學論考』(研究社, 1949)라는 두 권의 저서를 펴냈는데, 전자는 초판 이후 17판을 거듭하였고 후자는 15판을 거듭하면서 일본 영어학 발전에 크게 기여하였다. 나는 이들 두 권도 모두 소장하고 있다. 한국에 「영어학」(English Linguistics)이란 생소한 학문이 도입되기 반세기 전, 일본은 이미 구미歐美의 「영어학」이란 학문을 대학 영문과에 도입, 연구하였고 그 결실이 학자들의 연구 결과로 나타나고 있던 때였다.

4. 市河三喜(Ichikawa Sanki) & 松浪 有,『古英語 • 中英語初步』(研究社, 1986).

산키 이치카와 교수는 일본 영어학의 제1인자로 그의 책임하에 일본의 유수한 영어학 교수들이 편집을 맡아 1940년에 내놓은『영어학사전』은 그 당시 영국이나 미국에서는 나오지 않은 상태였다. 한국에서는 조성식 교수의 책임편집하에 언어학과 영어학을 전공한 학자들의 편집으로 1990년 신아사에서 초판이 나왔다. 일본에 비해 반세기가 지난 뒤에 나온 셈이다. 덴마크어에도 유창한 이치카와 교수(1886-1970)는 일찍이 영국에 유학하여 영어영문학을 연구하였고 예스페르센의 자서전인『한 언어학자의 생애』(*A Linguist's Life*)에도 사진과 글이 소개될 정도로 예스페르센과 교류하면서 후에『언어: 그 본질, 발달 및 기원』(*Language: Its nature, development and origin*)(동경: 이와나미, 1927)을 공동 번역한 도쿄대 영문과(1916-46)의 교수였다. 그가 펴낸『古英語 • 中英語初步』(1955. 초판)는 후에 神戶大의 마쓰나미(松浪 有) 교수가 이치카와 교수가 펴낸 초판에 수정을 가하여 고/중세 영어를 배우는 초심자를 위해 상세한 문법 설명과 주해 및 용어 색인을 붙여서 1986년 겐큐샤에서 출판하였다. 선별한 문헌을 초보자가 고대 및 중세영어 발음으로도 읽을 수 있도록 일일이 발음기호를 표기해 놓은 점이 특징이다. 한국에서는 석박사 과정에서 충분히 활용할 수 있는 좋은 텍스트 가운데 하나이다.

5. Daniel Jones, *An Outline of English Phonetics.* ninth ed. Cambridge: W. Heffer & Sons Ltd. 1962. [초판 1918]

'런던대 음성언어학과의 명예교수로 있던 시기에 제9판을 펴낸 대니얼 존스 교수는 1918년에 영어음성학의 바이블이란 칭호를 얻은 『영어음성학개요』라는 책을 냈는데, 이 책에서 그는 독창적인 기본모음체계Cardinal Vowel System를 주창하였고 악보를 활용한 표준 영국영어 발음의 억양 패턴을 도입한 장본인이기도 하다. 표준 영국영어를 배우기 위해서는 존스 교수의 이 책을 정독하는 것이 필수적이다. 개별 음소에 대한 명쾌한 설명과 발성기관의 표시, 입술의 움직임 등, 다양한 방법을 활용하여 영어 음성에 대한 이해도를 높였고 훗날 많은 음성학자들의 저서에 큰 영향을 끼친 저서가 되었다. 내가 소장하고 있는 것은 초판이 나온 지 42년이 되는 1962년에 나온 제9판으로 앞서 나온 책에 상당한 수정을 가하여 펴낸 책이다. 이 책에는 앞서 출판된 책에는 없는 부록이 많이 나타나는데, 그 가운데 미국영어의 발음을 설명하면서 영국영어와 비교하여 설명한 부분이 자세하게 나온다. 소리의 분포, 강세와 억양의 차이 등, 영미영어의 차이를 한 눈에 구분할 수 있게 용례로 설명하고 있는 점이 두드러진 특징이라고 할 수 있다.

6. 寺澤芳雄(Yoshio Terasawa), 『英語語源辭典』(研究社, 1997 초판), 『英語史總合年表』(研究社, 1993 초판)

요시오 교수는 나까지마(中島文雄 Nakajima Fumio) 교수와 함께 『英語語源小辭典』(研究社, 1962)을 공동 편찬한 적이 있었다. 당시 소사전에 수록된 어휘는 2000여 개 정도로 한정되어 있었다. 그는 영국과 미국에서 나온 본격적인 어원사전 편찬을 위해 오랫동안 준비해 왔는데, 내가 토론토에서 귀국한 1998년 가을 한국영어사학회에 그를 초청한 적이 있었다. 학회는 대전에 있는 한남대학교에서 열렸는데, 대전으로 내려가기 전 서울 시내 롯데 백화점 안에 있는 桃山(모모야마) 식당에서 조성식, 여석기, 전상범 등, 학계 원로 교수 몇 분과 함께 요시오 교수를 모시고 식사와 대화를 나누었다. 요시오 교수는 일본어를 유창하게 구사하는 원로 교수들과 모처럼 편안하게 이야기를 나누기도 하였다. 학회가 끝나고 그가 일본으로 귀국한 후 얼마 되지 않아 나는 뜻밖에 겐큐샤로부터 두툼한 책 한 권을 받게 되었는데, 그 책이 다름 아닌 요시오 교수가 17년이란 오랜 시간에 걸쳐 각 분야의 저명한 일본 학자들과 함께 책임 편찬한 일본판 「영어어원사전」이었다. 나는 이 사전을 요시오 교수의 독특한 친필 사인과 함께 받았는데, 본문만 1593쪽이나 되는 방대한 분량에 달하는 사전이었다. 본문이 끝난 뒤에는 「영국의 지명요소」라는 제하에 영국 전역의 지명에 대한 어원 설명이 알파벳순으로 나와 있고, 이어서 「印歐語根表」에 대한 어원 설명이 붙어 있었다. 그리고 사전의 마지막 부분에는 요시오 교수의 전공 분야인「語源學解說」이 상세하게 나와 있었다.

요시오 교수의 또 하나의 뛰어난 역작은『英語史總合年表』(研究社, 1993. 초판)이다. 부제副題에서도 알 수 있듯이, 책장을 넘기면 영어사, 영어학사, 영미문학사 및 외면사가 양쪽 면에 파노라마처럼 펼쳐져서 4가지 사건이 어떻게 서로 연결되어 일어났는지를 한눈에 알 수 있게 해준다. 한 예로, 1938년에 일어난 사건:「외면사」에서는 프랑스의 작가인 사르트르J.-P. Sartre의 소설, *La Nausée*(嘔吐)의 출간 소식 외 여러 소식,「영어사」에서는 Craigie & Hulbert의『미국영어사전』 출간 소식,「영어학사」에서는 일본언어학회 설립 외 여러 소식 및「영미문학사」에서는 서머셋 모옴W.S. Maugham의 *The Summing Up*(半生の回想錄) 외 여러 소식을 게재하고 있다. 책 뒤에는「英譯聖書年表」,「英國王室系譜」,「英國首相」,「미국대통령」,「ノ ベル(노벨)文學賞 受賞者」,「퓨리처문학상」 등, 다양한 부록이 실려있다. 이 부록에는 일본 영어학의 제1인자인 산키 이치카와(전前 도쿄대 영문과 교수)가 일본의 영어학과 영어교육에 기여한 공적을 기념하기 위해 1966년에 설립한「市河賞受賞者」(1967-1991) 명단을 게재하고 있다. 수상자 가운데에는 유럽 학회와 일본에서 오랫동안 나와 학문적인 교분을 나눈 우카지(宇賀治正朋Ukaji Masatomo) 도쿄학예대 교수도 있었다. 그는 1979년에 이 상의 수상자가 되었다. 요시오 교수(도쿄대 명예교수)는 이 '연표'를 펴낼 당시 도쿄여자대학의 교수로 옮긴 뒤였고 獨協大學의 교수인 카와사키 키요시かわさき きよし(川崎 潔)가 요시오 교수와 함께 이 연표의 편집에 참여하였다.

7. Otto Jespersen(1860-1943), *A Modern English Grammar on Historical Principles, Part I-VII & Essentials of English Grammar*. London: George Allen & Unwin Ltd.

덴마크인 영어학자인 예스페르센의 수많은 저작 가운데 가장 뛰어난 영문법서로 손꼽는 이 문법서(vols 1-7)는 내가 대학 시절 가장 갖고 싶었던 장서 중의 하나였다. 당시 종로에 있는 범문사와 청계천 책방을 두루 들락거리다가 힘들게 구입한 것으로 7권을 압축해 놓은「영문법개요」(*EEG*)까지 소장하게 된 것은 나에게는 큰 즐거움이며 행운이었다. 특히 예스페르센의 *MEG*를 한 권에 요약해 놓은 <영문법개요>는 초판(1933)이 나온 이래 1969년까지 수없이 재판再版되어 나오면서 영문법을 연구하는 이들에게 많은 영향을 끼쳤다. 이 책이 나오면서 영문법은 과학적인 기틀 위에 비로소 새로운 영문법의 체계를 세우게 되었다고 말할 수 있다. 이 책의 이론적인 기저基底를 제공한 책이 다름 아닌 예스페르센의 또 다른 저서인『문법철학』(*The Philosophy of Grammar*)이다. 이 책은 그의『언어』(*Language*, 초판 1922)와 함께 2대 저서 가운데 하나로 예스페르센의 독창적인 언어관과 문법의 원리에 토대를 두고 문법 현상을 설명하면서 단순한 문법이나 언어현상에 국한하지 않고 인간의 심리와 논리를 파헤친 문법 체계 연구의 결정체라고 볼 수 있다. 일본에서는 이 책이『文法の原理』(半田一郎, 岩波書店, 1958)라는 제목의 일본어 번역본이 나왔고, 한국에서는 이환묵• 이석무(共譯)의『문법철학』(서울:한신문화사, 1987)이란 제목의 번역판이 나온 적이 있다.

8. 市河三喜(Ichikawa Sanki),『英語學: 研究と文獻』(東京•大阪, 三省堂 刊行, 1936);『英文法研究』(Studies in English Grammar). 增訂新版. 東京, 硏究社, 1924, 1957 (초판 1912).

위 두 권의 책은 일본 도쿄에 있는 고서점인 키타자와Kitazawa 서점에서 2005년에 구입한 것으로, 이치카와 교수가 도쿄제대(東京帝大) 영문과 교수로 있던 1910~30년대에 집필한 것이다. 이 시기에 일본의 영어학이 어느 정도 발전했는지 가늠할 수 있는 저술이라고 할 수 있겠다. 앞의 책은 그가 도쿄제대에서 <영어학 입문>이란 과목을 강의하면서 모은 자료를 펴낸 것으로, 영어학을 9개의 세부영역(사전류, 방언, 음성학, 음운론과 영어발달사, 문법, 특수연구, 의미와 문체론, 문법론 및 일반언어학)으로 나누어 각 영역 연구에 도움이 되는 문헌을 본문에서 비교적 상세하게 소개하고 있는 것이 특징이다. 예를 들면, <방언의 연구>라는 장章에는 '各地 방언의 연구', 'Wright: English Dialect Dictionary', 'Scottish의 연구', 'Irish-English의 연구' 그리고 'アメリカ(아메리카)영어의 연구'라는 제목 다음에 Thornton: *American Glossary*, Menchen: T*he American Language*, Krapp: *The English Language in America*와 같은 참고 문헌이 소개되어 있다. 그러나 본문에는 방언 연구에 대한 훨씬 더 자세한 내용이 서술되어 있음은 물론이다.

이치카와 교수의 또 하나의 저작인『英文法研究』는 초판이 1912년에 나왔고 내가 소장하고 있는 것은 1924년에 나온 訂正增補(6판) 및 1957년에 나온 增訂新版 등, 두 권이다. 전자는 초판의 내용을 깁고 고친 것이고, 후자는 앞에서 나온 저서를 수정하면서 새롭게 확

장하여 내놓은 저서로 앞 책의 내용과 비교할 때 영어문법과 영어 표현 전반에 걸친 저자의 해박한 지식을 엿볼 수 있는 새로운 용례와 내용으로 구성되어 있다. 제1편은 'Such an one', 'None의 용법'에서 'Young as I am', 'Irish-English의 어법', '영어 특유의 Simile' 및 'Rhythm의 연구'에 이르는 30개의 영어 표현과 문법 및 어휘에 대해 풍부한 용례를 들어 설명하고 있다. "To be"의 서술적(predicative) 용법으로 쓰이는 경우를 16가지로 분류하여 용례와 함께 설명한 부분은 압권이다. 특히 제2편은 <ディケンズ(Charles Dickens)と俗語의 연구>라는 특이한 주제 아래 음운, 형태 및 통사의 세 부분으로 나뉘어 여러 방언학자들의 논문을 인용하여 상세하면서도 간결하고 이해하기 쉽게 풍부한 용례를 들어 설명하고 있는 것이 특징이다.

9. Otto Jespersen, *Language: Its Nature, Development and Origin*. Seventh Impression. London: George Allen & Unwin Ltd. 1947. [초판 1922].

내가 소장하고 있는 예스페르센의『언어; 그 본질, 발전 및 기원』이라는 저서는 1947년에 나온 제7쇄인데, 예스페르센이 초판(1922)에 쓴 서문이 7쇄에도 그대로 나와 있다. *Book I-IV*라는 4개의 장으로 나누어져 있는 이 책의 내용을 간략하게 소개하면 다음과 같다. 첫째 장은 '언어과학의 역사'라는 제목 아래 1800년 이전, 19세기의 시작과 중엽과 19세기 말에 걸쳐 이 시기에 가장 뛰어난 학자들의 글을 인용하여 비교언어학의 발달과정을 소개하고 있다. 둘째 장에는 'The Child'라는 제하에 유아의 모국어 습득과 언어발달에 영향을 끼친 과정을 서술하고 있다. 셋째 장에는 '개인과 세계' 라는 제목 아래 외국인과 혼합언어 예컨대, 피진영어에 관해 상당한 분량을 할애하여 서술하고 있다. 여성이 쓰는 다양한 방언에는 한 장 전체에 걸쳐 서술하고 있다. 그 뿐만 아니라 음성 및 의미변화, 언어변화의 방향, 문법어미의 기원, 어원과 음성상징에 관한 부분들은 자연스럽게 인간언어의 궁극적인 기원에 관한 논의로 이어지는 부분으로 끝을 맺는다. 이 책은 예스페르센의 언어관 내지 문법관이 어떤지 잘 드러나 있기도 한데, 이 책 이외에도 그가 쓴 *Progress in Language*(1894), *Mankind, Nation, and Individual from A Linguistic Point of View*(1925), *Efficiency in Linguistic Change*(1941), 등, 그가 쓴 여러 저서에도 그의 언어관이나 문법관이 잘 나타나 있어서 참고할 만하다. 나는 위의 책들을 모두 소장하고 있다.

10. H. L. Mencken, *The American Language*, Fourth Edition. New York: Alfred A. Knopf, 1965.

이 책에는 An Inquiry into the Development of English in the United States 즉, '미국에서의 영어 발달에 관한 탐구'라는 부제가 붙어 있는 저서이다. 이 책은 1919년에 초판이 나온 이래 계속해서 수정, 확장되고 다시 쓰기를 반복하면서 46년이란 긴 세월에 걸쳐 출판을 거듭하여 나온 책으로 15차례나 리프린트판이 나왔는데, 내가 소장한 이 책은 17번째 인쇄되어 나온 제4판(1965)에 해당한다. 초판은 374쪽이었으나 1965년에 나온 이 책은 어휘 및 표현 목록과 index를 포함하면 800쪽이나 되는 방대한 분량의 저서로. 초판이 나오자마자 스테디셀러의 지위를 누리며 계속 출판되었고 영국에서 재출판되었을 뿐만 아니라 독일어로도 번역되었다. 이 책의 제4판은 초판 이후 오랜 기간에 걸쳐 연구한 결과를 전혀 새로운 시각에서 다시 쓴 것으로, 아메리카니즘Americanism에 관한 내용을 강조한 것이 특징이다. 그 뿐만 아니라 당시 미국에서 쓰인 영어 이외에 아이슬랜드어, 체코슬로바키아어, 리투아니아어, 아르메니아어, 중국어, 헝가리어, 핀란드어 및 아랍어와 같은 언어도 다루고 있다. 책의 맨 뒤에 나온 어휘목록에는 초기에 인디언어에서 가져온 차용어 및 당시 미국에서 쓰인 속어slang도 기술하고 있다. 어휘목록에 포함된 어휘만도 12000개에 달한다.

이 책의 저자인 멩켄은 1880년 볼티모어에서 태어나서 1956년 76세의 나이로 세상을 떠나기 전까지 볼티모어 모닝 헤럴드의 저널리스트, 비평가 및 언어학자로 오랫동안 일했다. 그는 '옳고 그름에 관한 논문'(1934) 등을 비롯하여 수많은 책을 썼다. 그 중에는 그가 선별하여 편집한 『인용어 사전』(*A New Dictionary of Quotations, 1942*) 및 『마이너리티 리포트』(*Minority Report, 1956*)도 포함되어 있다.

11. 寺澤芳雄(Yoshio Terasawa), 大泉昭夫(Akio Oizumi) 共編. 『英語史 硏究の方法』 東京: 南雲堂, 1985.

일본 영어학계를 이끌어 온 원로 학자인 요시오(도쿄대 명예교수)와 중진학자인 아키오(도시샤대) 교수가 펴낸 일본 영어학자들의 발표논문 모음집. 아키오 교수는 「英語史硏究者專門會議」(The Round Table Conference on English Historical Linguistics)를 기획하게 된 의도에 관해 밝히고 있다. 그는 서문에서「日本印歐語學연구자전문회의」(The Conference of Indo-Europeanists of Japan)가 교토산업대학 언어학연구소 주최로 1979년 6월 1차 회의가 열렸고 1980년 5월 초 토론토대의 앵거스 캐머런Angus Cameron 교수가 일본학술진흥회 외국인초청 연구자로 방일하여 강연한 것을 시작으로 일본 영어학자들의 영어학과 영어사 연구를 위한「연구자전문회의」의 구상이 한층 더 구체화되었다고 밝히고 있다.

일본의 영어학자들은 1980년대 초까지 유럽에서 열린 역사언어학회를 비롯하여 인구어학회 및 역사영어학 학술회의에 참석하면서 언어학과 역사언어학 및 역사영어학 관련 서적을 꾸준히 섭렵해 왔다. 특히 로저 라스Roger G. Lass(케이프타운대 언어학과) 교수의 *Approaches to English Historical Linguistics*(1969) 및 *On Explaining Language Change*(1980)는 유럽의 史的영어학(즉, 영어사)의 연구 동향을 파악하는데 시사하는 바가 컸다고 아키오 교수는 술회하고 있다. 이것이 계기가 되어 1982년 요시오 교수(도쿄대 명예교수)와 아키오 교수(교토 도시샤대)가 주축이 되어 영어사의 분야별 전공 학자들이 모여 발표회를 갖는 연구자 전문회의(round table conference)를 기획하게 되었다. 그 결과 1983년 12월에 동지사대학에 일본 전국의 영어학 분야에 관련된 전공 학자들이 모이는 전문회의가 성사되어 발표와 논평으로 이어지게 된 것이다. 이 책의 맨 뒤에는 무려 100명이나 되는 회의 참석자 명단이 나와 있는데 이 가운데 영어사 전공학자만 해도 24명에 이르고 있다.

여기에 실린 논문들은 1983년 12월 3-4일 이틀에 걸쳐 도시샤대(同志社大)에서 열렸던 영어사연구자전문회의에서 「영어사연구의 방법」이란 주제로 발표한 7명의 발표논문과 이에 대한 7명의 논평을 모은 것이다. 발표된 논문의 제목을 훑어보면 다음과 같다.

- 영어사연구의 방법과 자료 - 寺澤芳雄(Yoshio Terasawa)
- 영어사연구에 대한 언어학기여의 가능성 - 池上嘉彦(Yoshihiko Ikegami)
- 음운사연구의 과제: 음변화의 비가역성(Irreversibility) - 中尾俊夫 (Toshio Nakao)
- 영어 어휘연구의 새로운 전망 - 大泉昭夫(Akio Oizumi)
- 초기영어 어순연구의 과제 - 久保內端郞(Tadao Kubouchi)
- 방언과 영어사 - 廣岡英雄(Hideo Hirooka)
- 중세기 영어 산문의 문체 - 小野 茂(Shigeru Ono)

이 책이 나온 지 꼭 10년 뒤인 1995년 11월 초, 나는 아키오 교수의 초청으로 교토에 있는 도시샤대에서 한국의 영어학자로는 처음으로 발표를 하였는데, 요시오 교수가 사회를 맡아 진행하였다. 그 후 나는 일본의 중세영어Medieval English 관련 여러 학회 및 대학(지바, 나고야, 히로시마, 도쿄외대, 고베여자대 등)의 초청으로 20년 가까이 일본의 영어사학회 및 중세영어 관련 학회에서 발표와 주제 강연을 하면서 영어사를 포함, 영어학 분야의 학자들과 교류해왔다. 이 책은 1980년대 초 일본의 史的영어학(즉, 영어사의 일본식 명칭) 연구의 위상이 어느 정도인가를 가늠해 볼 수 있는 중요한 자료가 된다. 이 책에 실린 논문을 읽어보면 이 시기에 일본의 '史的영어학' 연구는 이미 유럽의 역사영어학 연구에 버금가는 연구 단계에 진입해 있음을 알 수 있다.

12. H. Poutsma, *A grammar of late modern English*, Groningen, P. Noordhoff, 191429. 5 vols.

5권으로 된 저자의 방대한 문법서는 영어를 사용하는 네덜란드 학생들을 위해 펴낸 것이라는 부제(For the use of continental, especially dutch, students)가 붙어있는 것이 눈에 띤다. 내가 소장하고 있는 것은 일본 센조(Senjo) 출판사에서 펴낸 것이다. Part I: 문장편(The Sentence)은 다시 first half(문장의 요소The elements of the sentence)와 second half(복합문the composite sentence)으로 나누어 서술되어 있고, Part II: 품사편(The parts of speech)은 다시 section I-A(명사, 형용사, 관사) 및 section I-B(대명사, 수사)로 구분하고 있다. 마지막 section II에서는 동사(The verb) 및 불변화사(The Particles)로 나누어 서술하고 있다. 다소 복잡하

게 보이나, 문장과 문장을 구성하고 있는 여러 요소를 세분하여 서술하고 있는 것이 특징이다.

그러나 무엇보다도 이 책이 지니고 있는 가장 큰 특징은 방대한 양의 용례로 19세기의 위대한 작가들의 작품을 총망라하여 이들의 작품에서 해당하는 문법 요소의 용례를 일일이 뽑아 설명하고 그 출처를 일일이 밝히고 있다는데 있다. 책 뒤에는 당시 나온 문법서 목록이 거의 빠짐없이 나와 있을 뿐만 아니라, 용례를 인용한 방대한 양의 작가와 저서 목록이 알파벳 순으로 나열되어 있다는 점을 들 수 있다. 따라서 이 문법서는 앞에 소개한 예스페르센의 *Modern English Grammar*(vols. I-VII)와 더불어 영문법 연구에 한 획을 긋는 매우 중요한 영문법 자원resources으로서의 가치를 지니고 있다고 볼 수 있다.

13. Sanki Ichikawa, *Chaucer's Canterbury Tales*, the prologue. edited with introduction and notes. Kenkyusha, Tokyo, 昭和 9년.

앞에서도 언급한 일본 영어학의 태두인 이치카와 교수가 일본 최초로 주석註釋을 붙여 출판한 초서의『켄터베리이야기』는 1934년이 명기되어 있지 않고 일본 연호로만 인쇄된 매우 오래된 판본으로, 학문적으로 나와 오랜 교분을 나누어 온 유지 나카오Yuji Nakao 교수(나고야대 명예교수)가 내게 사인과 함께 선물한 것이다. 매우 낡아서 종이 색깔이 누렇게 된 120쪽 밖에 안되는 소책자임에도 1930년대

초 일본 중세영문학의 현주소를 가감없이 보여주는 증거라고 볼 수 있다. 그리고 얼마 뒤에 유지 교수가 내게 같은 제목의 책 한 권을 사인과 함께 보내 주었는데, 앞에 언급한 오래된 판본이 아닌 켄큐샤에서 나온 산키 이치카와/타모츠 마츠나미 공편으로, 초판(1934)이 명기되어 있을 뿐만 아니라 1987년과 1990년에 각각 새로 개정해서 발행한 판본이라고 명시되어 있는 185쪽 분량의 책이다. 앞의 책과 다른 점은 초판에는 없는 <Chaucer の 英語>가 책 앞 부분에 나와 있고 뒤에는 참고문헌과 glossary가 붙어 있다는 점이다. 아마도 초서 학자인 타모츠 마츠나미松浪 有 교수가 초판을 수정하고 새롭게 편집해서 나온 책이 아닌가 생각하고 있다.

이치카와 교수는 이 책의 서문에서 '영시의 아버지'로 불리는 초서 G. Chaucer의 '켄터베리이야기'의 서시(序詩 Prologue)는 800행(실제로는 860행)의 소품에 불과하나 스펜서Spenser가 말한「명성은 불후의 명부에 기록할 가치」("On Fames Eternall beadroll worthie to be fyled")가 있다고 하면서 이 시를 중세영어 그대로의 발음으로 낭독하고 상세히 연구하여 읽으면 얼마나 초서가 유머가 풍부하고 인간미가 많은지 알게 되고 묘사 서술의 기묘奇妙한 시인임을 알게 된다고 쓰고 있다. 나는 일본어 서문과 주해로 된 이 책이 우리말로 번역되어 나온 복사판을 대학원 석박사 강의에서 사용한 적이 있다.

14. John T. Waterman, *A History of the German Language*, University of Washington Press, Seattle and London, 1967.

내가 소장하고 있는 것은 이 책의 2판으로 초판은 1966년에 나온 것이다. 영어의 계보를 제대로 이해하기 위해서 반드시 읽어야 할 필독서로 6개의 장(chapter)로 구성되어 있다. 각 장의 제목만 훑어봐도 <1> 인도유럽어, <2> 게르만어, <3> 1050년부터 시작되는 古期 고지 도이치어 시기(Old High German Period), <4> 中期 고지 도이치어 시기(Middle High German Period, 1050-1350), <5> 初期 신新 고지 도이치어 시기(Early New High German Period, 1350-1600), <6> 신新 고지 도이치어 시기, 1600-1800), <7> 신新 고지 도이치어시기, 1800년 이후, <8> 도이치어 발음 개요 등으로 나누어 각 장의 내용이 매우 자세하게 서술되어 있다. 이 책의 <부록-1>에는 고트어로 쓴 성서 판(plate)을 비롯하여 술을 담아 마시는 황금 뿔에 새겨진 루운문자, 기독교 이전시대로부터 내려온 도이치어로 쓴 영웅시가 새겨진 필사본 등을 소개하고 있고 <부록-2>에는 기원 300년 전 켈트인의 대륙 이동을 포함하여 중기 고지 도이치어 방언 지도 등, 도이치어를 포함한 게르만어 연구에 귀중한 지도가 나와 있다.

15. Cobbett, W. 1983. *A Grammar of the English Language*. The 1818 New York first edition with passages added in 1819, 1820, and 1823. Edited by Charles C. Nickerson and John W. Osborne. Amsterdam, 1983.

저자인 윌리엄 코베트(William Cobbett:1763-1835)는 독특한 경력을 가진 인물이다. 농부의 아들로 영국에서 태어나서 의회에까지 진출한 그는 원래 문법가라기보다는 신문 기자로, 저널리스트로 그리고 정치가로 활동한 사람으로서, 주간지인 *Political Register*라는 신문에 스스로 글을 써서 당시 영국 정치가와 관료들의 부패 및 독직 정치를 맹렬히 비판하는 필봉筆鋒을 휘두르며 파란만장한 일생을 보낸 인물이다. 그러나, 그는 생의 후반에 놀랍게도 영문법서*A Grammar of the English Language*(초판, 1818)를 내놓아 정치가로서보다는 19세기 문법가로서의 이름을 후세에 널리 남겼다.

이 책의 영문법 전반에 관한 부분은 아들에게 보내는 편지 형식을 빌어 모두 23장으로 되어 있는데, 18세기 문법가들 중에서 로우스(Lowth, 1762) 및 프리스틀리(Priestley, 1761)의 정의를 따르면서도 구체적인 사항에 관해서는 분류를 하고 있는 점이 이채롭다. 우선, 그는 아들에게 보낸 편지의 서문에서 '문법은 다양한 지식에 이르는 무한한 길로 인도하는 입구이며, 문법이 이러한 지식을 성취하는데 그토록 쓸모있는 것이라면, 다른 이들에게 그 지식을 글로 써서 전달하여 의사소통communication이 이루어지게 하기 위해서도 문법을 소유하는 것이 절대적으로 필요하다'고 말하고 있다. 그는 이어서 '의사소통을 하지 않고서는 문법을 소유한다고 한들, 자신에게도 소용없을 뿐만 아니라 어떤 경우에도 모든 인류에게 도움이 되지 않을 것'이라고 말하고 있다. 코베트는 이러한 의사소통의 수단이 곧 말words이며, 문법은 말을 어떻게 사용하는지를 우리에게 가르치는 것이라고 말하고 있다.

13-20장에 걸친 통사부문Syntax에 관한 그의 편지는 매우 흥미롭다. 코베트는 문법을 구성하는 네 가지 요소 중의 하나로 통사에 관해 두 번째 편지에서 이미 언급하면서 문법에서 통사가 해야 하는 일은 적절한 상황과 장소에서 말을 잘 구성하는 방법을 가르쳐 주는 것이라고 말하고 여기에는 말뿐만 아니라 네 가지 다른 중요한 요소(comma, semicolon, colon, period)도 적절히 사용할 수 있어야 한다고 쓰고 있다. 따라서, 그는 14장의 서두에 이들 구두점의 중요성에 관해 예를 들어 설명하는 것부터 시작하고 있다. 이 문법서의 나머지 부분은 당대 유명인사들(Doctor Johnson, Doctor Watts) 및 정치가와 귀족들의 문장에 쓰인 문법상의 오류를 신랄하게 지적하는 편지로 이루어져 있다.

위에서 내가 소장한 장서 가운데 일부를 간단히 소개하였는데, 북송 시대의 정치가이며 학자로 시문詩文에도 능하여 당송팔대가唐宋八大家의 한 사람으로 '한번 읽은 글은 평생 잊지 않았다'는 말을 남긴 왕안석(1021-1086)의 글에서도 암시하듯이, 나는 주로 전공분야의 좋은 책을 오랫동안 해외에서 찾아 모으고 섭렵해 오면서 '한번'이 아닌 수십 번씩 정독하는 생활을 거듭해 왔다. 호서심재기好書在心記라는 말이 있다. 좋은 책은 꼭 마음에 기억해 두라는 선현의 글귀이다. 위 장서는 지금까지 지내온 나의 삶을 풍요롭게 해준 학문 여정의 반려자가 된 셈이다.

제 12 장

마무리: 회고와 추억의 단상斷想

교단에 서서 학생들을 가르친 지 어언 38년, 자의건 타의건 간에 내가 택한 「영어학」이라는 학문 특히, 역사영어학(영어사) 분야를 30년 넘게 가르치고 연구하면서 지내온 세월은 그리 쉬운 길은 아니었다. 그 가운데 나의 세부 전공분야인 고대 및 중세영어학은 국내의 열악한 연구 환경에서는 매우 힘든 분야로 참조해야 할 연구 문헌의 절대 부족은 물론 국내 대학 도서관에서는 기대할 수 없는 장서 수준으로 인해 창의적이고 훌륭한 논문을 쓰기에는 거의 힘든 인문학 분야였다. 이런 까닭에 자연스럽게 해외에서 열리는 전공분야의 국제학술회의 참가와 전공 학자들과의 끊임없는 학문적 교류가 절실히 필요하게 된 것이다. 그리하여 내 나름대로 해외 학술정보와 연구자원資源을 통해 스스로 탁마일신琢磨日新하면서 연찬硏鑽을 계속해 나아가야만 하는 길고도 보이지 않는 먼 길을 부단히 걸어온 셈이 되었다.

나는 이처럼 끝이 보이지 않는 멀고도 긴 전공 학문의 터널을 이리저리 헤메고 다니면서 때로는 여러 전공 분야의 다양한 사람들을 만나 영감을 얻기도 하고 때로는 하나의 주제에 대해 시와 때를 가리지 않고 고민하면서 해결책을 모색하느라고 애쓴 적도 적지 않았던 것 같다. 영어사전을 편찬한 사무엘 존슨Samuel Johnson의 말을 인용하면, '학문에 바친 삶은 소리 없이 지나가는 법, 어떤 경우에도 흔들림 없이'(A life devoted to learning passes quietly away, undiversified by events.)라는 표현이 잘 어울릴 것 같은 외길을 걸어온 셈이다. 존슨의 전기傳記에는 그가 사전 편찬을 위해 수많은 자료 더미속에서 밤낮을 지새웠다는 이야기가 등장한다. '어떤 경우에도 흔들림 없이'라고 옮긴 것은 내가 걸어온 학문의 길목에서 일어난 수많은 학문 외적外的인 고뇌와 사소한 갈등에도 결코 좌절하거나 휩쓸리지 않고 오로지 한 길만을 바라보면서 끝이 보이지 않는 길을 한순간도 멈추지 않고 내달려왔음을 암시해주는 표현이 아닌가 한다.

나는 이처럼 긴 학문의 여정에서 시드니대학에서의 연수(70년대), 런던대학의 방문학자(80년대), 그리고 토론토대 중세연구소에서의 연구기금교수(90년대)로 각각 연구와 집필 활동을 계속해 오는 동안 내가 지향指向하려는 학문의 폭과 깊이가 매우 심오深奧하다는 것을 뒤늦게 깨닫게 되었다. 더욱이 고대나 중세영어학을 폭넓게 연구하기 위해서는 더 많은 고전 문헌을 읽어야 함은 물론, 영어학의 세부 분야를 한층 더 깊이 있게 연구하기 위해서는 영어 이외에 더 많은 언어에 대한 기본적인 정보와 지식을 쌓아야 한다는 것을 알게 된 것은 해외에서의 연구 생활에서 얻게 된 하나의 소중한 깨달음이었다. 모든 학문 분야가 그렇듯이 내가 택한 전공 분야는 옛 문헌에 대한 부단한 천착과 전공 학문연구에 필요한 다양한 언어 지식이 필요하다는 것을 한층 더 절실하게 느끼게 해주었다. 그럼에도 내가 아직 가보지 못한 광활한 미답未踏의 숲은 아직도 도처에 산재해 있었고 전공의 숲 깊숙한 곳까지 다다르기 위해서 내가 앞으로 해야 할 일은 여전히 많이 남아 있었다.

숲과 길에 관한 이야기가 나왔으니, 문득 대학 시절에 배운 미국 시인 로버트 프로스트(R. Frost, 1874-1963)가 떠올랐다. 가장 미국적인 시인이기도 했던 그는 35대 케네디 대통령(John F. Kennedy, 1917-63)의 취임식에서 축시를 낭독한 것으로도 우리에게 잘 알려진 시인이다. 그가 20대 중반에 쓴 '가지 않은 길(The road not taken)'이란 시는 지금도 널리 회자膾炙되고 있는 대표적인 시 가운데 하나이다. 이 시에는 세상의 모든 길은 두 갈래로 나누어지는데, 우리는 간 길과 가지 않은 길, 길 있는 길과 길 없는 길 등, 언제나 삶의 길목에서 하나의 길만을 택해야 하는 숙명宿命에 부딪치기 마련이다. 널리 알려진 평탄한 길이 아닌 많은 이들에게 알려지지 않은 길 하나를 택하여 내가 지금까지 걸어온 길은 내 인생에서 무척 힘들고 험난한 길이었다. 그럼에도 나는 그 길을 나의 운명처럼 묵묵히 헤쳐가면서 쉬지 않고 걸어온 셈이 되었다. 프로스트가 쓴 또 다른 시인 '눈 오는 저녁 숲가에 서서'에서는 숲속에 두 갈래 길이 있었는데, 시인은 사람들이 적게 간 길을 택하였고 그것이 내 모든 것을 바꿔 놓았다고 읊조리고 있다.

숲이 학문의 너른 바다라면 길은 이 숲을 찾아 떠나는 긴 여정이다.

나는 퇴임하기 전 강의와 연구, 외부의 여러 가지 바쁜 일로 미루어 둔 작업이 있었는데, 그 일을 꼭 마무리하고 싶었다. 그것은 전남대 교류교수 시절에 연구계획서에서 밝힌 '영어 어휘의 변천사'를 마무리하는 방대한 작업이었다. 다행히도 퇴임하기 5년 전부터 그동안 모아놓은 자료를 정리하여 집필을 끝내고 출판사에 넘겼는데, 퇴임한 뒤인 2011년 8월에 이 책이 한국문화사에서 출판되었고 학술원 인문사회분야의 우수학술저서로 선정되는 기쁨을 안게 되었다. 퇴임한 후에도 여러 권의 책을 펴내면서 머릿속에 늘 남아있던 생각은 그동안 미뤄 두었던 고대 영국의 원거주민元居住民이었던 「켈트인」에 관한 연구서 집필에 관한 것이었다. 나는 영국의 역사에서 오랫동안 사라졌던 켈트인의 역사와 문화를 꼭 확인해 보고 싶었다. 이와 관련된 자료와 문헌을 찾아 20년 넘게 해외 학회를 들락거리며 켈트인에 관한 문헌서지를 샅샅이 뒤져 필요한 자료를 찾아 수집해 온 것은 다름 아닌 이러한 이유에서였다.

1998년 여름 영국 만체스터대학에서 열리는 역사영어학 국제학술대회에 참석하기 위해 토론토에 있는 피어슨 국제공항에서 영국행 비행기를 기다리던 중, 각종 중요한 자료와 왕복 비행기표, 유로화와 한화 약간, 그리고 가족에게 줄 선물과 여러 증명서가 들어있는 가방을 순식간에 도난당하는 일이 벌어진 것은 지금 생각해도 아찔한 사건이었다. 일단의 히스패닉계 그룹에 의해 도난당한 서류 가방은 즉시 공항 경찰에 신고하였으나 끝내 찾지 못하였고 공항에 나와 있는 여행사를 통해 왕복 비행기표는 구했으나 켈트인에 관해 쓰려고 그동안 어렵게 모아놓았다가 잃어버린 귀중한 자료 뭉치는 귀국 후에 다시 복구하는데 10여 년의 세월을 견뎌야만 했던 일은 오랜 세월이 흘러갔음에도 잊을 수 없는 아픈 추억으로 내가 걸어온 학문의 길에 아련하게 남아있다. 서류 가방에 들어있던 여권을 분실한 나를 위해 백응진 교수(당시 토론토대 동아시아학과 주임교수)가 토론토 주재 한국총영사관에 가서 나의 임시 여행증명서를 발급해 주기 위해 비행기 이륙 시간을 불과 서너 시간 남겨 놓고 동분서주한 일은 그에 대한 무한한 고마움과 함께 지금 생각해도 아슬아슬했다는 생각이 든다. 내가 귀국하고 난 후 한참 뒤에 서울에서 다시 만난 백 교수 내외를 시내 식당에서 만나 그 당시의 회포를 푼 일이 지금도 여전히 생생한 기억으로 남아 있다.

오래 전 지식산업사에서는 내가 집필한 『앵글로색슨족의 역사와 언어』(2001)를 출판해 준 일과 이 책의 출판기념회를 통해 국내 대학의 많은 교수들이 모처럼 한 자리에 모여 대화를 나눌 수 있는 기회를 마련하게 되므로 해서 한국 영어학계의 경사慶事가 된 일은 나에게 보람있고 즐거웠던 추억으로 오래도록 남게 될 것이다. 퇴임한 뒤에도 학술출판의 명문인 지식산업사의 김경희金京熙 사장은 켈트인에 관한 학술서를 한국의 영어학계에 상재하겠다는 나의 고충을 충분히 이해하고 회사의 손익계산과는 거리가 먼 켈트인에 관한 책을 450쪽이나 되는 훌륭하고 멋진 표지로 정성껏 편집하여 출판해 준 것은 영어학의 미래를 내다본 그의 탁견卓見이 아닐 수 없었다. 한편으로는 1987년 이후 20년 넘게 유럽에서 열리는 역사영어학 국제학술회의 참가와 1995년부터 2014년까지 퇴임한 이후로도 줄곧 일본에서 진행된 중세영어연구medieval english studies와 관련하여 여러 학회 및 대학의 연구회에서 발표와 초청 강연을 하는 동안 역사영어학 및 중세 분야의 저명한 학자들을 직접 만나 학문적인 교류뿐만 아니라 개인적인 친분도 쌓을 수 있는 좋은 기회를 갖게 되었는데, 이것은 지금까지 내가 걸어온 삶의 여정에 나의 전공 학문과 인간관계의 소중한 가치를 느끼게 해주었을 뿐만 아니라, 한국의 척박한 영어학 연구 환경에서도 순수 학문인 중세영어학 전공 분야의 연구를 계속할 수 있게 해준 성장동력(모멘텀)이 되었다.

앞에서도 일본의 영어학연구에 대해 잠시 언급하였는데, 일본의 영어학은 1900년 이전부터 일찌감치 유럽의 영어학 전통을 이어받아 꾸준히 연구가 이루어지고 발전을 거듭해 왔으며 그 결실이 21세기인 오늘에 이르러 국제 영어학계에 빛을 드러내게 된 것으로 생각된다. 타지마 마쓰지(田島松二 まつじ たじま) 규슈대 명예교수가 쓴 『일본의 영어학 100년』(わが國の英語學100年. 回顧と展望』(東京; 南雲堂, 2001) 및 『英語學研究文獻書誌: 1900-1996』에서 알 수 있듯이, 일본의 영어학연구의 역사는 거의 100년이나 된다. 타지마 교수가 내게 사인과 함께 보내준 『わが國の英語學100年』 및 『영어학연구문헌서지』에는 20세기 전반(1900-1950) 및 20세기 후반(1951-2000)으로 나누어 분야별로 개관하고 있다(제6장 4절 참조). 일본에서는 이미 1900년(明治 33년)에 나가이(長井氏晸ながい うじあきち)의 『英語發達史』(河合文

港堂, 1900)가 나온 이후, 타모츠(松浪 有まつなみ たもつ)編, 『英語の歴史』(大修館, 1995), 우까지(宇賀治正朋うかじ まさよも)의 『英語史』(開拓社, 2000)에 이르기까지 100년 동안, 같은 제목의 저서가 일본 중세영어학을 전공하는 학자들에 의해 92권이나 나올 정도로 최근까지도 수없이 출판되었다. 그 뿐만 아니라, 70년 전에 이미 일본에서는 『英語學研究史』(佐々木達, 研究社, 1941)가 나왔고, 그 후 50여 년이 흘러 마쓰지 교수의 '영어학서지'가 나오면서 일본의 영어학연구는 2000년대 초반 영어학 연구의 100년을 총결산하는 셈이 되었다.

그럼, 본격적인 한국의 영어학연구는 언제 시작되었을까? 우리는 조성식趙性植 교수(고려대 명예교수, 학술원 회원. 2009년 작고)의 『영어발달사』 초판이 나온 해인 1975년을 한국의 영어학 연구가 시작한 해로, 김진만 교수(고려대, 작고)의 『켄터베리이야기』의 번역본이 나온 1976년을 한국 중세영문학연구의 출발점으로 보는 것이 일반적인 견해이다. 이후에도 영어학 연구는 80-90년대에 일부 영어학자들에 의한 몇 권의 번역서를 통해 그 명맥을 유지해 왔으나, 70-80년대 한국의 영어학계는 급격하게 쏟아져 들어오는 외국의 언어이론, 특히 미국의 특정 언어이론을 받아들여 언어학 연구의 전성시대를 구가하면서 대학 영문과 또는 영어학(영어교육 포함) 관련 학과에서 유능한 차세대 영어학자를 키우는 일에 소홀하였다. 이 시기에 일본의 영어학자가 쓴 수준 높은 학술서나 논문이 유럽의 저명한 출판사에서 발간되거나 학술지에 게재된 사례는 어제 오늘의 얘기가 아니었다.

지금까지 나의 학문적인 편력을 언급하면서 내가 걸어온 38년의 학문의 길에서 만난 유럽과 북미 및 일본 학자들과의 학문적인 교류와 개인적인 친분을 살펴보았다. 학문의 완성이란 생각할 수 없다고 한 워터먼J. Waterman 교수의 말을 다시금 상기하면서 학문에는 정년이 없듯이, 이제는 학문에 대한 끊임없는 연찬研鑽과 자신의 계발啓發을 위한 부단한 노력이 더욱 필요할 때가 아닌가 한다. 내가 존경하는 분 가운데 한 분인 조성식 선생은 퇴임한 뒤에도 17년이란 오랜 세월에 걸쳐 37편에 이르는 셰익스피어의 전 희곡 작품을 모두 읽고 셰익스피어를 단순히 "문학적인 연구"에만 그쳤던 종래의 연구에서 벗어나 "어학적인 연구"로의 접근 방식으로 연구에 몰두하여 펴낸 두 권의 실로 방대한 『셰익스피어構文論』(vols. I-II, 해누리, 2007)은 앞으로 영어학자들이 넘어야 할 학문 연구의 큰 산이 될 것이다.

'학자'란 말이 나왔으니 말인데, 학자라 함은 장차 학學에 뜻을 둔 자라야 하는데, 논어의 학이學而 편에서는 학자가 먼저 힘써야 할 일로, 不患人之不己知, 患不知人也(남이 자기를 알아주지 않음을 근심할 것이 아니라, 내가 남을 알지 못하는 것을 근심할지니라)라고 하여 자신의 재학才學과 덕행, 그리고 수양된 인격의 부족함을 깨달아 충실히 할 것을 권면하고 있다. 헌문憲問 편에는 이 말의 뒷부분이 患其不能也(자신이 능하지 못함을 걱정할지니라)라고 하여 자신에게 진실한 학문과 재덕才德이 없음을 우려해야 할 것이라고 하였다. 추사 김정희의 말년의 제자였던 19세기 대표 시인 조면호(1803-1887)는 추사 예서隸書의 맥을 잇는 당대 최고의 경지에 오른 대표적인 인물이었음에도 정작 자신은 '자지자부지自知自不知' 선생 즉, '자신이 모른다는 것을 자신은 알고 있는' 사람이라고 스스로를 한없이 낮추었다. 나는 한 학자인 청람靑藍 선생이 지어준 '취송翠松' 선생임을 자부하며 늘 푸른 학자의 길을 걸어왔으면서도, 학자로서의 소명召命을 다하지 못한 채 40년 가까운 학문의 길을 걸어온 것이 아닌가 하는 부끄러운 생각이 든다.

18세기 중엽에 본격적인 영어사전을 편찬한 사무엘 존슨Samuel Johnson이 언어를 연구하는 학문을 일컬어 '황량한 사막같은 무미건조한 학문'(the dusty deserts of barren philology)이라고 혹평하였으나, 한편으로는 '냉철하고 지적知的인 냄새를 강하게 풍기는 "linguistics"(언어학) 그 자체보다는 가끔 따뜻하면서도 정적靜的인 온화함을 발산하는 "philology"(문헌학)을 더 좋아하는 이유'(趙性植, '한국의 영어학: 그 과거와 미래'에서 인용 및 가필) 때문에 내가 40년 가까이 끝이 보이지 않는 이 외길을 줄곧 달려 여기까지 온 것이 아닌가 한다. 한국에 '영어학'이란 학문이 들어온 지 반세기가 넘었는데, 아직 한국에서는 유럽이나 북미 및 일본에서와 같은 영어학의 각 세부 전공분야에 대한 심층연구서 또는 종합적인 영어학 서지書誌가 나오지 않고 있는 것은 유감스러운 일이다. 머지않아 한국의 영어학계에도 영어학 연구 반세기를 총결산하는 유럽과 북미는 물론 일본의 영어학 연구에 버금가는 한국의 '역사영어학 종합연구서지'가 영어학을 진지하게 연구하려는 이 땅의 영어학자들에 의해 빛을 보게 될 날이 올 수 있게 되기를 기대한다.

박영배(朴榮培)

약력: 1945년 서울에서 태어나 서울대학교 사범대학(영어과)를 졸업하였다. 같은 대학교 대학원에서 <고대 및 중세영어의 전치사좌초연구>로 박사학위를 받았다. 오스트레일리아정부 장학생으로 시드니대학 대학원과정을 수료하였고, 영국 런던대학 아시아-아프리카학연구소(SOAS)의 방문학자로 언어학과 및 UCL 영문과에서 고대 및 중세영어, 언어학사, 루운학과 역사언어학, 중세문헌을 연구한 바 있다. 캐나다 토론토대학 중세연구소의 연구기금교수로 초청되어 고/중세 문헌 및 이 시기의 필사본을 집중적으로 연구하면서 <영어사> 및 <앵글로색슨족의 역사와 언어>를 집필하여 국내에서 출판했다. 40년 가까이 고대 및 중세영어의 통사변화, 영어 어휘의 역사적 변천, 루운문자의 기원과 고대영어 비문해석에 관한 논문들을 국내외 학술지를 통해 발표해왔다. 충북대학교와 전남대학교 교류교수를 지냈고 한국영어사학회, 한국중세영문학회 및 한국영어영문학회의 회장을 역임했다. 일본영어학회 편집위원 및 한국간행물 윤리위원회 윤리/심의위원을 지냈다. 현재 국민대학교 명예교수로 있다.

주요 저서로는《영어의 통사변화 – 고대 및 중세영어연구 -》(지식산업사 1991),《영어사》(한국문화사 1998, 2010),《앵글로색슨족의 역사와 언어》(지식산업사 2001),《영어산책 – 문화, 역사, 어원, 영국 왕실 이야기》(태학사, 2005),《영어이야기》(경문사 2008),《영어어휘변천사연구》(한국문화사 2009),《영어사연구의 방법과 응용》(한국문화사 2009),《영어의 세계속으로》(경문사 2013),《영어발음》(경문사, 2014),《세계영어의 다양성》(공저, 경문사 2016),《켈트인 – 그 종족과 문화》(지식산업사 2017),《흠정역성서와 영미문화》(지식산업사, 2019),《피터버러연대기》(한국문화사, 2020)를 발간하였고 번역서로는《심리언어학 – 촘스키와 심리학》(한신문화사, 1978),《영어사서설》(을유문화사 1981),《언어학사》(학연사 1986) 외 다수가 있고 주해서로는《영어사》(한국문화사, 2004. 신영어학주석시리즈)가 있다.

조선일보 기획프로그램(2000)인 '영어가 경쟁력이다' 시리즈에서 오랫동안 '영어이야기'를 기고했고 대전 MBC 문화방송 아침 모닝쇼(2001)에서 '영어 어휘에 얽힌 이야기(5분방송)', EBS-TV의 영어특강 프로그램(2011)에서 '영어의 기원' 특강을 진행하였다.

박영배 교수 회고록
한 영어학자의 자전적 학문 여정과 회상

초판 1쇄 발행 _ 2022년 3월 23일

저　　자 • 박 영 배
발 행 인 • 정 현 걸
발　　행 • 신 아 사
인　　쇄 • 한승인쇄
출판등록 • 1956년 1월 5일 (제9-52호)
주　　소 • 서울시 은평구 통일로 59길 4(2층)
전　　화 • 02)382-6411 · 팩스 02)382-6401
홈페이지 • www.shinasa.co.kr
E-MAIL • shinasa@daum.net

ISBN 979-11-91158-84-7 (03800)

정가 25,000 원